国家社科基金重点项目"社会转型期道德动因多元及导引研究(15AZX022)"结题成果

国家社科基金丛书
GUOJIA SHEKE JIJIN CONGSHU

社会转型期道德动因多元及导引研究

A Study on the Plurality of Moral Motivation and
the Guidance During Social Transformation Period

彭怀祖 著

人民出版社

序

　　彭怀祖教授新著《社会转型期道德动因多元及导引研究》初稿已经完成，着我写序。此前，我为他的专著《和谐社会视阈下的榜样与偶像研究》作过序，对他的研究有一定了解。近年来，他不断努力，时常能在刊物中读到他的论文，《新华文摘》《人大复印资料》多次全文转载他的论文，学术影响力不断提升。道德动因的研究较为复杂，富有挑战性，论题在当下具有鲜明的现实意义，他在这方面的研究有诸多自己的观点和新意，故乐意为此著作序。

　　彭怀祖教授及其团队多年来一直致力于榜样、偶像问题的研究。2000年，承担省哲社课题"榜样论"，由人民出版社出版专著《榜样论》，从此围绕道德榜样展开了研究。2011年，承担国家后期资助项目"和谐社会视域下的榜样与偶像研究"，由学习出版社出版专著《和谐社会视阈下的榜样与偶像研究》。通过对道德榜样的研究，他深切感受提升榜样教育效应，必须重视伦理学基础理论的探讨，必须对道德动因加强研究，从而把研究重点放在道德动因方面，论文《关于道德动因多元的研究》获教育部第六届高等学校科学研究优秀成果奖（人文社会科学），由此开启了关于道德动因多元的系统研究。2015年，国家社科基金重点项目"社会转型期道德动因多元导引研究"获批，本书是此项目结题成果，相关学术观点有诸多突破与创新，道德动因的研究得以深化与发展，具体表现在以下几个方面：

第一，以往道德动因的争论主要围绕道义论与功利主义展开，双方各执一词、互不相让。然而，仅仅认可道义论，全面排斥功利主义，有可能让道德行为成为少数道德精英的专利；不加限制地倡导功利主义，有可能使道德行为成为某些人获取私利的借口和工具，道德行为的利他属性难以展现。社会转型与道德动因多元的关系，中国特色的道德动因多元确认和导引，需要理论深度的阐述和实践效度的探索，道德动因的确认与培育、践行社会主义核心价值观的关系需要深度研究。

第二，利他、道德行为、合道德行为、道德动因等概念是道德动因多元研究的基础，应该对直接利他、间接利他展开分类研究，应该将道德问题分为道德行为和合道德行为两个类别加以讨论，道德问题是利他视域下的人与社会应当问题，道德行为是自觉牺牲自身利益的利他行为，道德动因是道德行为主体遵守、践履道德规范的动力和原因，关于道德动因多元的讨论，应该围绕这些概念展开。

第三，理性精神、辩证精神、实践精神是马克思主义的重要内涵，它对道德动因的研究有着极为重要的指导意义。通过理性认识，可以明辨各类道德动因学术观点的特点；通过辩证分析，可以了解各类道德动因理论的优劣；通过实践检验，可以明确道德动因研究应有的方向。

第四，西方伦理学有着明显的流派，各个流派都坚持认为自己的学术主张是合乎逻辑的，是能够涵盖和解释一切道德问题的，这就形成了学理纷争呈现常态的现象。事实上，人和社会的复杂性决定了任何一个学术体系都不可能涵盖和解答所有的问题，每个体系都有着精彩与瑕疵，对它们深入剖析、寻求它们的共同价值取向显得尤为重要。

第五，中国道德传统有着鲜明的特色，它强调德性和行为的高度统一，认为两者是不可分割的关系，它十分倚重通过人之比较促进道德建设，它有着浓郁的道德氛围，对所有人、所有事都有着道德要求。认真分析中国道德传统，是道德动因多元研究的基础性内容。

第六，市场经济的实施，一方面使人的活力得到释放，社会的财富总量持续增加，另一方面，贫富差距拉大、功利性过强的弊端不断显现；开放使社会呈现价值多元的状况，核心价值引领与价值多元丰富的关系需要恰当处理；信息社会已初步形成，面对海量的、真假混合的信息，道德行为的体现需要深入探讨。社会转型呼唤恰当的道德动因多元。

第七，道德动因多元的产生有其生理、心理基础，可以从人性、性格、认知、情感等四个维度展开讨论，从而了解人形成道德动因的必然与可能。

第八，道德动因的纲是信念坚定，所有道德行为的由来离不开信念支撑，在此基础之上，道德动因可细化为责任意识、同情心理、自我完善、感恩回馈和幸福追求等五个类别。责任意识：主要从身份等角度阐释不同人群的责任内涵；同情心理：从人的思维特质出发，分析人维护他人尊严、帮助困难群体的动因；自我完善：试图寻求人的追求和实施道德行为之间的联系；感恩回馈：力图把感恩和回馈联系起来，强调感恩与回馈的因果关系；幸福追求：肯定了精神追求是道德动因的重要内涵。

第九，道德动因是人的内心思维，它是隐秘的，也是复杂的，激励道德动因，消减道德动因挫折一定是充满挑战性的尝试，途径必然是多维的，应该从动因求真、德育求效、规范求准等三个维度展开讨论，讨论中需把握两个原则，一是找准社会的共性问题，二是注重对孕育、发展道德动因多元的价值。

这些学术观点是颇有新意的，亦形成了较为独特的伦理话语体系，有一定的深度，尤其是以下内容：分析道德榜样共性基础之上凝练出道德行为的属性——自觉牺牲自身利益基础上的利他行为；市场行为是合道德行为，它和道德行为之间存在张力，可以通过提倡市场行为、弘扬道德行为逐渐缩小它们的张力；道德动因是多元的，信念坚定是其"纲"、其他动因是其"目"，充分肯定和彰显道德动因多元是浓郁道德氛围的重要基础。

这些鲜明的学术主张反映了作者在伦理学理论与实践方面探讨的持续性和深度。

该书有些内容有待深化研究。社会转型有三个重要特征，它们均与道德动因有着重要的联系，本书关于市场经济与道德动因的关系剖析较为深刻，开放社会、信息时代与道德动因的关系还应进一步挖掘、凝练。关于道德动因多元的实践探索，本书从动因求真、德育求效、规范求准三个方面加以阐述，它们的有效性还有待检验。

期盼彭怀祖教授及其团队不懈努力，始终保持对学术的真诚与执着，不断有新的成果面世。

是为序。

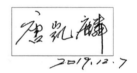

2019.12.7

目　录

导　论 1

第一章　道德动因研究的基本问题 10

　　第一节　利他 12

　　第二节　合道德行为 22

　　第三节　道德行为 30

　　第四节　道德动因 34

　　第五节　启示：激励道德动因是道德行为丰富的基础 48

第二章　道德动因研究的基本准则 49

　　第一节　坚持理性精神 50

　　第二节　弘扬辩证精神 56

　　第三节　强调实践精神 61

　　第四节　启示：道德动因研究应注重扬弃与创新 65

第三章　道德动因视域下的诸伦理学理论体系辨析 68

　　第一节　道义论：动因辨识道德行为真伪的源起 70

　　第二节　功利主义：宽泛认同道德行为的突破 74

第三节　美德伦理：人的德性在道德建设中具有重要作用 ……………78

第四节　契约主义：彰显自由、平等、公正的价值原则 …………………81

第五节　启示：道德动因研究应关注动因纯粹、多元与泛化 …………84

第四章　道德动因视域下的中国道德传统分析 ……………………89

第一节　具有覆盖面宽的特点 …………………………………………90

第二节　注重德性与德行一致的理念 …………………………………94

第三节　重视人之比较的方法 …………………………………………98

第四节　启示：道德动因研究应为道德氛围浓郁贡献力量 …………109

第五章　社会现实与道德动因多元的研究 ………………………111

第一节　市场经济：正面效应与负面影响 ……………………………111

第二节　开放社会：核心价值引领与多元追求丰富 …………………129

第三节　信息时代：社会节奏加快与虚拟特征明显 …………………134

第四节　启示：社会现实必然要求道德动因多元 ……………………137

第六章　道德动因多元的生理心理研究 …………………………139

第一节　人性视域下的道德动因必然 …………………………………139

第二节　性格视域下的道德动因特征 …………………………………146

第三节　认知视域下的道德动因强化 …………………………………149

第四节　情感视域下的道德动因激励 …………………………………152

第五节　启示：人具有道德动因多元的可能 …………………………156

第七章　道德动因多元的类别 ……………………………………158

第一节　信念坚定 ………………………………………………………159

第二节　责任意识 ………………………………………………………163

第三节　同情心理 ……………………………………………… 167

第四节　自我完善 ……………………………………………… 170

第五节　感恩回馈 ……………………………………………… 176

第六节　幸福追求 ……………………………………………… 178

第七节　启示：信念坚定与其他动因是"纲"与"目"的关系……180

第八章　展现道德动因多元力量的探索……………………… 181

第一节　以动因求真促进道德动因多元的形成 ……………… 181

第二节　以德育求效孕育道德动因多元的氛围 ……………… 185

第三节　以规范求准提升道德动因多元的力量 ……………… 194

第四节　启示：真实、效果、规范是发挥道德动因多元

作用的关键词 …………………………………… 203

参考文献 ……………………………………………………… 204

后　记 ………………………………………………………… 225

导　论

　　动因是行为发生的动力和原因，唯有厘清它，才能找到行为源源不断的基础条件。如果试图促进或抑制一类行为的发生，从动因方面入手促发或消解，就会起到事半功倍的作用，它让关于行为的探究具备了根源性讨论的可能。道德动因是道德行为发生的基础，为了道德行为的丰富，讨论道德动因是很有意义的。

　　任何哲学社会科学的讨论，都应该坚持马克思主义的指导，这是一条重要的原则，也是经过无数实践印证了的必然途径。必须正确区分马克思主义自身研究和马克思主义在其他学科研究的指导。在道德动因的研究之中，我们试图梳理出最关键、最核心、最具针对性的马克思主义的理论观点，并将其用于道德动因研究的指导之中。我们认为，理性精神、辩证精神、实践精神是马克思主义的重要内容，它对道德动因的研究有着极为重要的指导意义。

　　我们着眼的不是一般意义的行为和动因问题，而是道德行为视域下的道德动因问题。对道德动因的确认研究首先是何为道德行为的问题，因为一类行为对应着一类动因，行为的不同必然有着动因方面的差异，只有把道德行为基本厘清了，才能着手研究相应的道德动因。道德问题归根结底是人与社会应当视域下人之行为的正当性问题，何为应当？诸多学者有着丰富的回答。由于道德具有公认的非刚性特点，又由于每个人都对应当有着自己的解释，社会条件必然会对道德行为的确认给出制约或明确方向，

1

当下社会条件的变迁也十分复杂。所以，关于道德问题的回答，从来都是复数的。

我们认为，利他是有利于他人和社会的总称，道德行为一定是利他行为，必须从有利于他人和社会的角度讨论道德问题。将利他作为道德行为特性加以肯定。因为利他在本质上彰显了哲学社会科学的公理，在研究内容方面出色地体现了道德特点。"正确理解道德利他现象的科学内涵，正确区分道德利他现象的层次和类型，深刻把握道德利他现象的基本特征，对于加强社会主义道德教育，治理道德领域中凸显的问题，培育优良的社会风尚，提升公民思想道德素质，都具有重要的理论意义和实践价值。"①

"道德承续作为道德领域的重要现象无疑需要在道德生态之中才能被准确把握；不管是基于道德传统的变迁过程还是道德历史的演进规律，道德承续都是道德生态中的客观现象。"②因此，在讨论道德动因问题时，梳理诸伦理学理论体系，分析中国道德传统，是非常必要的。

西方伦理学有着明显的流派，各个流派都坚持认为，自己的学术主张是合乎逻辑的，是能够涵盖和解释一切道德问题的，这就形成了学理纷争呈现常态的迹象，人和社会的复杂性决定了任何一个学术体系都不可能涵盖和解答所有的问题，每个体系都有着精彩与瑕疵，对它们深入剖析显得尤为重要。

道义论的提倡者坚守道德动因纯粹的理想，他们对困难群体的关注是彻底和神圣的，他们通过对道德动因的严苛规定不使道德行为出现丁点变形走样。然而问题在于：一是，我们是否需要对所有人的所有行为进行道德鉴别，还是只是对人的部分行为加以道德考量，如果对人的所有行为进行全方位的道德鉴别，那么必然存在人的诸多行为既不是不道德行为，也

---

① 吴潜涛、李志强：《论道德利他的本质、类型及其特征》，《教学与研究》2014 年第 7 期。
② 李建华、冯丕红：《道德承续初探》，《道德与文明》2014 年第 5 期。

不是道德行为，将这部分行为移离道德视野，是缺乏学理依据和实践支撑的。二是，期盼强调道德动因的纯粹只能让道德成为道德精英的专利，只能使道德处于社会的曲高和寡的境地，唯有促发道德动因的多元，才能使社会呈现道德春色满园的场景。我们认为，试图防止有人借道德问题"兜售"私利就将道德动因多元追求搁置起来是因噎废食的表现。

人们从直觉开始就会感受到物竞天择、适者生存的朴素道理，竞争获取资源已成为当今社会的主流，利己往往成为价值判断的基石。功利主义正是基于这样的场景，挑战原有的关于道德的认知，指出人通过竞争获取资源进而追求幸福的天然合理性，提出关于是否为道德行为的全新判断，将追求个人幸福确认为道德行为的准则。然而关于何为道德行为的讨论并没有因此得到彻底解决，在全社会范围内竞争的失利者广泛存在，许多人并非自己不努力，而是受制于地域状况、受教育程度、家庭条件和身体情况等方面。社会层面困难群体的存在，决定着必须得到由确认道德行为引发的有力扶持，如果只强调人追求自身利益的合法性，那么社会的公平、正义的体现必然是不完整的，功利主义提倡者也看到了这些问题，从而一直试图对其主张进行改良，现在呈现在大家面前的功利主义观点，已是这样的：最大多数人的最大幸福是应该得到肯定的道德主张，它和原初的仅关注个人幸福的道德判断相比较无疑是进步的，只是这样的主张仍然无法回答少数人的不幸福为何不应该得到关注等问题。

关于人的德性与人的德行谁是第一位的问题，美德伦理给出了坚定的回答，认为德性处于极为重要的位置，它充分肯定了道德动因的研究与实践是十分必要的，然而如果脱离道德行为研究去肯定德性，这样的探索会给品性和行为脱节留下空间。

契约主义主张者认为道德必须彰显自由、平等、公正的价值原则，他们强调一切行为是否具有道德属性均可以由这些价值原则推导而得，其他价值判断一定是次要的或间接的。对此我们有以下几点认识：一是，应该充分认识到现实生活中强调自由、平等与公正具有极端重要性，在市场经济条件下逐利行为常常被不断激发，市场规则如水银泄池般渗透到社会每一个角落，社会正义之旗必须得到高扬。二是，伦理学研究有其悠久的传统，已经有了丰富的学术积淀和学术共识，哲学社会科学的研究已清晰地区分学科类别，每个学科都有其研究的对象与侧重，伦理学研究的是人与社会的应当问题。它的视线一刻也离不开困难群体，我们固然应该充分认识到自由、平等与公正，对困难群体是何等重要，同时还应看到困难群体的需要不仅仅是这些，对他们的关注和帮助应该是全方位的。道德的独特性在于研究如何让人的行为真正有利于困难群体。三是，在鉴别道德行为的属性时永远离不开自由、平等与公正的价值考量，必须警惕通过吃小亏赚大便宜的方式援助他人和社会，从而使公正受到损害，社会规则遭到破坏，必须批判因为资助他人就可以盛气凌人，物质方面的困难群体必须得到全社会尊重。

"社会公平被视为一种现实的或理想的状态，它需满足三个客观条件：第一，利益和负担的分配遵循一系列原则；第二，政治或其他决策的制定过程和规则体现出对个体和群体基本权利的保护；第三，民众受到权威及相关人士有尊严的对待和尊重。"[①]事实上，自由与平等、社会公正的极为重要性，已成为现代社会的共识，它和数学中的公理有相近之处，因此，哲学社会科学的所有研究，都应该将其作为出发点和归宿。在此基础上彰显各学科、各专业的特色，从各个维度深入研究，充分体现本学科、本专业研究的目标和方向，使哲学社会科学的研究春色满园，这是哲学社会科学研究共同性和各学科研究差异性的辩证关系。

我国的道德传统有其独特的话语视角，有别于道义论、功利主义、美德伦理与契约主义。儒家伦理学很少考虑到如何将道德信念转化为道德行

---

① 张书维：《社会公平感、机构信任度与公共合作意向》，《心理学报》2017 年第 6 期。

为的动力问题。即使有为善的意愿，我们究竟是否同样具有为善的动力呢？古希腊的亚里士多德用"欲望"来回答这个问题，近代英国的休谟也是如此。在传统儒家中，朱熹比较罕见地考虑了这个问题。他采用的是一种理想主义的方式，认为通过"养气"可以使人勇决地将道德之"理"加以实行。① 这意味着儒家的伦理观将人假定为高尚的"君子"，他们会自觉地修炼自己，革除欲望，践履善行。这样的设定有时会违背现实。② 我们认为，研究道德动因问题，一刻也离不开对中国道德传统的深入解读，尤其是关于德行一致的理念，是研究道德动因与道德行为之间关系的重要启示，必须加强学习和思考。

中国传统文化高扬利他的大旗。"先天下之忧而忧，后天下之乐而乐"充分展现了利他这一中国道德传统的精髓，有着道德品行的人一定会不断实施道德行为，所有的道德行为都是良好品格的行为体现。美德伦理强调人的德性在道德建设中的重要作用，中国道德传统充分肯定这一主张，但并未就此止步，它们主张德行是否一致是鉴别行为道德属性的重要内核。道德行为是充满情感的表现，又是理性指导下的自觉行为，情理交融是孕育道德氛围的重要手段，道德已成为中华民族凝聚力的重要源泉。德与行、情与理均是不可分开、不可或缺的两个方面。千百年来，道德氛围不断浓郁，德治已成为国家治理和社会治理的重要内涵。

中国共产党人的道德主张特别关注困难群体，认为在市场经济条件下、在改革开放的热潮中、在信息时代扑面而来的今天必须扬弃中外关于道德研究的学术主张，认真剖析中国传统文化中的道德印记，传承千百年来为中国老百姓熟知的中国道德文化，将践行中国共产党性质、宗旨与弘扬道德精神高度融合，充分发挥道德的力量，营造浓厚的道德氛围。

---

① 陈嘉明：《儒家知行学说的特点与问题》，《学术月刊》2013 年第 7 期。
② 陈嘉明：《中国现代化视角下的儒家义务论伦理》，《中国社会科学》2016 年第 9 期。

实现上述目标，关键问题是明晰何为道德行为，即将人的应当问题"落地"。我们认为，对于人的一切行为都应进行道德鉴别与考量，唯有如此，才能使人的所有行为都接受道德的"拷问"，才能真正发挥道德作用。

实现上述目标，自由、平等、公正的价值原则应成为道德的"底色"，防止道德问题的鉴别变形走样，将直接或间接不符合这些价值要求的行为，不列入道德行为的行列。

我们还应看到，将利他作为衡量行为道德属性的标准存在一些难点，因为利他有些是直接的，有些是间接的，有些行为利己和利他是交织在一起的。一般地，我们可以较为清晰地区分出不道德行为，凡是违反社会规范、损害社会和他人利益的，应当划入不道德行为。然而，把其余的行为都视为道德行为，显然过于宽泛，道德的先进性将无从体现，所以必须引入合道德行为的概念，将其和道德行为区分开来。

合道德行为是遵守社会规范，有利于他人和社会的行为。可以把合道德行为粗浅地分为三类：一是文明行为，二是市场行为，三是其他行为。

现代社会人与人交往迅速增多，虚拟状态已成为生活中的常态，诚信、慎独、举止文明、遵纪守法等等已成为现代社会公民的必需，这些行为体现了现代公民的文明素养，根本上有利于他人与社会，是社会进步的必需，可以统称为文明行为。

竞争配置资源是市场经济的最重要基石，市场经济鼓励人们为了自身利益竞争资源，我们必须大力提倡市场行为，因为竞争配置资源是科学和有效的，它是全社会资源总量不断扩大的必由之路，只有全社会财富总量的持续增加，困难群体的状况改善，社会的文明进步才有了最重要的基础性保障，只要大家遵守社会规范，竞争行为一定会间接地有利于他人和社会。

人的行为是丰富多样的，社会的开放与包容决定着人有更广泛意义上的自由，因此只要遵守社会规范，直接或间接有利于社会和他人的所有行为都是合道德行为，其他行为必然是丰富多彩的。

真正的道德行为是这样的行为——模范遵守社会规范、自觉牺牲自身利益基础上的有利于社会和他人的行为。尽管合道德行为应该得到鼓励和提倡，为了让研究更加聚焦，我们研究的道德动因只对道德行为产生的动力和原因加以研究。

人们为什么会为了他人和社会自觉牺牲自身利益，道义论主张者把它归结为不求任何回报，没有任何动因的绝对理念，也有学者认为这是一个谜，更有个别人否认其存在。尽管这些观点看似针锋相对，实际上都否定了人的道德行为动因多样性的存在，得出这个结论源于混淆了自利与利己的概念内涵。自利是指任何人都希望依据自己意愿实施行为，利己是指期盼实施有利于自己的行为，利他是指希望实施有利于社会和他人的行为，在自利的动因驱使下，人们可以做出利己的行为，也可以做出利他的行为，自利和利他不是对立的关系，强调自利动因并不是否定利他动因的理由和依据。利他动因是确确实实存在的，它体现了人性的高尚。无论是何种性格的人都有可能产生利他动因，只是性格刚强的人更有可能产生伸张正义的动因，性格善良的人更容易产生关爱他人的动因。中国道德传统历来强调情理交融，人具有丰富的道德情感，它一定会激励更多的道德动因产生。

如果我们时时处处注意到社会公正和人的自由与平等的彰显，就不必担忧提倡道德动因多元会产生诸多负面效应，因为道德动因多元的提倡会彰显社会正义。我们应该看到唯有充分肯定道德动因的多元，才能使不同阶层、不同地域、不同年龄、不同社会角色的人们从自身条件和自己的感悟出发，孕育不同类别的道德动因，从而实施丰富多彩的道德行为，使道德氛围不断浓郁成为现实。

"只有通过探究伦理学在心理问题上的预设、依据和内容，才能对伦理学所提出的道德要求有更深入的认同，才能对行为者的道德行动给出更合理的解释。"① 对道德动因分类是极具困难和挑战性的工作，它有着全方位的要求，让动因多元的类别成为一个科学的体系，探寻道德动因的关键与根本，在此基础上细分动因，没有让重要的类别游离在外，每个类别的动因有着清晰的指向，各类别之间不产生交叉甚至叠合的现象，各个类别的权重大致相当。由此形成了关于信念坚定这个道德动因之"纲"的讨论，对道德动因的"目"应该分为责任意识、同情心理、自我完善、感恩回馈和幸福追求等五个方面加以探究。

道德动因是人的内心思维，它是隐秘的，也是复杂的，激励道德动因，消减道德动因挫折一定是充满挑战性的尝试，途径必然是多维的，我们从动因求真、德育求效、规范求准等三个维度展开讨论，讨论中把握两个原则，一是找准社会的共性问题，二是注重对孕育、发展道德动因多元有参考价值。

新时代公民道德不应该只是写在文件中或挂在口头上的口号，它需要实实在在地转化为人们的道德实践，其中道德的实践载体自然必不可少，而选择何种实践载体就是公民道德是否有效实施的关键。② 在促进道德动因多元的实践方面，首先需要强调道德动因的真实性问题。倚重真实性，是因为动因是人的内心想法，不如行为那般外显和实在，利他行为有时会带来功名和利益，直白地表示为了获取更多物质利益而实施利他行为，是非常容易被社会舆论所抨击的，因此动因方面的不诚实绝非个别现象。另外，道德动因纯粹的力量十分强大，许多人不敢把真实的动因讲出来，从而让"高大上"的动因得以流传。凡是不真实的动因，都会对道德行为产生危害，必须加以分析和抵制。德育求效才能孕育道德动因多元的氛围。典型引领是道德教育重要的方式，通过确认各个类别的典型，就同一类别

---

① 李义天：《理由、原因、动机或意图——对道德心理学基本分析框架的梳理与建构》，《哲学研究》2015 年第 12 期。

② 曹刚：《何以载德——公民道德的实践载体》，《伦理学研究》2020 年第 1 期。

典型行为的动因加以挖掘，从而感知道德动因的多元。肯定典型真实的、多元的道德动因，一定会激励公众具备多元道德动因。肯定道德动因的多元，应注重对公众的道德动因多元方面的挫折加以消减，这些挫折源于多个方面，有着多个类别的表现，消减这些挫折必须强化规范建设。社会在不断进步，规范也应不断调适，必须使规范体现进步性和具有针对性，从而激励更多的、更为丰富的、多个层面的道德动因，使全社会道德行为不断丰富起来。

第一章

道德动因研究的基本问题

道德动因是人实施道德行为的动力和原因。它往往深藏在人的心中，究其本质而言，它是人思维的重要内涵。对它的研究是极富意义的。个体通过养成符合特定社会道德规范的道德态度来融入社会，获得社会支持和他人赞许，实现自身和他人的良性互动，并且依据自己的道德态度对具体道德情境提供的信息进行过滤、筛选和解释，做出自己的道德判断和道德选择，形成相应的道德行为。[①] 激励道德动因，可以促进道德行为成为自觉，可以让全社会道德氛围不断浓郁。

我们的研究主要聚焦道德动因问题，由于动因是行为发生的动力和原因，不同类别的行为一定有着不同类别的动因。各种层次、意义、内容大不相同的道德行为和心理，都被一视同仁地称为道德，这种道德概念的泛化使得什么是道德的讨论变得更加混乱。[②] 因此，研究道德动因问题，首要的是确认道德行为。

何为道德行为？仅仅依赖人与社会的应当做判断是远远不够的，道德的自主性特点决定了每个人都会对行为的应当性作出自己的判断，中西方伦理学界在道德行为本质属性方面的论述，呈现流派纷呈甚至各执一词的态势。儒家伦理是从他者的角度，从仁爱或爱人来达到社会或人类之爱；

[①] 杨宇辰：《论个体道德态度养成的基本功能》，《江西师范大学学报（哲学社会科学版）》2015 年第 6 期。

[②] 李泽厚：《伦理学补注》，《探索与争鸣》2016 年第 9 期。

柏拉图、亚里士多德则从社会共同体维度进行论证，强调社会整体正义或社会共同体的善的至上性。霍布斯与曼德维尔则从个人维度为个人的存在与幸福进行论证。卢梭则将自爱与博爱和人类之爱贯通起来思考，提出自爱为前提，而同情心是从自爱到博爱（仁爱）的关键。① 今天要努力探究与揭示的"古今通理"，一定不是宗法等级礼制秩序的，而是当今人类文明主潮流的。②

社会偏好是指个人关切他人福利和维护伦理规范的愿望、态度和情感，包括利他偏好、不平等厌恶偏好、互惠偏好。③ 我们认为关于道德行为的研究有两个根本性问题，必须坚持：一是人的行为是否有利于他人和社会，这是行为是否具有道德属性的根本鉴别，当然人之行为的复杂与多样决定了利他行为有些是直接的，有些是间接的；二是对人之所有行为都应进行道德考量，从利他角度审视人的行为，仅仅作出不道德行为和道德行为两个方面的区分是不够的，我们可以直白了解到违反社会规范有损于他人和社会的行为必然是不道德行为，也可以清晰地明确模范遵守社会规范、自觉牺牲自身利益基础上的利他行为是道德行为。然而，社会规范的多样性、人的行为的丰富性决定了不属于这两类行为的人的行为大量存在，对于这些行为不加以道德考量，有损于道德力量的发挥。因此，有必要引入合道德行为的概念，并将其定义为遵守社会规范，有利于他人和社会的行为。

千百年来，道德视域下人的应当问题，中外学者给出了诸多答案，从总体性、根本性而言，占主导地位的核心要义是利他，是在利他视域下的

---

① 龚群：《个人与社会的关系——伦理学基本问题及其范例》，《道德与文明》2020 年第1 期。

② 高兆明：《伦理学与话语体系——如何再写"中国伦理学"》，《华东师范大学学报（哲学社会科学版）》2018 年第 1 期。

③ 龚天平：《社会偏好的伦理学分析与批判》，《北京大学学报（哲学社会科学版）》2018 年第 3 期。

关于人的应当问题的讨论，这是必须坚守的，它使道德研究和其他研究有着质的区别，它使道德的崇高性得以体现。随着社会的发展和研究的深入，利他已有宏观与微观、直接与间接等差别化讨论。道德是有程度差异的，自觉牺牲自身利益的利他行为，是道德行为的重要标识，其他利他行为是合道德行为。关于合道德行为的分类，我们初步梳理了三个类别，一是文明行为，二是市场行为，三是其他行为。

我们的研究聚焦道德行为视域下的道德动因问题。由于社会大量存在着合道德行为，这类行为应该得到鼓励和提倡，它们和道德行为的动因之间有着较大的差异，又由于它们和道德行为有着利他共性，所以我们对合道德行为也展开了讨论，对它进行剖析可以了解文明行为与道德行为之间的连接，可以明晰市场行为与道德行为之间的张力，可以清楚其他行为的丰富多样。

不道德行为是容易鉴别的，它与道德行为处于对立的状态，它的动因与道德动因有着质的区别，因此我们在这里不加以重点讨论。

我们认为道德动因纯粹固然有助于防止道德行为变形走样，但是片面强调则难以发挥人实施道德行为的主观能动性，不利于道德氛围的浓郁。一味鼓励道德动因泛化，道德行为的先进性、崇高性将无从体现，会让个别人借道德之名获取功利，社会的公正与人的自由、平等将会受到损害。唯有肯定道德动因多元、科学确认道德动因多元，才能有助于道德力量的彰显。

由此，将利他行为、合道德行为、道德行为以及道德动因作为道德动因多元研究的基本问题首先加以讨论。

第一节　利他

任何一类问题都有其特质，它能清晰地将此类问题和他类问题区分开来，它能凸显此类问题的存在价值、研究进路、实践走势。道德特性，即道德问题的特点规定性，它是道德有别于其他问题的突出标志，它反映了道德的本质属性。道德心理学研究是当代伦理学的发展趋势和重要前沿，它不仅是道德哲学长期以来关于人性、灵魂、心灵等传统议题的必然延伸，而且是当代伦理学者针对现代道德哲学的心理缺失而做出的恰当反应。① 彰显道德特性有助于明晰道德的本质内涵，也有助于厘清道德在社会治理和个人发展中的重要作用，道德特性凝练得如何，如何解读道德特性，直接关系道德作用的发挥，这是提升公众践行道德自觉性、浓郁全社会道德氛围的基础性话题。

"人们普遍同意道德评价在个人生活和社会生活中发挥着重要作用。"② 然而，无论在理论还是实践方面，道德问题从来就充满争辩，诸伦理学理论体系对道德问题的探究与追问，存在着巨大的分歧与争议。道德离不开人与自身内心、人与他人、人与社会的关系问题，怎样的生活才是有意义的，怎样的社会才是充满正能量的，每个人都有着自己的答案。如果能够在道德特性方面形成一定的共识，那么，理论的纷争会得到一定的消减，公众也可以通过道德特性的解读，对道德问题有总体的认识与把握，从而从一个侧面促成道德问题从理论认同化为实践自觉。

对道德特性的凝练有两点处于关键的状态，必须综合考量，加以把握。一是道德特性一定要展现道德的最根本属性，通过解读道德特性，能明晰道德最本质、最关键的问题；二是全社会问题浩如烟海，通过对道德特性的理解，能够把道德问题和社会其他问题断然区别开来。

关于对道德本质的认识，康德的看法具有启发性。道德本质上乃是自由的、超验的，某种程度上可以说，自由乃道德的前提，超验乃道德的绝

---

① 李义天：《理由、原因、动机或意图——对道德心理学基本分析框架的梳理与建构》，《哲学研究》2015 年第 12 期。

② 徐向东：《内在理由与伦理生活》，《杭州师范大学学报（社会科学版）》2014 年第 5 期。

对来源；就表现形式而言，道德总以牺牲的样式表现出来。①

　　无论是公众的实践自觉，还是伦理的理性探索，都把人与社会的应当作为道德的主要内涵，所以应该把研究的重点放在应当方面。人与社会的应当，其根本要害是应当问题，也即哪些事该去做，哪些事不该去做，哪些事值得大力颂扬，哪些事必须极力贬斥，这是需要明确的。笼统地说应当，极易造成一万个人有一万个想法，道德问题的讨论将会变得十分繁杂，"公说公有理、婆说婆有理"有时成为道德研究的常态，许多均源于对应当的不同认识。如果让道德成为任意打扮和化妆的小姑娘，不同的人为其梳妆打扮，就出现不同的小姑娘形象，研究会处于莫衷一是的态势，就会造成公众在道德问题面前无所适从，显然这不是真正的伦理理性繁荣。所谓理性繁荣，一是研究的纷争处于非常自由的状态，争辩处于交锋甚至激烈的状态；二是研究是说理的、深刻的、逻辑的；三是研究的结论能为广大公众所接受，有利于社会的向上与进步。这样的理性对话，理论体系之间的交锋，才会让问题逐渐明晰起来，亦会逐渐讲清楚道德。如果在道德问题方面，比如说何为应当，不能够形成大致趋同的认识，有些讨论是南辕北辙，有些问题是尖锐对立，有些观点是为了迎合一些人的趣味，甚至哗众取宠，把千百年来人们已经固化的对道德的基本认识抛之脑后，提出一些标新立异的、和人们原有认识完全相反的观点，确实会让公众惊讶到"合不拢嘴"的程度，凡此种种都不利于得出应当的科学结论。

　　我们认为这个问题的讨论必须正本清源、回归本位，人与社会应当的视域与角度，只能是利他而不是其他。

　　关于利他的讨论，有着两个方面的难点：一是自利和利他、利己的关系问题，这里涉及对相关定义的确定与把握，要从概念问题着手厘清；二是利他和利己的问题，各自的宏观与微观方面有着较大的差异，直接性和

---

① 郭继民：《形上道德之探究》，《南通大学学报（社会科学版）》2018 年第 5 期。

间接性又有着许多不同，尤其是两者之间的关系，怎样看待它们之间的张力等问题，面临诸多难题。

如果把期盼按自己的意愿实施行为确认为自利，那么，自利是所有人的共同特性，自利是一切人的行为准则。事实上，确认人有着自利的共性并没有丢弃和否认利他的崇高甚至是伟大，在所有人共同的自利目标之下，动因有着利他和利己的根本区别，有些人有时会把利己作为行为的具体目标，有些人时常把利他作为行为的价值取向。

"人是自然性和社会性的统一体。道德上的利他虽是人类的社会性表现，但同时也具有自然性的根源。"①人和动物根本区别在于人具有强烈的社会性，社会愈发展，人与人之间的交往更加密切与迅达，任何人都不能脱离社会独立存在，任何人都需要与别人分工合作，都需要别人帮助与关爱，也应该给予别人付出，社会秩序的良性建构，一刻也离不开人与人之间的信任与互助。现实生活中人与人之间的互相关爱、互相理解、互相尊重，尤其是陌生环境和条件下的诚信与包容，已成为现代社会必不可少的内容。

我们坚定认为，人类发展史、文明史是逐渐从被动利他到自觉利他的历史，是利他行为不断扩展的历史。对利他性的讨论可以从以下方面展开。

第一，对直接利他和间接利他作较为深入的思考，使公众对利他问题有较为明晰的认识。注重直接利他行为的时代特点，努力使直接利他行为成为每个公众的自觉，让直接利他行为逐渐多起来。让间接利他的概念深入公众内心，从总体上是否有利于社会发展的角度去把握行为是否属于间接利他行为。

所谓直接利他，主要是指行为直白、显见体现有利于他人和社会的效

① 易小明、黄立：《人类利他行为的自然基础》，《河南师范大学学报（哲学社会科学版）》2015 年第 3 期。

应。直接利他的行为能够清晰地展现道德特性，也容易被广大公众所辨析，重要的是，如何在市场经济体制不断深化、互联网技术日新月异的条件下，促成直接利他行为的丰富。因此，加强道德教育方式的创新，使道德教育的实效日渐显现，是当下的重要工作。

间接利他是指这样的状况，行为的利他属性或不是行为者的动因、或不是行为的直接效应，是行为的间接与宏观效应，即行为从本质上有利于社会财富的持续增加，有利于社会的发展和文明进步。间接利他不如直接利他那么直白、明确，往往容易被人们忽略其利他性，甚至被纷繁复杂的利己现象所掩盖，其利他性较难凸显。然而，离开对间接利他的确认与提倡，道德的力量就会削弱许多，社会良性秩序的构建也会因此大打折扣。

必须注重对间接利他的宏观把握。所谓宏观把握，是指不拘泥于行为的直接效应，而是从对社会发展的趋势影响，对人们价值观念形成的影响等诸方面考量行为是否具有利他性。所有的社会行为叠加，构成了丰富、复杂、多彩的社会，所有行为之间均是互相关联和影响的，有些行为的效应非常直白地显现出来，有些行为的效应必须通过去伪存真、去粗求精才能体现，因此，对行为一定要认真加以分析和把握。

有些行为具有利他性质，然而其利他性质往往被其他现象覆盖着、包裹着，使公众难以直白地明晰行为的利他性，去掉现象求其本质，是对行为是否具有利他性考量的必需，不能仅仅从自己是否是他人行为的惠顾者来鉴别他人行为的属性，不能仅以社会物质利益的增多或减少来鉴别他人行为的属性，鉴别行为是否具有道德属性，一定是建立在对行为去伪存真的基础之上的。

对间接利他的分析，不但要关注行为对当下的影响，还应考量行为对未来的影响。行为对现实的影响常常一目了然，对未来的影响却需要思辨，公众容易仅就行为的现实影响去鉴别行为是否为道德行为，许多间接利他行为是对未来起着正向作用的，尽管未来一定是从现实走来的，然而诸多问题常常在现实中较难被察觉，积累到一定程度，才形成了未来社会的态势，既关注现实又注重未来，是考量间接利他行为应有的题中之义。

第二，对利他与利己的关系，应该作较为深刻的剖析。应该高度认可纯粹利他的行为，这是道德的深刻展现，和利己绝缘的利他，行为中透着高尚，是人性正义和仁爱的集中表达。确实有一些人，他们的行为起着道德示范的作用，他们在默默无闻地帮助他人，在他人遇到危险时挺身而出，在大义凛然中阐述勇敢，在实施道德行为中享受愉悦和宁静。他们是社会的中坚和脊梁，应该被载入史册。

对利他行为中有着利己动因，对利他行为的结果中包含着利己成分，全盘肯定或否定都是欠妥的，必须通过分类分析加以鉴别。不能要求利他和利己的全然对立，应该允许甚至提倡公众在实施道德行为以后获得精神上的宁静与愉悦，"赠人玫瑰，手留余香"讲的就是这个道理，把利他行为纯粹起来，只要有一丝利己念想，即排除在道德行为之外，只会让道德行为成为道德精英的专利，不利于道德行为力量的充分展现。也不能只看到一丝利他的因素，无限制地包容利己内容，让利他成为利己的工具。关于利他与利己的辩证分析，重要的问题是确立公正的原则，为何要大力提倡利他精神？因为社会困难群体需要帮助和扶持，因为社会具有利他的良好氛围，因为它是社会秩序良性的基石。提倡利他，是奔着上述目标去的，是一刻也不能离开这个方向的。假如社会规则对利他行为给出高额回报，物质方面的直接和间接奖励总量甚至超过了利他行为的付出，那就会引导人付出小的利他行为，期盼得到大的利益回报。如果通过利他行为获取资源配置的优先权，在竞争中屡屡领先，那么这种利他行为就应该加以质疑，公平的环境、公正的规则，在任何情况下都不应受到侵蚀，有碍公平和公正的所谓利他行为不是真正的道德行为。

还应注意到，竞争加剧和互联网的广泛使用，使许多不正当的行为赤裸裸地暴露在人们的眼前，严重缺乏诚信的现象随处可见，"劣币驱逐良币"也非个案。令人欣慰的是，公众对此类现象逐渐警醒和警惕，社会管理层面逐步实施了消解此类行为的有效举措，严酷的现实表明，无论何种经济体制和社会形态，缺少真实利他氛围与行为均不是真正意义上的良性、有序社会。

"人的尊严离不开个体承认与社会承认，相对于个体间承认而言，社会承认更为重要。"[1]每个人的尊严都应得到尊重，每个人的人格都应得到呵护，对于利他行为的接受对象，保护他和关爱他同等重要，不能因为我对你有所付出就可以对你为所欲为，这是行为的大忌。"'善恶正邪'也就是一种专属于道德的评价辞。它一定关乎到他人、关乎到社会，而且一般是关乎到对他人和社会的利益的维护或损害。"[2]当下社会，真实利他仍然是衡量一切行为是否具备道德性的最重要、最突出的标识。

自原始社会至现代社会，全社会物质财富的总量不断增加，人们的生活便捷与舒适度亦呈爆炸式的增长，然而人均占有资源量的增加与每个人实际占有资源量的差距扩大同时并存。社会固然需要鼓励人们蓄积并迸发为了自身利益合法地获取资源的努力，让所有的人为了自身利益而奋斗，从而促进社会财富总量的增加，进而发展提升全社会的文明水平。然而，人与人之间非努力性原因形成的差异永远存在，这种差异通过竞争会急剧放大，正视社会的不平等性并努力纠正，是良性社会的不懈追求，激发并高度肯定人的利他情结，是纠正社会不平等性的重要内涵。

"人是类存在物，不仅因为人在实践上和理论上都把类——自身的类以及其他物的类——当作自己的对象；而且因为——这只是同一件事情的另一种说法——人把自身当作现有的、有生命的类来对待，当作普遍的因而也是自由的存在物来对待。"[3]就人类群体而言，每个人在高速运行的社

---

[1] 高兆明：《论尊严：基于权利维度》，《桂海论丛》2016 年第 3 期。
[2] 何怀宏：《伦理学是什么》，北京大学出版社 2015 年版。
[3] 《马克思恩格斯全集》第 42 卷，人民出版社 1979 年版。

会之中，都有需要帮助、扶持的时刻，提倡大家自觉帮助需要帮助的人，把利他动因化为自觉行动，社会的温暖与良性就能得到充分的展现，提倡人人自觉践行利他行为，促进"我为人人，人人为我"社会氛围的逐渐形成，是伦理理论的重要内容，也是道德实践的永恒话题。

"每个人都具有一定的行善能力，正是因为人类特有的道德感，才使得人类有别于其他物种。"①"人类拥有强大的文化学习能力，例如，学会自己的母语、帮助有需要的他人、'不平等厌恶'等等。"② 人普遍具有的正义与仁爱之心，使提倡人们自觉践行利他行为成为可能。假设人没有利己之心，那么为了实现自身欲望而努力作为的状况会缺少理论阐释力，利己是人自身生存和发展的根基，然而，仅仅依此对人性作出解释是不全面的。"几千代基因—文化的协同演化，使祖先们具备了复杂多样的能力，能够在较小的社会和空间尺度上合作。"③ 从远古时期开始，人即呈现群体性互相依赖生存的态势，狩猎需要齐心合力，老弱病残需要得到照顾，多少年的积淀与传承，使人性中的正义与仁爱逐渐固化。尤其在中国，以儒家学说为代表的传统文化，将正义与仁爱渗透到家庭教育、社会教育的每一个场景与角落，人性中的正义与仁爱不断得到催化与弘扬，利他行为得到广泛重视与肯定。

总之，将有无利他视为道德问题的试金石是极为必要的，利他充分体现了人的高尚性，反映了社会的文明与向上，是正义与仁爱的具体表达。把利他视为行为是否具有道德性的根本标识，它会鲜明地区分道德问题和其他问题，突出道德建设与发展在社会文明与进步中的独特地位，在具有利他性的前提下，将是否具有自觉牺牲自身利益作为道德行为和合道德行

---

① ［美］斯蒂芬·杨：《道德资本主义》，余彬译，上海三联书店 2010 年版。
② ［美］克里斯托弗·博姆：《道德的起源》，贾拥民、傅瑞蓉译，浙江大学出版社 2015年版。
③ ［美］戴维·斯隆·威尔逊：《利他之心》，齐鹏译，机械工业出版社 2017 年版。

为的分水岭，既彰显了道德行为的崇高，又能鼓励和提倡社会具有更多的合道德行为，这样的讨论是有价值的。通过理论探究和实践努力，使道德行为愈来愈多，使合道德行为愈加丰富，社会良性运行和不断向上，就有了道德方面的保证与促进。

利他是道德问题根本的特性，围绕利他展开讨论是必须坚持的，除了利他之外，自主性与理想性是道德问题的重要特点，在讨论道德问题时应该加以关注。

自主性相对于法规的刚性约束而言，是充分调动所有公众参与道德行为的保证。道德和法规均是治理社会、维护社会和谐、促进社会进步的重要基石，但两者具有根本性区别。道德具有非刚性特点，通过启迪、感染、激励，或反对、惩戒、谴责等发生作用。自主性特点决定了人人都是道德的理解者和行为者，道德必然具有多样性。"应当充分意识到道德心理的多样性，意识到行为主体的个人因素的扰动作用，意识到道德心理其实与行为者的生活处境和生活追求密切相关。"①但是道德相对性不能演化成道德相对主义，相对主义削弱了道德的力量，会让公众对道德概念产生模糊，行动时无所适从，道德的独特价值较难确立和体现。在市场经济条件下，道德质疑不是否定道德的自主性，而是应该警惕道德相对主义，必须做到既让每个人都自觉地实施道德行为，又不让一些人借道德之名行自利之实。

理想性是指道德是催人奋进的力量，是人类独有的精神支柱，是社会不可或缺的正能量，道德永远是批判社会利己过度的武器，道德建设永远在路上，用期盼的道德场景衡量社会现实，需要改进和修正的一定有许多，道德力量不可或缺、道德现状需要改进。它还有另一层意思，道德未来一定是美好的，通过千万人不懈努力，道德的作用得到充分发挥，道德

---

① 李义天：《道德心理：美德伦理学的反思与诉求》，《道德与文明》2011年第2期。

氛围必然会逐步浓郁。从这里出发审视现实社会，道德质疑的重要性就凸显出来了，它确认当下道德状况有许多不尽如人意的地方，必须对形形色色的非道德现象进行深刻批判，通过努力使社会道德氛围逐步浓郁。

对道德特性的深度解读，重要的是注重道德特性与道德特点之间的关系，不能采取割裂的方式解读，必须注重它们的整体效应。

仅仅强调道德的利他特性，常常会促成对行为的道德要求严苛，使公众产生利他和利己全然对立的认知。一些公众对道德问题产生误读，既然道德行为如此高尚与纯粹，经过努力也难以达到这样的高度，那么何必再在这些问题方面有更多的追求和努力呢？广大公众自觉实施道德行为，才能使全社会的道德氛围愈来愈浓郁，单方面强调利他的道德特性，只能使道德行为愈来愈少，从而在根本上不利于道德力量的发挥。

一味强调道德的自主特点，很有可能让一些人为自身的行为随意贴上道德标签，它会促成道德走向相对主义，对此必须有足够的警醒。道德判断不仅仅表达了一种个人或群体的情感，而且还表达了社会文明与进步的方向。如果不强调道德的利他特性，如果不注重社会正能量的发扬与壮大，片面肯定一万个人就有一万个对道德的阐释，那么，一些不道德的行为会被视为道德行为，社会的正义力量必将受到侵蚀，公众的尊严必将受到挑战，会形成道德认知、鉴别道德行为方面的混乱。

一味强调道德的理想特点，可能会对现实的道德状况得出失望的结论，有时会对社会现象给出过多负面和否定的评价，会让理想渐渐迈入空想，会不从实际出发，把道德效应置于一边，让道德问题步入空谈的范畴。事实上，在考量道德理想性要求时，必须同步注重道德的利他性和自主性，让道德的理想期盼始终在利他轨道上运行，并且和自主特点产生共振。

利他揭示了道德行为的本质，离开了利他，就离开了道德的根本性价值指向，就缺少了讨论道德问题的共同话语，道德行为将无从谈起。自主表明对公众的道德导引主要依赖公众的自觉参与，离开公众的道德实践自觉，道德氛围浓郁只能是一句空话。理想说明无论何时何地，道德建设均有发展的空间，未来的道德场景一定能给人信心与力量。

对道德特性与特点的融通解读，会给出这样的启示，放弃对任何个人行为和社会现象给予道德的导引均是不恰当的，对所有的个人行为和社会现象用统一的道德标尺去衡量和要求也是不妥当的。对道德行为的确认过于严苛，会让诸多公众对道德望而却步，只能让道德行为成为道德精英的专利；对道德行为的确认设之过宽，会让个别公众借道德之名行利己之实，道德的纯粹与高尚将会成为一句空话。准确地、全面地把握道德特性与特点，给鉴别道德行为提供了广阔的空间，给高扬利他旗帜下分类讨论合道德行为和道德行为指明了方向。这是对丰富多彩的公众行为给出道德评价的前提性判断。高扬利他的旗帜、激发公众的自觉参与、保持理想的信念，就能不断促成社会道德氛围的浓郁，不断消解社会的各类负面效应。

第二节　合道德行为

既然我们把研究聚焦于道德行为的动因，为何还要对合道德行为加以阐述和讨论？原因主要为：一是对合道德行为的认识，有着诸多不一致，对它的解读有待深入；二是合道德行为是需要得到鼓励的，文明社会离不开合道德行为的丰富，个人的文明素养需要它证明与支撑；三是正确区分道德行为与合道德行为，对道德动因的讨论有直接的帮助。基于这些原因，我们开展了对合道德行为的探讨。

社会现实是由一个个社会问题叠加构成的，各个社会问题得到妥善解决，社会现实的天空将会逐渐清朗。由于每一个社会问题对应着若干类别的社会行为，各个类别的行为在同一社会问题中扮演着不同的角色，这些社会行为"组团"体现出社会问题得以缓解还是愈来愈麻烦，因此，社会现实的改善，归根结底依赖于各个类别行为的进步。所以，对各个类别行为进行合道德考量，是非常重要的。

合道德行为有着多个类别，其中重要的内涵是对规则的敬畏与践行。个人行为的恰当性和社会秩序的良性建构，需要法规的刚性约束与道德要求的导引，对公众和社会而言，无时不刻需要导引和约束，放任和无序是任何良性社会不应该存在的状态。道德固然源于人的内心正义与仁爱的迸发，然而，从内心有着道德的基础条件到行为中道德力量的展现，需要各种因素的触发。如果说法规是刚性的约束，那么，道德则是非刚性的导引，两者是车之两轮、鸟之两翼，相得益彰、缺一不可，应形成互动与交融，对合道德行为的正确识别与确认，是两者融合的重要内容，必须坚持与强化。

对规则的总体认同，是建立在对社会组织架构、运行态势总体认同的基础之上的，当下中国社会秩序稳定，各方面发展迅速，无论是国际舆论还是国内公众的反映，均对我国社会的态势给予高度评价，因此，我们认为，中国当下的社会规则已经得到总体认同。

在社会公德等方面迫切需要恰当的规范，遵守这些规范，是个人文明修养的体现，是社会文明进步的必需，不能因为片面强调道德的非刚性，就可以大言不惭地视大声喧哗、乱丢纸屑等行为为小节，可以随意放任，这是与文明社会的基本要求所背离的。更为重要的是，在市场经济条件下，是模范执行市场经济的各种规则，还是想方设法通过非诚信的手段去谋取利益，这是鉴别公民是否具有最基本道德素养的试金石。这些问题，都是合道德行为讨论需要关注的。

对规则总体的肯定与践行，并不意味着不拥戴对规则的调适，从根本上来说，规则需要根据变化了的形势不断加以调适，一成不变的规则一定是僵化的、落后的。规则的调适需要科学归纳各方面的诉求，需要经过规范的程序，应该通过合适的渠道表达自身对修改规则的建议和意见。无论是对规则的执行还是提出修改建议，都不能仅从自身利益的角度作出取舍，由于每个人的价值指向有着差异性，以及资源配置存在竞争性，仅仅按照自身利益考量规则的执行与修订，必然会形成规则被冲击得七零八落的局面，这是需要警惕的。

当代社会运行速度愈来愈快，人与人之间的交往愈发迅捷，社会的有序与良性必须依赖强有力的、多方面的、刚性的规则坚守与执行。如果把有些公众对待规则试图绕道走的行为认为是合道德的，就会导致大多数人因遵守规则而使利益受到损害，一小部分人虽违背规则却能获取利益，进而形成"劣币驱逐良币"的状况。

合道德行为一定有着利他因素，一般却没有自觉牺牲自身利益的状况。例如，就排队乘车而言，有人自觉地让有需要的后来者居前，即是道德行为，因为他们自觉牺牲了时间；遵守规则、有序排队、鱼贯而入则是合道德行为，因为对全社会而言，它体现了有序和文明，对每个排队者而言，它展现了公平，无数个这样的社会现象叠加，良好风尚就能逐步形成；有序乘车本质上是利他的，应该将其视为合道德行为，但在这过程中没有人自觉牺牲自身利益，因而不能将其拔高为道德行为。再例如，个人闲暇时间的安排，有些人的行为属于道德行为，他们利用闲暇时间做义工，或在公共场所清理垃圾，或帮助失去生活自理能力的老人，对他人和社会作出了贡献，他们牺牲了自己的休息和娱乐时间，利他和自觉牺牲自身利益，确确实实地同时存在，因而是道德行为。公众的诸多闲暇行为，只要能遵守社会规则，就应被视为合道德行为，因为它增加了社会消费，满足了不同人群的需求，许多人通过闲暇行为，精神得到放松，欲望得到满足，由此得到愉悦。多样化的闲暇行为是社会充满活力的标识，是社会文明祥和的标志，它对全社会而言，是间接的利他，又是实实在在利他。

对闲暇行为过多约束和进行硬性规定，如这样可以那样就不行，是无视闲暇行为具有自主性和间接利他性特点的表现。

必须深入探讨非刚性导引与公众自主性把握道德问题之间的关系。对广大公众在道德方面的直觉与解读要抱有充分的信心，在遵守社会规范、尊重他人的前提之下，多种动因的合道德行为，应该得到鼓励和提倡，只有所有公众自觉践行合道德行为，道德进步才有了可能。应当充分意识到道德心理是多样性的，道德心理与行为者的生活处境和生活追求密切相关。对公众行为中的道德成分要加以挖掘，并积极鼓励和提倡，使不同类别的道德行为与合道德行为渐趋丰富。例如，以道德的视域审视公众的闲暇行为，由于所有人的闲暇行为均会对他人与社会产生影响，其影响必然有正向和负面之区分，因而也应对闲暇行为进行合道德性的考量，然而，对公众闲暇行为的导引，只能是非刚性的，对闲暇行为的道德要求愈具体、愈具有刚性，只能使闲暇行为索然无味，闲暇行为的丰富和展现个性，是社会充满活力的缩影。

利他具有直接与间接之分、宏观与微观之别，应该将利他概念确认得宽泛一些，这样有利于激励广大公众自觉地实施利他行为。然而，对社会上存在的表象具有利他的行为，应作深入的分析，不能仅看到具有利他迹象即将其认定为合道德行为。行为的动因和效应是非常复杂的，对具有利他因素的行为，应考量其是否尊重每一个人，维护人的尊严，强调人与人之间的平等；应考量行为是否遵守社会规则，道德要求和社会有序、良性发展应该是同步的，不遵守社会规则的行为不能被认为是合道德行为；应考量行为的负面效应能否处在可控制、可调适、可纠正的态势中，行为的负面效应广泛存在，有些负面效应可以通过其他行为的作用得到消解，有些行为的负面效应对社会和公众的伤害是本质性的，这亦是考量行为是否属于合道德行为的重要内涵。

分析同一社会问题之中的各类别行为合道德状况，离不开对各类别行为合道德的侧重与互补分析。各类别行为有无结合类别特性展现对社会的正向作用至关重要，用一把尺子去度量各类别行为，既不能体现社会的活力，亦难体现出正义和仁爱的力量。必须展开各类别行为之间合道德的互补分析，因为许多行为的正向作用和负面效应是交织在一起的，合道德行为也不例外，合道德行为并非没有负面效应的行为，而是行为的负面效应不具有本质性，并且能够被其他行为的正向作用所消解甚至克服。

具体而言，合道德行为可分为文明行为、市场行为和其他行为三个类别。

文明行为的内涵非常宽泛，文明是人类追求进步、走向真善美的过程和状况，它一定是建立在有利于他人和社会的基础之上的。

社会主义祖国的公民必须把"爱祖国、爱人民、爱劳动、爱科学、爱社会主义作为公民道德建设的基本要求"牢记心中，落实在行动上。[1] 这是国家根本大法——宪法提倡的社会公德，是国家通过普及理想教育、道德教育、文化教育、纪律和法制教育，加强社会主义精神文明建设的重要内容，是实现社会主义现代化建设的重要保证，是解决整个民族的精神支柱和精神动力的问题。

文明行为是现代社会对公民的基本和必备要求，现代社会的节奏不断加快，虚拟程度越来越高，公共环境领域不断扩大，如果人们不具备一定的文明素养，整个社会的有序运行、文明环境、可持续发展都将面临严峻挑战，公民是否具有文明素养已不再仅仅是个人修养和品格的体现，而是公民立足社会、不断进步、走向成功的前提和基础，现代社会对公民文明行为的要求较之传统社会，内涵已有了极大的拓展，公民如果没有良好的心理素养、诚实的行为习惯、进取的奋斗精神，他将不能应对社会的种种挑战，也不能把握转瞬即逝的机遇；公民如果没有关爱他人的习惯、社交

---

[1]　陈来：《中国近代以来重公德轻私德的偏向与流弊》，《文史哲》2020 年第 1 期。

场合的礼貌等文明行为，他一定是一个不被社会肯定的人，是一个不受他人欢迎的人。社会要求公民成为文明人，这方面确实任重道远。

其他行为是包罗万象的，对它的合道德性衡量主要依赖两个方面的要求，一是符合社会规范，二是直接或间接、当下或长远有利于他人和社会利益。

较之于文明行为，市场行为具有合道德行为属性的认识，往往难以形成共识。因为文明行为的利他属性是直接的。而市场行为涉及对财富问题和市场经济体制的认识，更为重要的是竞争的动因是人从自身获取利益出发的，利己的表现非常直接和直白，它的利他是间接的、隐含的，在这方面必须加以充分的讨论，以求大家逐渐形成共识。

市场经济应该是严格遵循规则的经济，竞争配置资源是市场经济的核心所在，它将人性中的利己因素充分激发和调动起来，如果没有科学的规则，如果没有一以贯之对规则的敬畏和遵守，利用利他之名行获取更多自身利益之实的现象，一定会屡有发生，在鉴别是否为合道德行为时，必须对此类行为保持足够的警惕。确有个别人在竞争配置资源之初，开展令人炫目的利他活动，为配置资源助威甚至加分，让规则的公平性受到损害。应该对破坏规则的、表面利他与实际利己紧密联系的行为作深层次分析，不能肤浅地肯定这些行为是合道德行为。

对市场经济的讨论离不开对财富问题的关注，对社会财富问题加以剖析，可以发现与财富问题关联的各类行为的合道德要求，有着强烈的侧重与互补特点。

道德视域下的财富问题，有两点要求十分关键：一是全社会的财富总量持续增加，二是每个人均能公正享受社会财富增加以后带来的惠利。处理好这两者之间的辩证关系，几乎是伦理永远的话题，它触发了持续不断的讨论。事实上，社会财富问题是有各个类别的行为所参与的，这些类别的行为是否各有侧重，能否形成合力，这才是确认与财富问题关联的行为合道德的重要内容。

和财富关联的行为处于核心地位的是经济行为，经济行为中起关键作用的是经济体制属性，确立何种经济体制，是经济行为是否合道德的首要问题。我们认为，市场经济体制是合道德的，因为市场经济的核心要义是在市场中通过竞争配置资源，它极大地激发了公众通过竞争获取资源，进而让自己的财富不断增加的自觉性；它强烈地提倡优胜劣汰，进而使社会财富总量持续增长有了实现的可能；它让资源配置以公开、竞争的方式进行，进而使不公正乃至腐败少有藏身之地和运作空间。上述这些优点是本质性的，每一条都有益于社会财富问题的不断优化。

对经济行为合道德的规定，应该是有所侧重的，其侧重的根本着力点，是社会财富总量持续增加。因为社会所有的进步与发展，均建立在经济发展、财富增加的基础之上；因为公众的潜力与能力被充分激活，才是社会丰富多彩、充满活力的象征；因为阳光是最好的防腐剂，规范运行、透明运作是基础性的防腐措施。这些要素当且仅当市场经济总体符合，除此以外的经济体制，经过了诸多时间历练，已经露出了伦理方面的破绽，因此，以伦理角度检视市场经济，应该理直气壮地强调其具有高度的合道德性。

财富问题中社会规范的道德指向，主要有以下侧重：其一，应坚定对市场经济体制的不二选择，并确保其有效运行；其二，使共享发展理念有效落实，对欠发达地区、困难群体予以充分的关心与扶持，"注重增进和保护社会困难群体的分配利益是社会主义制度优越于资本主义制度的一个重要标志"；[①]其三，注重对公共产品的投入与建设，使公众切实享受社会的福利，感受社会的文明；其四，关注社会的可持续发展，尤其是处理好经济发展与生态平衡的关系。如果这些问题持续不断地得到有效解决，就

---

① 向玉乔：《分配正义》，中国社会科学出版社 2014 年版。

有理由认为，与财富关联的社会规范是合道德的。

教育行为与财富问题的关联度似乎相对较小，然而，教育是全社会提高文明素养的重要基础，是解决代际流动最重要的措施，它能从根本意义上促进起始公平，成为逐步改变落后与贫穷地区面貌的希望。因此，教育行为是和财富问题本质相关的，让公众通过教育行为，获取知识、增长才干、富有进取心、勇于和善于加入市场经济的竞争行列之中，从而在根本上消解和克服市场经济带来的贫富差距扩大的倾向，这是教育行为合道德的着力点所在。

市场经济也有着与生俱来的负面效应，主要表现如下。

一是配置资源的起始公平较难真正实现。起始公平可分为两大类，第一类是严格按照条件和规范运作的起始公平，第二类是人人平等意义上的起始公平。一般地，第一类的起始公平较好把握、相对容易操作，第二类的问题要复杂许多，竞争者在配置资源起始阶段的基本条件是不相同的，这些条件差异既源于自身的努力程度，更主要来自地域、受教育水平、家庭条件等客观因素的深刻影响，按照最纯粹的正义公平原则，对除自身努力之外的客观条件形成的差异，应该在社会的各个方面加以平衡和弥补，然而在经济行为中却是很难操作的。如果配置资源一开始就过分顾及扶持弱者，竞争的公平性、优胜劣汰规则就难以实现，事实上，当下的市场经济在运行过程之中，很少顾及第二类的起始公平问题。由此可以认为，市场经济的起始公平是很难纯粹和彻底的。

二是无数次竞争的叠加必然助力贫富差距的扩大。所有的前次竞争结果，都会给后次竞争带来影响，影响可以是正面的，亦可以是负面的。一般而言，前次竞争成功获取资源，均会给后次竞争带来资金、人脉、经验等方面的积累，主要是正面影响；前次竞争未取得成功，则信心容易受到伤害、时间会悄然流失、资金会逐渐减少，影响主要是负面的。在市场经济面前，成功之母更多的是成功而非失败，全社会范围内无数次竞争累积的趋势，必然形成贫富差距的扩大。"贫富差距的存在可能是合理的，也可能是不合理的，而贫富差距的持续扩大则无疑是不合理的。"①

三是市场经济必然导致功利性过强。竞争配置资源激励和促使公众通过自身的努力获取资源、积累财富，财富往往成为努力和成功的标识，功利会如水银泻池般渗透到社会的每一个角落，渗透到人与人之间的所有关系之中，开放程度的加强、互联网的普及、人与人之间比较的过度，容易使功利性过强现象得到蔓延。

"很多不必要的痛苦是可以通过一个公正的政治秩序来加以克服的。"②对于市场经济的负面效应，仅仅依赖市场经济自身的完善，是难以完全克服的，所幸财富问题并不仅仅由经济行为单方面着力解决，政治行为、管理行为、教育行为等诸方面，均有与竞争和财富关联的内容，这些关联的内容是否合道德，应对其作出有侧重的规定，从而在总体上促成和保证各类别行为形成合力，使社会的财富问题体现出合道德性。

第三节　道德行为

我们对道德行为的定义是这样的，它是"自觉牺牲自身利益"基础上的模范践行社会规范的利他行为。对道德行为剖析是道德动因研究的重要基础，因为只有真正确认道德行为以后，道德动因才有了明确的指向，才能对与道德行为对应的道德动因进行有针对性的研究。

自觉牺牲自身利益，意味着道德行为自主性特点得到充分尊重和发挥，它亦体现出行为的不易和崇高。

---

① 陈少峰：《正义的公平》，人民出版社 2009 年版。

② ［美］玛莎·纳斯鲍姆：《善的脆弱性》，徐向东、陆萌译，译林出版社 2007 年版。

人的行为根本上是自利的，每个人都期盼按自己的意愿实施行为。然而，行为的效果却有着本质的差异，诸多行为效果是利己的，人和所有其他生命一样，承担着基因传承的历史重任，基因传承第一位的任务是自身健康地活着，人自身还有进步、收获的期盼，从这个方面进行分析，人有着利己的动因，期盼得到更多的资源，是应该被允许的，只要是符合社会规范，就应该得到提倡。

问题在于，资源的有限性决定了所有人无节制的利己行为叠加，必然形成人与人之间的冲突，必然造成资源严重稀缺和极度浪费并存，由此充分说明了社会规范的重要意义，只有制定科学、恰当的规范，并切实有效地实施，才能把人的利己动因和行为控制在合理的范围。社会规范的重要任务是，促进全社会既充满活力又有序运行。

和人的利己行为有所不同，人在利他行为方面有着巨大的差异性，他是自身和社会氛围充分交融的结果，每个人的利他指向和利他力度都是不一样的，这里涉及人的觉悟、能力、所处环境等各方面的综合，利他行为各方面的不一致性是永恒存在的。

社会确实需要大量的利他行为，在市场经济条件下，由于无数次市场竞争配置资源的叠加，必然使得贫富差距扩大，又由于现代社会节奏不断加快，突发事件不断增多，需要得到帮助的人群愈加扩大，而且，由于利他行为的不断增多，人与人之间的良性关系会得到激励和升华，社会的文明与进步会得到体现，这是多么令人向往的场景。然而，不能因此就要求用社会的刚性规范对利他行为加以规约和要求，道德行为的自主性特点需要坚持。

可以从分析道德榜样入手，了解道德行为的类别，因为道德榜样的行为具有道德方面的典型性和代表性。对道德榜样的分类有多种方法，既可以从榜样的行为特征入手，明晰榜样的分类，如将榜样分为助人为乐、见义勇为、诚实守信、敬业奉献、孝老爱亲等五个方面，还有着另外一种分类，即根据道德行为的本质——自觉牺牲自身利益的程度加以区别，可分为凡人善举与英雄壮举两大类别。

"凡人善举"顾名思义是指普通的平凡人在日常生活与工作中持续做出一些很普通却让我们感动的事，让道德深入人心，让传统美德不断延续；"英雄壮举"主要是指基于特定的时代背景或社会形势，敢于正面抗击邪恶、无私忘我甚至英勇献身的令人敬佩、敬仰的人物故事。

凡人善举的不易在于道德行为的持续性，英雄壮举的可贵在于为了他人和社会的利益，不惜牺牲自己的一切。凡人善举与英雄壮举的区别，关键在于善举与壮举的差异，凡人和英雄的分类，是行为鉴别之后的结果，我们不能依据职业、年龄、性别、文化等方面的区别，将人分为凡人和英雄，从本质上讲，应强调人与人之间的平等，所有人都应该践行道德行为。我们都是普通人，在道德考量面前，行为是衡量道德水准的"试金石"，任何道德分类都应该是对行为的区别。

无论是凡人善举还是英雄壮举，均是榜样的特质，榜样行为具有高尚性，是因为这些行为既为社会所必需，又是一般人较难长期做到的，是真实可信的，公众会为其感动、感染、心悦诚服。在任何时期，我们都要同时高扬这两种行为，不能只强调一个方面而忽视另一个方面，它们均是社会的正能量。社会总是有许多人在默默奉献、在埋头苦干、在帮助他人、在坚守善良，在他人的努力和带领之下，善良的氛围才会逐渐浓郁起来。凡人善举的力量在于持久与坚守，毛泽东同志有句名言，"一个人做点好事并不难，难的是一辈子做好事"。这是对凡人善举本质的深刻描述。社会永远不同于理想那般没有人铤而走险，它会出人意料地抛出诸多难题，因此非常需要英雄挺身而出，为祖国和人民的利益牺牲自己的利益，甚至献出最宝贵的生命。英雄壮举的不断出现，使得正义成为社会的主旋律。英雄壮举的崇高在于其行为具有自觉牺牲自身利益甚至生命的本质属性，生命对所有人而言均是最宝贵的，能够在祖国和人民需要的时候挺身而出，是无上崇高的行为。

道德行为应该是有层次、有体系的，每个层次既有着共性，又有着自己的特色，先进性、利他性是它们的共同特征。凡人就在我们身边，善举我们随处可见，他们的事迹大家易懂、易学，宣传凡人善举在形成文明新风方面有着不可或缺的作用，必须大力提倡。英模是民族的脊梁，其感天动地的壮举，是其坚定的信仰所促成与支撑的，他们体现着无比的崇高。注重培育先进典型体系的多层次性与科学性，社会向上的力量才能既丰富多彩，又形成合力。

没有刚性的约束，又要有牺牲自我利益的体现，这就充分展现了行为的不易。行为是否具有崇高的性质，不是仅仅看牺牲了多大的利益，也不是仅仅以捐赠的金额多少作评判，而是对行为者自身条件与可能、自觉牺牲自我利益的大小、行为坚持的时间、是否坚持默默无闻等一系列状况综合以后才能得出结论。因此，既应该充分肯定牺牲自身生命的惊天动地的事迹，也应该充分肯定捐赠数目特别大的行为，然而，也不能忽视凡人善举的力量，有一些人，他们收入很有限，却能长期坚持帮助他人，甚至默默无闻地帮助别人，这样的行为是非常崇高的，一个城市、一个地区凡人善举的多少，常常从一个侧面反映了当地的文明程度。

市场经济体制的实施，使一部分人在竞争配置资源的过程中不断成功，积聚了较多的财富，有些人积极投入慈善事业之中，实施了切实的利他行为，这是应该得到鼓励和提倡的。然而，我国的慈善事业仍处于起步阶段，许多规则尚待完善，人们对慈善的鉴别往往仅有一个标准——是否付出了真金白银。对慈善行为掩盖下的损害人尊严的行为缺少警惕和鉴别能力。个别人仗着对他人和社会有所付出，就要求受捐助者和社会给予各种配合，满足他花样繁多的需求，这些配合和需求或明的造成受捐助者人格的伤害，或暗的给捐助者以心灵的委屈，这样的行为是以利他为幌子，以满足自身欲望为根本目的的，它绝不是道德行为。所谓"超越功利"，并不是否定功利、不要功利，而是不唯利是图，不为功利所役，不做功利的"心奴"。① 对于受捐助者而言，自身的困难固然需要他人的援助，然而比金钱更可贵的是人的尊严，对任何附带损害人格的援助，都应坚定地拒之门外，"人不能有傲气，但应有傲骨"，这是对此类问题的有力阐释和回答。还要警惕"吃小亏占大便宜"式的捐助，这些所谓的捐助背后，深藏着多捞取物质利益的动因，企图利用人们的同情心理，利用公众对道德行为的期盼和支持，在未来的配置资源活动之中赢得先机，这是需要警惕和鉴别的。

第四节　道德动因

　　行为动因是行为的动力和原因，对它的研究非常困难，极富挑战性。通过对行为动因的探究，了解动因与行为之间的内在联系，力图不断促进具有正向效应的行为，减少负面效应的行为，这是我们研究的重要目标。我们试图从有利于人的发展和社会进步的视域出发，探讨哪些行为是允许存在的，甚至是鼓励和提倡的，哪些行为是不妥的，甚至是必须反对的，在此基础上，考量允许、鼓励和提倡行为的相关动因，通过对这些动因的肯定，希望正向的行为多起来。

　　行为动因是人的思维活动，和行为有着本质的区别，行为是外在、外显的，人们对其认识和分析较为容易，动因则完全不同，它深深地隐藏在人的大脑中，当下，脑科学已经有了长足的进步，人对自身的了解不断深入，然而，人们的思维之谜远未彻底解开，人们通过脑电波等方面的变

---

① 朱贻庭：《"天人合一"的道德哲学精义》，《华东师范大学学报（哲学社会科学版）》2017 年第 4 期。

化，依稀感受到思维的活动，至于思维内容事实上还处于完全不清楚的状态，利用测谎器这一类设备探寻人的思维，尽管此种方法已经问世多年，事实上效果有限，即便是有些收获，也很有可能是主客双方心理较量的结果，最为重要的是，它的结论主要集中在问题的肯定或否定方面，与思维的真实内容相距实在太远。正如威廉姆斯所说的："揭示人们处理事务时的道德心理基础和运行机制，给出让人动心的道德理由和运思路径，这也许是伦理学最重要的任务！它要比设计某种规范的生活方式这一任务来得更加紧迫。"① 总之，包含行为动因在内的人的思维，深深地藏在人大脑的深海之中。

究其本质而言，动因属于思维的范畴。思维从总体上、根本上决定着行为，它关乎行为的类别、方向、力度等，是行为最重要的逻辑起点，研究行为一刻也离不开对思维的考量。思维有着极大的程度差异，诸多动物都有思维，但其思维的程度与复杂性真是千差万别，从宏阔的角度分类，人也是动物的一种，然而，人的思维能力和复杂性，是所有其他动物所不能比拟的。可以从简要的思维分类引申开来，感受人类的思维是多么地深邃与包罗万象，思维基本可分为三个类别，其一是记忆、存储、运算类，其二是直觉、顿悟类，其三是情感、情绪类。人类对自身的研究尚处于初级阶段，有许多状况远没有得到清晰的、准确的解释，其中大脑的思维问题尤为突出，思维是怎样触发的？思维是怎样运行的？其中的逻辑进程是怎样的？人类对此的研究仍处于非常混沌的状态。人们只是对记忆、存储的原理与功能有了一定的了解，它只是人类智慧的初步和基础，现在按此功能创造的电脑智能，它仅仅是记忆、存储、运算的反映，其记忆的能力、存储的空间、运算的速度已远超人类，但是不能据此就认为电脑比人脑聪明许多，因为直觉、顿悟与情感、情绪的生理机制，人类仅仅触摸到

---

① Bernard Williams, *Ethics and the Limits of Philosophy*. London: Fontana Press, 1985.

自身的一点点边缘，连基本机理都尚未搞清。思维的复杂与深邃，决定着行为的多样与多变，也让思维与行为的关系研究处于十分复杂的态势，以伦理的视域探讨利他行为，思维的复杂性决定着利他行为的多样与多变。然而不能得出这样的结论，思维和行为之间是没有规律可循的，虚无主义态度会挡住人们探索思维与行为关系的步伐，科学的进步会逐步提供思维与行为关系规律性的佐证，人类丰富的思维常常会在归纳、凝练、总结中反映出来，通过不断的反思，人们会对现实中自身思维与行为的关系给出方向性的、大致的认识。

关于动因和行为关系的研究，有几点应该引起重视。

第一，学界有这样的认识，有些行为不是思维的结果，而是纯粹理性、直觉的结果，尤其是利他问题，它不需要追根溯源，是人的意志所必然，对此必须认真加以推敲。这样的解释固然纯粹和崇高，也简单明了，然而，高等级动物与低等级动物在思维与行为的关系方面是有区别的，有些低等级动物、弱小动物常常以群体的方式共同生活，例如蜜蜂与蚂蚁，在它们的生存状态中间，分工是极为明确的，有统领、有劳作者等，当遇到灾难与突发事件时，个体的生命会义无反顾地为群体的生存与解围作出奉献，这些利他行为的缘由以人类现有的知识尚难给出合理的解释，赋予本能可能是当下较为妥帖的回答。然而，高等级动物和低等级动物的根本性差异，在于思维的复杂性与深刻性方面，把人的利他行为简单地、绝对地归为意志和理性，它不是思维的产物，它与情感绝缘，这是缺乏依据的。利他行为是所有行为中的一类，它固然有其特殊性，但是它每时每刻和思维联系在一起，每个人都会有这样的体验，由思维导引利他行为，由情感丰富利他行为，通过利他行为享受到人生的宁静、愉悦与充实。如果仅仅用直觉与本能来解读人类的利他行为，这是简单甚至是表面的表达。

第二，动因和行为的关系，固然可以通过行为心理学的一些实验得到一些数据作为参考，也可以进行较为广泛的社会调查，通过测评表的回收与统计，了解到一些状况。从伦理的视角审视这些数据与材料，一定要抱着谨慎的态度，要认真地加以分析，它离不开严谨的逻辑推理，离不开对社会现象的背景分析，离不开对人性的深层次思索，离不开对思维与行为之间的生理剖析。事实上，每个人都是道德行为的践行者，每个人为何将思维的目标指向道德行为，又使道德行为落到实处，其中的动因与转换自身是清清楚楚的。测验和调查的数据为真，必须建立在调查问卷的合理性和科学性基础之上，更为重要的是，被调查者和访问者是否全部无所顾忌地把真实的思维活动敞开，这是值得深度追问的问题，是很难得到保证的问题，即便是匿名的测验和调查，被测试者和访问者常常会因为这样或那样的原因，作出的回答存在不同程度的失真。因为道德上的圣人和完人总是少数，而知道道德的力量，明白应该更多地实施利他行为的人是比比皆是的，知羞者是社会人群中的大多数，在回答问题时，许多人会主动隐去一部分内心的恶，从而让统计的结果有失真的可能。我们并不是全然否定道德研究中的心理测试与社会调查，只是认为在伦理视域下探索思维与行为的关系时，不仅要进行相关的测试与调查，更为重要的是，必须利用脑科学的最新知识，必须分析制约或导引道德行为的社会因素，必须了解人性的独特光辉，一定是用综合分析的方法、逻辑推理的方法、说理的方法阐释由道德动因至道德行为的路径。

第三，人类在漫长的进化过程之中，逐渐深切地感受到，个体和他人、个体和群体、个体和社会是深深地整合在一起的，每个人都需要他人的帮助和扶持，社会的和谐和有序有赖于每个人的辛勤付出，通过记忆、存储与运算，道德方面的良性积淀提供了源源不断的道德动力。就情绪、情感而言，它和伦理视域下的思维、行为问题有着千丝万缕的关系，中国人十分崇尚人与人之间的比较，"己所不欲，勿施于人"是最质朴、最直接的道德情感链接，它充分肯定每个人心中都有的善，它肯定人均存在的恻隐之心，认为从自身的情感需要出发，可以共同到达善的彼岸。人类毫无疑问是全世界所有动物中有着最丰富最复杂情感的群体，爱与恨、欣赏与厌恶、感恩与忘却，如此等等，构架了人类丰富的情感网络，它们几乎都和道德思维与道德行为直接关联，让真、善、美的情感得到迸发，让假、丑、恶的意念逐渐弱化，既是每个人的一生追求和向往，亦是良性社会的目标和努力，也是研究和探索道德动因与道德行为必须注重的问题。

行为动因是复杂的，往往同一类别的行为，甚至是同样的行为，不同人有着不同的动因。因为人的认知能力、程度、习惯有着较大的差异，所处的环境和经历也不同，每个人的性格、气质等都有所不同。综合这些情况，各人对同一问题有着不同的认识，不同人的类似行为有着不同的动因也就成了必然。

行为动因有时是多变的，每个人都有着极强的判断能力，他们会根据变化了的内外部条件对行为作出调整。只要试图对任何人的思维轨迹做一探寻，就能依稀感受到人的思维的多样性。就闲暇时间的安排而言，每个人的心境、前期的工作学习状况、家庭情况、经济条件等，都会给闲暇时间活动内容这一行为的动因带来变化。它清晰地表明，每个人的行为动因都有可能处在快速变动之中。

道德动因是道德行为主体遵守、践履道德规范的动力和原因。对道德动因的考察是道德哲学的核心问题之一，历史上的思想家对此见仁见智，异见纷纭。对于当代中国道德建设来讲，道德动因既是亟须研究清楚的理论问题，也是重要的实践问题。"道德态度与道德行为的关系是道德实践中的重要关系。二者在实践中是可逆的双向影响关系，在不同条件下影响方向不同。"①道德建设的成功离不开一定的动力支撑，对道德动因问题的深入考察有助于提出增强主体道德动力的策略，优化道德动力供给机制，从而推进当代中国道德建设。

---

① 杨宇辰、吴瑾菁：《个体道德态度与道德行为关系分析》，《道德与文明》2015年第2期。

　　道德动因不应该是大声喧哗的、公开示人的，如果说人有隐私，那么最崇高、最值得个人独享的隐私即是道德动因，康德就这样认为，头上的星空和心中的道德律，是最为持久、惊奇和令人敬畏的。为何要将道德动因作这样的判断呢？因为道德本质是自身正义与善的表达、体现，它的根本目的是从利他的角度出发帮助和扶持他人，是有助于整个社会和谐交融的行为，它会消减自身的利益，它显然不是把利己放在第一位的，不是达尔文主义式的适者生存，不是我生长他人矮化的期盼和行为，它有一个极其根本的特征，实施这样的行为，是内心最柔软的地方得到滋润，是良知的琴弦得到拨动，是一股暖流在全身流淌，它在独享中得到浸润并发扬光大，内心的独自体验是道德动因的重要特征。现实世界里的人显然不是全善的，用休谟的话说，绝大多数人只是有限善的，也就是说，人们的利他之心是有限的，行事时无法不计较利益落在谁身上。按照休谟的理解，这种有限善可以体现为以下几个方面：第一，他人过得越差，帮助他们的动机越强；第二，付出的代价越小，给他人带来的好处越多，帮助的动机越强；第三，我们总是想以尽可能小的代价获得尽可能多的好处。第一点和第二点实际上指出了我们的利他主义倾向，第三点则指出了我们的利己主义倾向，合起来就是我们通常所说的有限的同情心。[①] 我们最好放弃在休谟主义和康德主义之间做二选一的选择题，因为前者描述了普通人道德动机的来源，后者则告诉我们理性人的道德动机应该如何产生。[②]

　　我们强调的道德动因求真，是要求人们在道德动因方面体现真实性，不试图通过掩盖真实动因而获取利益，是期盼社会对道德动因的肯定是恰当的，是有利于全社会通过肯定道德动因而丰富道德行为的。

[①]　葛四友：《论道德思想试验中的直觉错位与后果主义的证成》，《社会科学》2019 年第 11 期。

[②]　杨松：《道德动机的来源——当代休谟主义与康德主义的争论》，《学术月刊》2020 年第 7 期。

我们对道德行为的定义是狭义的，是指自觉牺牲自我利益基础之上模范践行社会规范的利他行为，在这里，自觉牺牲自我利益和利他是关键。由于人的自身条件和所处环境的巨大差异，这类行为的动因一定不是唯一的，那么，它有哪些类别呢？怎样从维护社会公正、彰显人的尊严的高度出发，把貌似的道德动因从道德动因之中分离出来，坚决将其剔除呢？怎样才能通过最大程度肯定道德动因，从而调动公众实施道德行为的热情？这就需要认真研究。

对于已经作出道德行为的人们，分析他们的动因，寻求动因与行为之间的内在联系，发现他们在动因方面的真实、动人和不易。同时，对不道德行为加强剖析，注重法治和道德力量的有机结合，让原本试图通过非道德行为占便宜的动因切实受到打击。这样的双管齐下，才能使社会道德氛围逐步浓郁。

"所谓道德内化，是指个体在社会实践中，通过对社会道德的学习、选择和认同，将其转化为自身内在的行为准则和价值目标，形成相应的个体道德素质的过程。"[1]研究道德动因有着极强的意义。因为所有的行为均是有其动因的，这里所称的动因，就意识而言，可分为显性动因和隐性动因两大类。显性的动因，在动因和行为之间有着清晰的因果关系、逻辑关系。隐性的动因，在动因和行为之间没有明确的一一对应的关系，行为常常呈现跳跃、突然、随意、暴发等表征，似乎没有任何动因与之联系，行为没有丝毫初兆，但是，它不等于不受动因支配。因为隐性的动因是逐步积累的，诸多的行为在发生之前确实不会思考一下，为了何种目的去实施此类行为，这并不意味着行为不受前期诸多积累的价值判断所影响。事实上，环境的熏陶与自身的思悟是在不断交融的，交融以后即孕育自身的价值取向，有什么样的价值取向就会直接或间接地产生动因。隐性的动因更

---

① 唐凯麟：《伦理学》，高等教育出版社 2001 年版。

是大量的、每时每刻存在的，它不会因为人们难以察觉，甚至行为人自身也没有更多留意就不存在，它一定会支配着行为，只是这种支配常常是间接的。

在道德动因的研究和实践方面，存在着道德动因纯粹与泛化两种倾向，它们均有着深刻的理论背景和社会氛围。

"道义论和功利主义分别关注了人类存在的一种样态并试图以此来解释所有的道德现象，在各自的理论推进过程中虽然表现出了一定的合理性，但又都陷入深层的理论困境。"①当今社会，确实存在着把道义论和功利主义肯定到极致的认识与实践。它造成了人们在道德评判问题上的思想混乱，甚至引发了在诸多社会问题方面的莫衷一是。

道德行为是圣人的专利，还是常人的必需？如果把道德动因推向纯粹化，那么会使普通人感到它是那样遥不可及，也常常会为自己有杂念而感到羞愧，会感到道德行为是那样神圣和高不可攀，自己有那么多的不足，道德行为离普通大众太远了。久而久之，社会会形成这样的惯性，道德行为是具有完美人格、崇高品格的人们的专利。显然，这种倾向是有害的，它使人与人之间的平等关系受到损害，它使道德行为曲高和寡。事实上，全社会的道德风尚的逐步形成，必然是所有公民齐心合力的结果。而且，每一个人都应该通过道德行为的实施，提升自己的境界，并从中享受到精神愉悦。由此看来，把道德动因推向纯粹化是不妥当的。

道德行为除了惊天动地的壮举外，还包括无处不在的善举吗？如果将道德动因推向纯粹化，平常的、内心不起大的波澜的、无处不在的普通善举，可能因为缺少极为高尚的信仰支撑，而难以全部划入道德行为的行列。

我们认为，见义勇为等行为，固然是道德行为中极具闪光的部分，

---

① 刘仁贵：《论道德二重性》，《河南师范大学学报（哲学社会科学版）》2009 年第 3 期。

但是，社会整体的道德氛围需要无数的凡人善举去孕育。如果忽视普通善举的存在，如果不大力提倡随处可做的、点点滴滴的利他凡事，如果在付出爱心的时候都要努力使朴实无华提升为至高无上，那么只能让许多人在平凡善举面前望而却步，它必然会消减社会道德的整体氛围和力量。

同理，道德动因泛化也有着诸多表现，我们必须回答好这样的问题：实施道德行为可以有物质利益期盼吗？回答应该是否定的。所有的道德行为都是信仰和信念所致，它的最本质特征是利他和善举，是自身的付出。必须清醒地认识到，道德行为和市场经济行为是有本质区别的。如果把两者混为一谈，这会从根本上消减社会向上、从善的氛围和力量。"功利最大化原则不仅存在着侵害个人、少数人权利的危险，在某些情形下甚至存在着侵害大多数人的权益的可能性。"[①]市场经济的本质特征是逐利，道德行为的本质属性是利他，两者怎么能相提并论呢？因此，以追求物质利益回报作为道德行为的动因，它只能使道德行为庸俗起来，道德行为的纯洁性、高尚性、向上性就会大打折扣。它既会挫伤为了精神追求而实施道德行为的人的情感，也会让少数人打着道德行为的幌子，去实现其逐利的目的，更为重要的是，如果连道德行为都浸润着逐利，那么，整个社会的规则、氛围必然以物质利益为上，这是不应该出现的现象。

道德行为需要关注受益者的内心感受吗？答案是肯定的。一般地，道德行为的受益者是困难群体或当时处于困难状态的人们。无论是什么情况，困难的感受是敏感、多虑、脆弱的。人是社会关系的总和，所有的人都在社会中工作、学习和生活，一味要求他们躲进小屋自成一统，

---

① 张伟涛：《从功利到道义：当代中国权利观念道德基础的构建》，《法制与社会发展》2012年第1期。

两耳不闻窗外事，用退一步海阔天空安慰自己，用与世无争调节自己的心理，这是不妥当的。每个人都需要基本的物质条件、起码的人格尊重、一定的精神享受。那些认为我给予了他们道德援助，我就给了他们最大的满足，他们就应该无条件感谢我，服从我的意愿，这是十分浅俗的，也是有害的。

道德动因纯粹还有着中国传统文化中负面效应的影响。中国社会历经五千余年，传统文化源远流长，其根基深入且牢固，其影响宽泛且巨大，可以说当今任何的社会现象，都可以在传统文化中寻找到痕迹和原因。几千年绵延不断的传统文化惯性，它会每时每刻以各种形式表现出来。几乎所有的人，或多或少都会受其影响，一个人会在某一些事情的判断与决策中显示出特立独行的品格，但是在整体格局方面，还是会顽强地展现出自己感受着的传统文化的浸润。试图把当今社会和传统文化隔离开来探讨，仅仅凸显外来思潮和新生事物的力量，往往会以偏概全、挂一漏万，得不到正确的意见和结论，甚至描绘了半天，凝神一瞥，分析的问题、得出的结论，与实际情况大相径庭。

对道德动因的理想化，有时在传统文化之中表现得十分强烈和引人注目。中国传统文化历来推崇道德的力量，这方面有许多优良的积淀，然而，也有一些理念和实践值得商榷。例如，就道德的践行而言，有时过分关注道德榜样的崇高性、神圣性。多少年来形成的理性要求和实践行为，给出了非常鲜明的答案和十分具体详尽的规范，即大家都应该向道德完美的圣人学习，做一个在时间跨度上——一辈子都践行道德规范的人，在道德内涵方面——所有的道德类别都能全覆盖地践行。传统文化中负面效应对道德动因的解读，有时会拔高道德动因，强调道德动因纯粹，将道德动因理想化。

中国社会有着几千年重义轻利的传统，然而，数十年来的社会转型，改革开放成为社会的重要内涵，市场经济体制逐渐取代计划经济体制，社会发生如此重大的变革，必然会给社会的方方面面带来巨大的影响和震撼。市场通过竞争配置资源，是市场经济的重要规则，它也有着一定的负面效应，例如，引发了人们对金钱的过度追逐，社会对道德动因的认识深受其影响。

在市场经济条件下，注重功利的倾向会十分明显，因此，常常会出现道德动因泛化的现象，它至少有两个方面的表现。一是一些人在实施所谓的道德行为之前，会考虑自身的得失，甚至会展开是否有利于自己经济利益的思考和判断，从而使行为脱离道德的轨道，流于功利和俗套。二是一些人在实施所谓的道德行为时十分高调，全然不顾受助人的心情和感受，有时这些行为直接造成了对他们的伤害，也给社会带来了负面影响。道德动因泛化让社会公正受到损害，让人自由、平等的进步有所减缓，让善良的人们对道德信心有所动摇，它是道德方面的腐蚀剂。

由于传统文化中负面影响的积淀，现实中存在道德动因纯粹的要求；由于市场经济体制的实施，社会上不时出现道德动因泛化的现象。由于这两种认识和力量都有着宽泛的市场，因而常常可见道德动因要求在纯粹与泛化之间变动。事实上，这两者都不是对道德动因的正确认识，恰当的、科学的道德动因多元才是对道德动因的正确解读。

道德动因纯粹与泛化不利于社会的道德建设。确实地，它要么让道德行为极其稀缺，要么使道德行为混同于逐利行为，这些都应该加以避免。由此，必须考虑如何在当今社会切实纠正道德动因纯粹与泛化带来的负面影响。

道德动因的纯粹及泛化，会引发一系列在道德行为认知方面的偏差，对此，必须加以剖析，并提出恰当的理论指向和实践路径。

第一，必须纠正为了显示道德动因的纯粹和高尚，人为地拔高道德行为的现象。社会确实存在这样的现象：对道德行为产生的背景，渲染其伟大、崇高和不易，让公众产生这样的错觉，道德行为只能是英雄的杰作；对道德行为的阐述，刻意加上惊险、曲折、艰难、困苦，使公众感到不是普通人所能为的；对道德行为的歌颂，用词均是"顶级"的、无与伦比的，有意或无意把实施道德行为的伟大人物和普通公众分离开来；等等。社会要认识这些现象的负面效应，对此要有警惕和警醒。

必须还原道德行为的本来面目，它是任何人都必须具有的正义和善良的情感所形成的行为，它是大家都应该实施的并且能够实施的行为，并不仅仅是少数英雄人物的专利。把道德动因局限于道德纯粹，必然排斥许多人的许多道德行为，它既不符合对道德行为的合理解释，也不利于全社会的道德建设，必须加以纠正。

第二，必须纠正为了体现道德动因的纯粹性和崇高性，全面排斥道德动因多元解释的现象。事实上，人们的道德实践，是自身情感的体现，是自觉性和感召性的有机结合。社会不断转型，节奏日益加快，改革开放成为社会的重要内涵，社会和公众对他人行为的宽容、理解和认同，已不是一个泛泛而谈的口号。"需要营造一种道德多元互竞的文化局面。"①道德行为多元互竞的基础是存在道德动因的多元。价值多元同样反映在对道德动因的理解方面，应该从根本上有利于社会进步的角度出发，大胆地、公正地分析和认同道德动因的多元表现。

第三，必须纠正全然不顾道德动因的合理性，只要是对他人和社会有所付出，即给予充分肯定的现象。有些对社会和他人付出的所谓道德行为，相伴着强烈的、直接的物质回报甚至索要，这些行为和结果常常演变为小投入换取大回报，甚至是吃小亏占大便宜，让所谓的道德行为陷于浅俗。不能简单认为，帮助他人的行为一定是道德行为，不顾及、不追问道德动因是不妥的。放纵、听任由于付出而直接索取物质利益的现象，会无

---

① 万俊人：《美德伦理如何复兴?》，《求是学刊》2011 年第 1 期。

视道德行为与经济行为的差异，甚至混淆道德行为与经济行为，把两者等同起来，这会造成道德行为理论和实践方面的混乱。

必须明晰道德行为与经济行为的巨大差异，一定要厘清社会给予道德行为者褒奖与作出利他行为者索要物质利益之间的本质差异。对于道德行为者，应该给予激励，这种激励主要应体现在精神方面，而不是给予许多的物质利益。"道德善行之所以为善，是因为主体以牺牲自我利益的方式成全了人类精神上的高贵，但道德回报却用利益补偿方式对善行主体进行奖励，这刚好构成了对善行的道德高尚性的销蚀。"[①] 不能让人们把注意力集中在道德行为的回报方面，而应该启发人们领悟到人性的光辉在于自身正义和善的力量体现，引导人们享受实施道德行为后得到的精神满足和愉悦。对于试图通过物质方面小投入换取大回报的行为，必须旗帜鲜明地给予否定。只有通过在这方面的坚定回答，并坚持不懈地努力，才能促进社会风尚的好转。

第四，必须纠正不顾及受益者感受的所谓的道德行为。因为我对你有所付出，你就应该听从于我、服从于我，因为我做了好事，我就有了支配权，并享受支配带来的快乐，带着这样的动因去实施助人的行为，从根本上讲，不但无益甚至有害，这不是真正的道德行为。

道德行为是人的精神力量的展示，是正义和善的情感转化为实践的体现，它的内涵是非常丰富和广阔的，其核心价值不但包含帮助人，还包含尊重人，两者缺一不可。"实现自己的人格尊严是公民的道德权利，尊重他人的人格尊严是公民、社会、国家的道德义务。"[②]"义务（duty）"一词，从词源上说源于拉丁文的 due，含有欠债应还之义，它的本义既表明一个人应对他人做某种事情，同时也意味着他人可以要求他做某种事情。[③] 很

---

① 罗明星：《道德回报的伦理质疑》，《江汉论坛》2009 年第 10 期。
② 刘娟：《简论我国人格尊严实现的道德基础和法律保障》，《道德与文明》2009 年第 4 期。
③ 余涌：《论道德上的完全义务与不完全义务》，《哲学动态》2017 年第 8 期。

难想象，一个非常有善心的人，在对被援助者伸出援助之手时，会提出这样或那样的苛求。不能仅仅看到社会急需帮助的人有许许多多，就过度宽泛地认同道德行为。不能仅从表象上分析，只要对他人和社会伸出了援助之手，就简单肯定是道德行为。如真是那样，就会使道德行为浅俗起来。

被援助者大多属困难群体，是尊重他们、鼓励他们在社会上立足，提升他们的自信心，认同并帮助他们确立尊严；还是苛求他们，因为他们需要帮助而要求他们这样或那样做。这是社会文明与否的重要标志。"对困难群体的身份歧视是与现代文明理念背道而驰的。"① 人们常常说，人与人之间是平等的，每个人都必须受到尊重，这些理念落实在由道德动因带来的对行为的是非判别方面，就必须理直气壮地要求每一位作出利他行为的人，充分尊重、细心呵护被援助者。

"自近代以来，道德处在一个不断的嬗变过程之中，这种嬗变在当代则显得更加急切，这是一个不争的事实。"②"要强调先进性与广泛性的统一。道德是崇高的，也是现实的。"③道德动因的多元，是当下社会价值多元在道德动因方面的反映。在社会转型时期，价值多元的存在是不奇怪的，社会能够包容多种价值的并存，本身就是社会宽容、繁荣、多彩的表现，不应该对此简单地加以否定。

建设与社会主义市场经济相适应的道德体系，是一项提高全民族素质的长期、复杂、艰巨的基础性工程，必须根据市场经济条件下的新情况、新问题、新矛盾，创造性地解决这些问题。正确认识和坚持道德动因的多元，反对将道德动因确认为纯粹或泛化，是非常有意义的，只要坚持下去，必然会逐步取得较好的效果。

---

① 徐嘉：《城市弱势群体伦理关系现状的调查分析》，《伦理学》2009 年第 10 期。
② 龙静云、熊富标：《现代道德嬗变略论》，《华中师范大学学报（人文社会科学版）》2010 年第 5 期。
③ 罗国杰：《建设社会主义道德体系的几个问题》，《思想理论教育导刊》2010 年第 6 期。

第五节 启示：激励道德动因是道德
行为丰富的基础

我们坚持认为所有的行为都应加以道德考量，分析行为的道德属性是发挥道德力量的最基础内容，我们把所有行为粗略分为不道德行为、合道德行为与道德行为，凡是违反社会规范、损害社会他人利益的行为均是不道德行为，不道德行为既容易鉴定，又较为直白，因此我们没有展开讨论。合道德行为符合社会规范，是直接或间接有利于他人和社会的行为，基本上分为文明行为、市场行为和其他行为三个类别，人们对文明行为和其他行为的合道德性容易形成共识，市场行为充分利用人的自利意愿，充分发挥竞争作用，它的合道德性常常被人打上问号，事实上唯有通过提倡市场行为，才能促进社会财富总量的持续增加，社会公平正义才能不断展现，人的努力和竞争意识才能不断增强，它的利他作用是间接的，它是社会文明和进步不可替代的力量。

我们应该大力提倡市场行为，充分认识到市场行为间接体现了利他性，市场行为是合道德行为。市场行为与道德行为不是对立关系，从市场行为到道德行为，是道德层面的"递进"。提倡市场行为、高扬道德行为应该同时存在。

我们应该充分认识利他的间接性特征，许多行为的初始意愿是利己的，或是为了遵守社会规范去实施行为，然而，行为结果的效应却体现出间接利他作用，这些行为是合道德的，应给予充分肯定。

道德行为是指自觉牺牲自身利益基础上的模范践行社会规范的利他行为，我们对道德动因纯粹与泛化的由来及表现形式进行了分析，力求说明坚持恰当的、科学的道德动因多元，才能促使社会道德氛围的浓郁。

第 二 章

道德动因研究的基本准则

对道德动因的考察，要以正确的方法论作为指导。在反思人类伦理思想史并且直面社会现实的基础上，马克思建构了以批判精神为武器、以自由精神为灵魂、以实践精神为目的的伦理思想。[①] 在历史唯物主义视域下实现道德思想史上的根本变革，必须以唯物史观深刻揭示道德的动因，充分认识到社会存在决定社会意识，而社会意识是社会存在的反映。如何解读马克思主义并确立其在道德研究中的指导地位？首先应该正确区分马克思主义的宏观指导与马克思主义道德的具体研究，两者是有着根本差异的，前者是指马克思主义对所有哲学、社会科学研究的指导地位，它是宏观的、把握总体方向的，它不能取代道德的具体研究；后者是指在道德研究的诸多流派和方向中间，马克思主义道德有着自己独特的话语权、价值取向和理论主张。不能认真区分两者之间的差别，就会形成两个方面不妥当的倾向：或者完全否定马克思主义在道德研究中的指导作用，认为马克思主义道德和其他学术流派道德是等价的关系，不必确立马克思主义在道德研究中的指导地位，应该允许其他学术流派平等地和马克思主义道德商榷与讨论；或者用马克思主义道德研究取代其他所有的道德研究，使道德研究成为一家之言，道德研究的学派交锋生动活泼会徒有虚名，这是大家不愿意看到的，在现实中，也是无法做到的。由此可以看出，区分马克思

---

① 任丑：《马克思伦理思想的特质》，《理论学刊》2018 年第 5 期。

主义在道德研究中的指导地位与马克思主义对道德的具体研究，是十分必要的。

应该看到，马克思主义对道德的直接阐述和马克思主义对道德理论探究的指导作用，是两种不同的形态，我们在这里主要是确立马克思主义的指导作用。因此，非常有必要探索如何将马克思主义最根本的思想观念用于道德动因方面的研究。马克思主义十分强调和注重理性精神、辩证精神和实践精神，关于道德动因的研究，也必须坚持理性精神，用说理的方法彰显道德动因的力量；必须坚持辩证精神，将强调道德动因多元、否定道德动因纯粹与泛化的道理说清楚；必须强调实践精神，把分析当下丰富的社会背景与研究道德动因多元有机结合起来，努力探寻现实生活中道德动因多元该有的场景。

研究道德动因，离不开对诸伦理学理论体系的分析，离不开对中国道德传统的判断，离不开对社会现实的了解，离不开对人的生理、心理的探析，必须明晰研究的根本价值取向和方法路径，唯有这样，才能使研究具有一定的理论穿透力。我们对道德动因的研究必须在马克思主义的指导下，坚持理性精神、弘扬辩证精神、强调实践精神。

第一节　坚持理性精神

具备理性精神，不是无厘头的横加指责，不是不加分析的全盘否定，理性精神需要敏锐的眼光，需要深刻且有逻辑的学术分析能力。

所谓理性精神，是指用马克思主义指导道德研究，充分体现理性的永恒、敏锐、说理特性，它揭示了道德研究应有的场景：高度认同道德问题的动态性，注重道德评价和规范的不断调适；时刻以评析的目光审视伦理研究的各种观点，既不盲从、随波逐流，也不自以为是，认为自己一直是伦理真理的掌握者；以平等的态度对待每一种道德理论体系，以说理的方式开展道德理论体系之间的讨论。笔者坚信，这样的学术态度是有助于伦理研究繁荣的。

我们强调，马克思主义在道德研究中有着极为重要的指导作用，不仅因为马克思主义的价值取向、为全体人民大众谋利益，提供了道德研究的根本遵循，而且在于马克思主义的方法层面，也给予了道德研究诸多重要的启示，尤其是马克思主义一以贯之的理性精神，是马克思主义理论客观分析问题、得出科学结论的重要武器。研究道德问题时必须时刻注重理性精神，充分利用理性的方法分析问题，使理论具有穿透力和说服力，从而得出较为科学的结论。

理性精神是建立在客观、公正和实事求是分析基础之上的，是建立在透过现象求其本质基础之上的。在这方面，马克思主义对资本主义批判的研究，给出了杰出范例。马克思主义的理性精神是一以贯之的，理性力量第一位的是批判力量，唯有具备彻底的批判力量，才能把握事物的本质，寻求到事物发展的最本质规律。马克思主义批判力量是彻底性的、革命性的，"要扬弃私有财产的思想，有思想上的共产主义就完全够了，而要扬弃现实的私有财产，就必须有现实的共产主义运动"。①

马克思主义的发端时期，是早期资本主义蓬勃发展的时期，资本主义极大地解放了生产力，无论是技术革命的日新月异，还是生产关系方面，资本主义较之封建时代都有了质的飞跃和进步，无论是经济基础还是上层建筑，均全面超越了封建时代。当许多人陶醉在资本主义给社会带来的巨大而深刻的变化之中时，马克思却独具慧眼，按照所有人的自由而全面发展这一社会最基本的要求和标准，审视资本主义社会，创造性地提出了剩余价值理论，撕下了资本主义绚丽的薄薄面纱，直言资本逐利必然不顾一

---

① 《马克思恩格斯文集》第 1 卷，人民出版社 2009 年版。

切甚至是疯狂，如果利润超大，可以冒杀头的风险，它是人与人之间不平等的最重要的源泉。资本主义生产资料私人占有和社会化大生产之间的根本性矛盾是无法调和的。资本主义鼓励和提倡的私利至上理念和实践，会从根本上败坏社会风气，社会会出现各种丑恶现象，会引发周期性经济危机。这样的生产方式和社会制度，在发展到一定阶段之后，必然会被取代。社会的发展愈来愈证明马克思当初的预言，由此可见，理性精神是多么可贵和重要。

这一系列判断何等精彩，它们无不和理性精神密切联系，尽管道德问题研究远不如这般宏大复杂，然而坚持理性精神同样是研究必不可少的方法。这是因为，诸伦理学理论体系各自价值取向明确，观点鲜明，这些观点之间较难兼容，甚至学术主张针锋相对、各执一词。然而，道德问题的是非观、实践性都十分强烈鲜明，所有的道德研究都应该回答何为道德行为、怎样丰富道德行为的问题，在这样的根本问题上，学术意见相左，带来的结果只能是引发思想混乱，理论指导实践的作用和功能将无从体现。如果仅从表象看，诸伦理学理论体系各自表达了伦理理论主张，似乎难以调和，然而坚持理性精神，尤其是坚持透过现象去看本质，就会发现诸伦理学理论体系之间尽管存在着尖锐的理论对立，但是，它们还是有着共性和共识的，它隐藏在表象的伦理学理论体系的纷争之中，我们有必要加以厘清。必须根据道德的本质属性辨析所有的理论问题。道德问题绝非只是关心自己，他人和社会利益是应该得到时刻关注的问题；人的品格、素养在道德建设中起着重要的基石作用，必须强化教育功能；社会主义社会要求对每个人都充分尊重，道德建设应有利于社会自由、平等、公正的价值原则确立。这些观念不是对立的关系，而是道德建设需要同时关注的问题，也是通过努力能够协调的问题。从这些概念出发，审视诸伦理学理论体系，就可以发现尽管他们的学术主张非常鲜明，侧重对每一方面加以强调，共识却隐含在各理论体系之中。对困难群体的关注，对人自由平等的关注，对社会公正文明的关注，是道德的永恒价值取向，这些问题不是非此即彼的，我们必须牢牢把握这些问题，而不是侧重于某一方面的追问，忽略甚至放弃其他方面的要求。

马克思所处的时代确实没有互联网等科学技术，也不可能对当下人们的具体生活状态给予描述，然而，马克思主义明确表示，事物是发展的，是变化的，随着生产力的发展、经济基础的变化，生产关系必须与之相适应，同时，也需要上层建筑与之相适应。马克思、恩格斯明确揭示在阶级社会中不同的阶级有不同的道德，如果仔细琢磨，他们如此说是在意识形态等意义上使用"道德"概念。而作为一种社会规范性价值，则无论哪个阶级、哪个阶层均不会否认正义、平等、仁爱等基本道义价值的存在，均不会放弃自身的道德基础，问题的关键在于对正义、平等、仁爱等基本道德价值的具体理解。也正因为如此，无产阶级才可能具有精神道义上的先进性；没有自己的特殊利益，在全人类普遍的意义上理解正义、平等、仁爱。[1] 作为利他视域下的人与社会的应当……道德问题，它具有强烈价值指向，它一定不应该是静止的，一成不变的。提出恰当的符合现实的道德认识，它包括道德要求、道德评价等一系列内容，其前提是对原有的道德规范进行批判性梳理，通过学理分析，既充分肯定必须坚持的，又在批判的基础上提出新的道德认识。这就体现了马克思主义在伦理方面的指导作用。正是在反思和批判的基础上，马克思依据历史唯物主义的方法论原则，从现实的个人和现实的社会关系出发，深刻地揭示了正义的社会历史依据，并在批判现实的基础上提出了自己的公平正义思想——共产主义的理想。这对我国现阶段构建公平正义理论具有重要启示。[2]

---

① 高兆明：《历史视野中的道德：马恩道德哲学思想解读——从〈共产党宣言〉的一段话谈起》，《哲学研究》2015 年第 10 期。

② 何建华：《马克思对古典自由主义公平正义观的反思和超越》，《伦理学研究》2015 年第 5 期。

我们必须深刻学习马克思主义理论，认真梳理理性精神的内涵要点，在道德问题尤其是道德动因方面的研究之中自觉强化理性精神。

关于理性的全面性，彻底的理性精神意味着所有人、所有理论主张和讨论，都要服从对真理的追求，这是非常难坚持但必须时时牢记的。道德是一门古老又年轻的学科，多年的学理讨论积淀，形成了诸多理论流派，通过研究产生学理主张，成为某一理论学派的参与者和拥护者，这是无可厚非的，而且是应该提倡的，学理讨论中各自坚持主张，用理性的、逻辑的方式评述其他主张，不仅是应该的，而且是必需的。问题在于彻底的理性精神，要求学理讨论的各个方面处于平等的位置，并力主严于要求和剖析自己。事实上，任何学术主张都有其出彩之处，也同时存在负面效应，如在学术讨论中，一味突出自己坚守的学术流派的优点，刻意回避其不足，对其他学术理论体系的长处视而不见，对其短处则用挖苦、嘲讽等方式评析，对它们的不足随意夸大，似乎不这样做，就不能显示自己学术观点的正确，不能体现自身学术水平处于高位。在王国维看来，在中西之学彼此相遇的时代，二者已难以截然相分，盛则俱盛，衰则俱衰，仅仅固守某种单一的思想形态，无论是中国传统下的思想，抑或西方传统下的哲学，都将是一种片面的取向。①

对自身坚持的学术主张时刻保持清醒，勇于剖析该主张的不足，并不会削弱该主张的学术力量，只会让该学术力量得到充分体现，在此基础上的坚守，就会更有学术底气。

关于理性的永恒性，是马克思主义发展观的重要体现，尽管人、事物、社会永远处于变化与发展之中，但是，只要坚持理性精神，就能不断给出正确判断。反映在道德问题方面，必须对社会物质条件和精神状况作

---

① 杨国荣：《德性、知识与哲学进路——由〈当代美德伦理〉引发的若干思考》，《天津社会科学》2020年第3期。

辩证、客观、公正的分析，对道德问题和规范作实事求是的剖析，提出恰当的道德主张。

关于理性的敏锐性，是指推崇大胆假设、科学论证，是永远努力寻求事物之间的联系，并区分主次问题，更为重要的是，在互相联系的事物之间，究竟谁影响着谁，谁是第一性的，谁是第二性的，谁起着主导作用，谁又起着一定的能动作用，必须分析清楚。

关于理性的深刻性，主要表现在讲逻辑和体现公正两个方面。所谓讲逻辑，是指研究的各个环节，均是关于起点、过程、结论的恰当分析，它不强调词语的奢华，而重视因果的合理，它反对缺少推理就提出结论。所谓公正，一方面应当表现在对各种学术主张采取一视同仁的态度，自己可以甚至可以说必须有学术主张，然而在分析各自学术流派的优劣时，不能用情感好恶替代理性分析；另一方面是对研究的态度要求，必须尊重他人的学术劳动，用平和、说理的方式探讨学术问题。

坚持理性精神，是建立在对扬弃中国传统文化基础之上的，是在对我国学术传统认真分析基础之上的。

我国的学术传统特点鲜明，往往用极简练的话语表达深刻的思想，体现强大的精神力量。这些名言警句并不只在学术圈中流传，而是成为公众耳濡目染的内容，甚至成为大家的座右铭，这些结论式的名言警句拉近了学术与实践的距离，体现出中国式智慧。作为中国学术研究和实践探索中非常重要的"标志性工程"——道德建设，中国历来将其视为人格提升、社会文明的根本性力量，因而诸多名言警句和道德问题直接或间接关联，它们为道德建设提供了影响力极大的精神财富，这个学术特点必须坚持和发扬光大，然而，现代社会呈现出核心价值引领和多元价值丰富的格局，开放带来了多元价值丰富，信息时代每个人都有了发表价值观念的条件，这些问题的综合给仅有结论、缺少理性探索的传统话语以巨大冲击。现代社会场景的错综复杂不断要求人们对问题的合理性加以思考，仅有结论的问题已经很难服众。道德建设只有通过说理的方式，只有时刻关注逻辑起点、过程、结论的系统性研究，才能把道德问题的前因后果彻底讲清楚，要说明问题的必要与可能，让道德问题闪烁着理性的光辉，充分彰显以理服人的效应。

正是出于这样的考虑，我们才在明晰何为道德行为的基础之上，深度探究和剖析道德动因问题，因为道德动因是实践道德行为的动力和原因，促进道德行为丰富的举措必须剖析道德行为的逻辑起点——道德动因，究竟哪些动因是真正的道德动因，如何培育这些动因，这是道德氛围浓郁绕不开的话题，全社会努力培育公众的道德氛围，道德行为就会成为公众的自觉行为，这正是我们所期盼的。

我们在充分肯定道德方面名言警句精彩深刻的同时，应该自觉将说理的方式引入道德问题的探讨之中，在道德动因与道德行为的关系中强化理性研究的功能，使具有自主性特点的道德问题逐渐体现出"以理服人""心服口服"的态势，我们相信这方面的努力是有意义的。

第二节　弘扬辩证精神

马克思主义对待问题都是采取辩证的方法加以透视，将辩证精神贯穿于剖析问题的始终，对道德理论和实践的思考，一步也离不开辩证精神。马克思的道德理论是相对的道德与绝对的道德的辩证统一，是对社会现实的道德性评价与对道德的社会实践功能批判的辩证认识和统一。一方面，在唯物史观的视野下，马克思寄希望于人们通过现实的感性活动来改善自身所面对的社会道德现状，反对把阶级社会固有的道德规范奉为神旨；另一方面，马克思的道德哲学中有一种超越性的道德价值，他以辩证法赋予人的解放和真正自由以现实的、具体的内容，认为只有通过社会历史的进步以及社会实践的合目的性发展来实现人性的自我复归，并使之成为对理想道德的现实化追求。①

自古从今道德理论问题学派纷呈，任何一种学术流派或学术观点，往往会对其他学术主张提出强烈的批评意见，在此基础上建立起自己的学术主张，这似乎已成为道德理论研究的基本"套路"，从而形成道德理论主张丰富多彩，相关学术主张的讨论已经有了惯性：找出他人学术观点中的破绽和疏漏，分析其缘由和负面影响，提出自认为较为完美的学术主张。然而可以预见的是，你所认为的理想的学术主张，必然会成为下一轮他人找出瑕疵、进行批评的对象。学术观点之间的互相切磋，是学术研究生动活泼的体现，亦是学术素养和水平不断提升的必需路径。问题在于，学术观点的争鸣，是否仅有一种方式：全力寻找他人学术观点的瑕疵，极力维护自己的学术主张。学术观点的讨论，是否应该注重辨析各种学术观点的长处与弱点，寻求各种学术观点优点的交融，毫无疑问，这样的思考和探索是有积极意义的。

应该看到，自然科学和社会科学的研究有其共性，然而在本质特征方面有着较大差异，因而研究的方略有着诸多方面的不同。对自然科学和社会科学的探索，求真是其共同的特征，崇尚逻辑推理、讲究因果关系是它们共同的方法，去伪存真、不受干扰、探索某一方面的存在及发展规律，是它们共同的向往，在研究的道路上不畏困难、艰苦探索、持之以恒，是两者均需具备的条件。

我们应看到社会科学的研究，更应关注社会现实条件，社会的需要与可能是社会科学研究的基础；所有人都自觉或不自觉地关注讨论社会科学问题，能否得到公众的认可，是社会科学研究必须考虑的问题。

---

① 晏扩明：《马克思的道德观念及其追求——基于马克思的道德社会功能批判与道德性评价》，《道德与文明》2020 年第 4 期。

　　以往的关于道德动因的讨论，无论是较为纯粹的观点，还是相对宽泛的主张，都有其合理之处，也有其可商榷的地方，对待每一类别与道德动因相关的研究，都应该刨根究底，厘清学术流派产生的缘由及背景，分析此类学术主张应该肯定的内容，剖析它们的欠缺与不足，对任何道德动因学术主张应该采取一视同仁的态度。

　　辩证对待道德动因的相关研究，并不是否认各学术主张之间有良莠之分，问题在于不能采用极端的方式，对一些学术主张给予完美无缺的评价，对另一些学术主张给予一无是处的评论，这些观点有其偏激之处。诸多学者在这方面有着自己的见解，赫勒在日常生活批判、伦理学和历史理论中都对"人的境况"进行了分析，并在"人的境况"的基础上进行了日常生活批判、商谈伦理学构建、现代性批判，展现了一种确定性与不确定性的辩证法。① 这样的"集大成"思路颇有启发。

　　关于辩证精神在道德动因研究中的把握，我们可以从诸多关于道德动因研究的问题入手，感悟辩证精神的重要意义。

　　我们把是否遵守社会规范作为鉴别行为道德属性的重要内涵，这是建立在对社会规范辩证确认基础之上的。所谓社会规范，是指党和政府以及各级各类部门制定的法律、政策等刚性要求，党和政府代表最广大人民群众利益，不断根据变化着的情况作出调适，制定了一系列有利于社会安宁、进步与发展，有利于人们政治素养提升和文明习惯养成的社会规范，社会规范和道德要求是治理国家社会的两个重要方面，社会规范的制定与执行需要道德力量作支撑，道德行为的确认与践行需要社会规范作保证，两者在人的自由、全面发展和社会文明进步方面都起着不可忽视的作用，社会规范是刚性约束，道德要求有自主性特点，两者一刚一柔，相得益

---

① 杜红艳：《"人的境况"和确定性与不确定性的辩证法——赫勒伦理学建构的现代性线索与方法论旨趣》，《道德与文明》2020 年第 4 期。

彰，缺一不可。

我们应该对社会规范的准确性和时代性有辩证的认识，无论什么条件下社会规范的欠缺是必然存在的，改善和加强是必需的，它一定有着与社会现实要求不完全符合的一面。我们更应该看到，在我们国家，社会治理的规范化建设正在不断进步和发展，社会规范已总体成熟，它的内容与结构基本符合社会的现实状况，不能因为社会规范的充实和完善永远在路上就对执行社会规范有疑惑，如果产生这样的状况，社会规范的刚性约束将受到挑战，长此以往，必然带来社会的混乱。道德建设应该充分发挥社会规范的力量，努力促进社会规范刚性约束和道德建设自觉参与、相得益彰。

以道德特性与道德特点的关系而言，必须强调用辩证思维厘清问题，有学者认为利他性、自主性与理想性均是道德特性，它们都反映了道德的本质属性，我们认为利他性与自主性、理想性是有差异的，利他性是最根本的道德特性，自主性与理想性只能是道德特点，三者之间并不是并列关系，利他性是凸显道德性质的保证和体现，并使道德问题的研究与实践有了质的规定性。自主性是道德方法层面的问题，它既反映道德与规范之间的区别，说明了道德是非刚性的，更是鼓励全体公民根据自己的价值取向实施道德行为，从而促成道德行为的丰富。理想性是指在全社会范围内，对困难群体弱者的关爱、社会公正的体现、人的自由与平等的实现，一定会处于逐步向好的过程之中，道德尽管是非刚性的，但是在社会文明与进步中的力量体现是不可或缺的，是每个人的重要精神生活，道德教育一定会闪烁时代的光辉，道德榜样必然会激励每一个人，所有的不道德行为一定是阴暗的，见不得社会正义之光，只要每个人努力起来，道德氛围一定会逐步浓郁，理想性总体上阐述的是道德信心问题。

道德本质与道德方法、道德信心是有区别的，道德本质是第一位的，处于根本性的地位，唯有首先确立道德本质属性，其他的特点问题才有了保证和可能，道德方法和信心作用的发挥才可以充分彰显道德本质属性的力量。

我们还可以从德与得的辩证认识提倡道德研究强调辩证精神的必要性，我们认为践行道德行为的人们应该有所得，必须有所得，需要讨论的是，应该得到什么。

中国传统文化认为，实施道德行为的人们应该有所得。"好人有好报"，用朴素的语言阐述道德行为与回报的因果关系，"不能让英雄流血再流泪"，是当代对道德榜样遭遇不公正待遇的大声疾呼与纠正。当下对道德榜样已经通过法规的形式确保其得到崇高的褒奖，得到全社会尊重，尊崇道德榜样已成为社会的普遍共识和广泛实践，起到了非常好的示范效应。

诸伦理学理论体系的研究十分注重道德公平问题，唯恐因为道德行为引发的"多得"形成道德行为的变形走样，有的理论主张从道德动因纯粹出发，强调道德行为是不求任何回报的绝对理性行为，他们认为自由、平等与公正如同社会公理一般存在，公民的所有行为均应由此出发，并应经得起上述要求的检验，即使功利主义的主张，也逐步关注到社会公正问题，从而从早期强调个人幸福追求的天经地义，逐渐演变为将最大多数人的最大幸福作为价值追求。

我们认为：

第一，道德行为不是经济行为，道德行为的根本属性是利他，是建立在自觉牺牲自身利益基础之上的，如果对所有的道德行为给予物质利益作为回报，这容易将道德行为与市场行为混淆起来。

第二，道德行为必须得到全社会的褒奖，任何实施道德行为的人都应该得到充分的尊重，必须给予他们足够的、恰当的精神鼓励，以促使全社会越来越多的人实施更多的道德行为。

第三，对于因为实施见义勇为等行为致残致病的英雄人物，必须给予充分的物质关怀，他们付出的是鲜血甚至生命，应该配享较好的物质生活，得到较好的医疗救助，以体现全社会给予的温暖，这是对生命是无价的、生命是最宝贵的生动诠释。必须彰显勇于牺牲自己生命的人应该得到全社会尊重的价值原则。

第四，必须充分保护接受道德援助人的尊严，要充分认识到所有的人都是平等的关系，每个人的隐私都应该得到充分尊重，让接受道德援助的人们身心愉悦，没有压力和包袱是现代社会的文明标识。

得与德的辩证关系事关社会公正，事关全社会每个人的自由与平等问题，必须警惕市场经济条件下个别人以道德作为工具与"幌子"，必须识破这些"花样"，让道德行为体现崇高与正义。

如果我们将视角聚焦社会现实，在道德相关问题中需要用辩证思维厘清的问题有许许多多，例如我为人人与人人为我，爱一行、干一行与干一行、爱一行等问题均必须用辩证精神深入剖析，才能得出正确的结论。

总之，时刻把握辩证精神，用心平气和说理的方式，讲清楚各种与道德动因关联的学术主张的合理之处与商榷之处，是道德动因研究应该时刻把握的。

第三节　强调实践精神

马克思主义是实践的科学理论体系，实践性是它的第一性，也是马克思主义具有强大生命力之根源。马克思主义的精髓就在于其理论体系生成的过程中，在实然层面把握真实世界的现实性与系统性，在应然层面回归规范性的实践逻辑。① 马克思主义在指导人的实践过程中，转化为一种精

---

① 李萍、卢俊豪：《理由与价值何者优先？——从实践哲学维度探寻游叙弗伦难题之解》，《中国人民大学学报》2021 年第 4 期。

神动力，实践精神是人们在长期运用马克思主义过程中必须坚守的。

所谓实践精神，是指实践的第一性问题，它不是对理性的轻视，我们认为它是指在道德动因研究的全过程，在理论效度方面，必须牢牢把握可行性；在理论信度方面，必须把握最大多数公众的可接受性；在理论发挥作用方面，必须把握对社会和个人的正向作用为主体。这种实践的观点，必须一以贯之坚守。把握实践性，要最宽泛地启迪与肯定公众的自觉认同、自觉践行，要促进社会和个人的进步与文明。实践性必须体现在道德研究的纵向进程中的每一个环节。无论是一种观点的酝酿与提出，还是一种理论主张的论证与完善，或者是理论体系的正确与否，都离不开实践的考量。价值哲学把握生活世界的方式，不同于社会学即实证主义的方式，又不同于意识形态即说教式的方式，而是事实性表述与价值性陈述的统一，亦即客观因果性表述和意义妥当性陈述的统一。它必须基于事实逻辑而达于价值逻辑。[①] 从事实逻辑走向价值逻辑需要在实践基础上不断探索。社会环境和个人实践是密不可分的，只是强调社会环境的重要，而忽略了个人的能动作用，这是任何社会背景下自身无所作为的借口，只强调个人的服从和无条件作出牺牲，社会规则、秩序良性建构的极端重要性会被忽略，"劣币驱逐良币"的现象会大量存在。因此，对丰富的社会实践加以理性凝练是十分重要的。

社会性是公民的首要特征。对此，亚里士多德也指出，人不仅过着个体的、私人的生活，同时也过着公共的、政治的生活。[②] 在纷繁复杂的现实面前，有三类现实问题更应该引起高度关注。一类是市场经济体制得到确认并不断深化，它使道德动因研究面临利己与利他协调的巨大挑战。一

---

① 晏辉：《价值哲学视域中的心灵之序与世界之序》，《当代中国价值观研究》2017年第4期。

② ［古希腊］亚里士多德：《尼各马科伦理学》，苗力田译，中国人民大学出版社2003年版。

类是改革开放的不断深入，各种价值互相碰撞交融，它给道德动因的确认带来丰富的想象，也加深了道德动因形成共识的难度。一类是信息社会的扑面而来，任何人、任何事业都和互联网有着千丝万缕的联系，它彻底改变了人与人之间的思维习惯和交往习惯，道德动因方面的考量面临崭新的背景条件。所谓强调实践精神，重要的是对这三方面的宏观背景加以深入剖析，并提出恰当的、可行的理论主张。

伦理学是哲学学科中实践性最强的内容，它强调学术研究中所有的理论成果一定源于实践，是对道德实践的凝练和概括，一定能够指导实践，促进道德实践日渐丰富。

我们应该高度肯定理论源于实践的判断，正是丰富的道德实践给理性研究提供了素材，理性研究在总结道德实践的过程之中，应该去伪存真，去粗求精，总结归纳，不断扬弃，为道德建设提供借鉴与导引。

道德建设的方向是否正确，是向着不断丰富繁荣方向发展，还是走上"自缚手脚""曲高和寡"之路，或走上"过于宽泛""急功近利"之路，这些与理论方面确定怎样的道德动因密切关联，如果只注重社会的平等公正问题，让道德成为道德精英的"专利"，那么道德动因只能朝着纯而又纯的绝对理念方向发展，如果让动因与社会平等公正脱钩，道德泛化现象必然会出现，道德有可能成为个别人"吃小亏占大便宜"的工具，这是非常不利于社会文明和进步的。因此，从道德实践的真正需要出发，认真探讨道德动因问题，让恰当的、有利于社会文明的道德动因多多益善，让实施利己行为的动因从道德行为中坚决剔除，是非常具有实践意义的研究，是现实性很强的研究。

强调道德力量必须源于实践，并不是将理论混同于实践，更不是让道德理论服务于社会生活中的"道德偏差"，理论的真正光辉在于凝练性、科学性、前瞻性、指导性，所有的道德研究都应该向着这个目标不断迈进。

在研究道德动因问题时强调实践精神，必须在三个方面开展实践问题的研究，一是从系统总结道德榜样的本质与共性入手，进而明晰道德行为的本质属性，让道德行为的概念界定充满时代特征，体现实践价值；二是对道德视域下的市场经济加以系统阐述，并阐明市场经济条件下合道德行为的必要与可能，让公众对市场经济的合道德性充满信心、"有底气"，从而不被现实生活中各类现象"迷惑"；三是对现实生活中道德动因的作用发挥有着较为系统的把握，阐明未来道德力量发挥与道德氛围浓郁之间的关系。

党的十八大以来，党和政府更加注重发挥道德榜样在道德建设中的重要作用，评选出各级各类诸多道德榜样，他们的行为表现各异，职业、年龄等方面也有着较大差异，我们学习道德榜样就应该学习他们事迹的本质属性，唯有这样才能根据自身特点形成实践道德行为的自觉，我们通过研究发现，所有道德榜样的共同属性是：模范遵守道德规范，自觉牺牲自身利益，在利他方面作出突出成绩，这方面的研究应该不断深化，从而为全体公众在新时代自觉践行道德行为奠定基础。

道德榜样是实践道德的模范，他们或持久践行道德行为，或在某一方面实施了突出的、有影响的道德行为，对道德榜样的行为本质进行归纳和凝练，非常有助于全社会在孕育与选树榜样、宣传榜样、学习榜样等环节形成自觉和共识。深刻领会和践行社会主义核心价值观，引导人们明大德守公德严私德，把社会公德、职业道德、家庭美德、个人品德建设作为着力点，必须发挥道德榜样的作用。应该看到，道德榜样在年龄、家庭条件、生活场景、职业等方面存在较大差异，榜样引领道德风尚的核心要义是凝练、总结所有榜样行为的本质属性，这样才能使全体公民无论从事什么工作，无论处在什么样的场景，无论遇到什么问题都能学习榜样的高贵品质，如同榜样那样实施道德行为，榜样行为的崇高也能得到全社会广泛认同，尊崇榜样、关爱榜样的优良风气也会逐渐形成。

我们不但要看到不畏艰难、敢于牺牲是军人、警察等群体的职责使命，更应该认识到每个人的生命只有一次，生命对于所有人而言都是最宝贵的，为了自己的信仰和理想，为了人民幸福和社会进步，勇于献出宝贵生命的人是无上崇高的，对于持续为人民做好事的榜样不仅应看到这些人的善良与爱心，更应关注到在市场经济条件下自觉持续实施牺牲自身利益的利他行为的不易与高尚。

我们是在市场经济条件下探讨道德问题，市场经济的核心要素是竞争配置资源，它建立在肯定与激发人的利己要素之上，粗看起来市场行为和以利他为本质属性的道德行为完全冲突，事实上，市场经济有着其他体制无法实现的优点，市场行为能实现社会财富总量的持续增长，它体现了间接、宏观、未来的利他属性，必须提倡。道德行为充分彰显了行为者的崇高与不易，是社会文明与进步不可或缺的"亮色"，现实生活中迫切需要，无数实践表明，坚持市场行为的合道德性与强调道德行为的崇高性是可以高度融合的。

现实生活中道德力量的发挥，必须依赖动因求真、德育求效、规范求准，因为只有真实的动因才能使道德动因与道德行为的相关讨论"落地生根"。道德教育必须着眼于效果，唯有这样才能改变现实生活中大量存在的重形式、轻效果的倾向。现实生活是瞬息万变并飞速发展的，面对丰富多彩的现实生活，准确的、刚性的规范才能真正助力于道德力量的展现，必须不断调适规范，在"准确度"上下功夫。

第四节　启示：道德动因研究应注重扬弃与创新

在道德动因研究时注重理性、辩证、实践精神，关键是把握研究的扬弃与创新问题。

　　动因究其本质而言是心理问题，是一定行为的思维支撑，对动因研究既很困难、充满挑战，又是十分重要的，心理问题和人的生理构造，尤其是大脑的意识和思维能力密切联系，大脑的结构功能、运行内容、方式等，人们对这些问题充满着未知，确切来讲，认识还在起步阶段，究其根本性而言，人复杂性的源头集中表现在于大脑，记忆、联想、汇总等浩如烟海，新的问题、新的判断、新的动力等层出不穷。如果没有理性、辩证、实践精神，或者会在前人的研究成果面前迷惑起来，全然没有头绪，或者自己会突发奇想，却与事实相去甚远。应该看到，前人在人的动因问题方面，有了丰富的学术积淀，各种观点之间又有着许多交锋，带着问题、学会判断、为我所用，才能真正发挥马克思主义的指导作用。

　　对道德动因的研究，许多观点存在普遍性和特殊性的纷争，有的学派认为，一定的动因总是指向一定的行为，道德问题概莫能外，不应该使道德动因的研究走向神秘，有的学术主张认为，道德问题的特殊性在于它的思维是纯粹的，道德动因的讨论不应该和行为有半点联系，更与行为效果没有丝毫关联。社会的外部环境发生了深刻变化，如何在现实背景下促发更多的道德行为，是所有道德研究都要考虑的问题，前人的研究给予许多有益的启示，也留给学界具有强大张力的各种观点，如果没有自己的独立分析，研究就失去了真正的价值，研究如果不能建立在对所有学术观点深入学习、比较、分析等基础之上，那么，这样的研究是带有盲目性的。这就要求对道德动因的探究，一定是建立在对所有学术观点扬弃的基础之上的。社会的飞速发展，带给人与社会各方面质的变化，人们对道德行为的理解有着许多新认识，对道德动因的看法亦日趋丰富，社会要求每一位理论工作者，必须提出符合客观实际的、有创造性的意见。正如李大钊指出："今则全都解决了依马克思的唯物史观、社会上法律政治伦理等精神的构造都是表面的构造。他的下面有经济的构造作他们一切的基础。经济组织一有变动，他们都跟着变动。换一句话说，就是经济问题的解决是根本解决。"①由此，必须在道德动因研究方面，将符合实际、具有创新作为研究准则。

道德动因的研究，一刻也离不开对道德行为的关注，因为肯定怎样的道德行为，就意味着确认怎样的道德动因。关于道德行为的研究，如同动因、道德动因的研究一般，充满着各种意见的讨论，集中起来，主要是确认面宽与面窄的问题。在这方面，不能仅仅用逻辑推演的方式论证，如果在对待他人的学术观点时，满足于找出一个方面的瑕疵，然后对其尽兴批判，对他人学术观点的长处、观点形成的内外部条件却疏于分析，这样的学术惯性是难以促成良好学术氛围的，它会形成在道德行为的确认方面，出现学术观点在要求过严、失之过宽之间游走的现象，这是需要警惕和警醒的。强调马克思主义方法论的指导作用，就是要学会用理性、辩证、实践的精神去解读学术纷争。一定要通过确认道德行为，让更多的公众有自觉投身道德实践的意愿，让社会的正义与文明力量不断壮大。

如果是这样，企业还会做公益吗？阿迪、耐克赞助体育赛事，每遇到重大灾害各类企业公开捐款，这些背后都有充足的"自利"动机。

当前，在我们的社会有大量"见老不扶"的行为，显然是不道德的。但是在德国，这样的行为并不多见，因为德国刑法第 323 条规定"见死不救"是违法行为。这样在德国有人为了避免法律的不利后果（即自利）而对危险中的人施与援手，这是道德还是不道德？

---

① 李大钊：《再论问题与主义》，《每周评论》1919 年第 35 期。

第 三 章

道德动因视域下的诸伦理学理论体系辨析

社会现象错综复杂、丰富多彩，从伦理学的视角对社会现象进行考量，鉴别其是否为道德行为或是否合道德性，既极富挑战性，又是道德研究无法回避的问题。因为，如果把本来不属于道德行为的现象确认为道德行为，把不合道德性的行为误认为其具有合道德性，将道德行为任意泛化，那么，表面的道德繁荣实际充满泡沫，会从根本上消减道德的神圣与使命感，道德有可能成为个别人利己行为的借口或道德庇护所；如果对道德行为和合道德性问题确认过度严苛，又会让道德成为道德精英的专利，道德力量的展现和道德氛围的营造变得困难，甚至成为空话。所以，对众多的社会现象进行价值鉴别，解析、评价、规范和引导道德行为，促进更多的社会现象具有更高的合道德性，历来是伦理学研究的难点。

有的伦理学理论体系以道德行为的本质为视角，强调道德行为的根本属性，这方面的研究以道义论为代表。道义论从道德行为的根本特质出发，高扬道德行为的利他属性，强调道德信念的重要性，并排斥从行为效果、行为者方面考量道德行为。有的伦理学理论体系从道德行为的效果出发，强调行为效果是鉴别和确认道德行为的最重要标识，这方面的研究以功利主义为代表。功利主义提出，没有效果的行为不能称之为真正的道德行为，认为最大多数人的最大幸福才是道德行为的根本追求，并强调除此以外的一切关于道德行为的研究均是没有意义的。还有的伦理学理论体系注重对行为者的研究，强调行为者在道德行为中的无可替代的地位，这方面的研究以美德伦理为代表。美德伦理重视行为者对道德行为的判断和感觉，强调所有的道德行为离不开行为者，它充分肯定道德行为的多样，强调道德内涵不仅包括道德行为，还包括道德生活，由此并非会带来对道德判断的混淆。也有的伦理学理论体系认为，在市场经济条件下，竞争无处不在，物质利益被过分强化，人的自由与平等、社会公正的价值取向被不断弱化。社会一定不能成为只见物不见人的社会，追求人的自由平等，强调社会公正会从根本上有利于社会困难群体的状况改善，因此，道德行为的第一属性必须是自由、平等和公正，这是契约主义伦理学的主要观点。

这样的"唯我独尊、排斥其他"理论体系的讨论惯性形成了无穷无尽的学理纷争。这种纷争带来伦理学理论和道德实践求真的场景，形成了伦理学理论刨根究底的良好风气。

然而，把本不能为的目标作为伦理学理论的根本追求加以讨论，即是从一开始就走进了研究的误区。无论是在伦理研究方面，还是在道德实践方面，"各执一词"都会给人们以莫衷一是的感觉，这是强调一种伦理学理论，全方位否定其他伦理学理论必然带来的结果。"这种思维模式认为，现实存在着某种永恒不变的知识基础，可以在错综复杂的差异性、多样性、丰富性中，找到可通约性，舍掉差异性、多样性、丰富性，整合共同点，把握同一性；同时将高层次归结到低层次，并依次递进，逐级递归，最后归结到最低层次，从而找出作为终极基础的最大范围的同一性。"① 强调一种理论体系，并且否定其他理论体系，能否促进全社会的道德氛围提升？无论是理论层面还是实践层面，很难给出肯定的结论。

---

① 彭怀祖：《关于道德动因多元的研究》，《理论学刊》2008 年第 11 期。

第一节　道义论：动因辨识道德行为真伪的源起

道德植根于人性深处，完全离开道义论探讨道德行为，所有的讨论都显得那么浅俗，有些探讨会渐渐步入纯功利的轨道，道德独特的光辉会被遮蔽，容易把道德行为和其他行为混淆起来。道德是社会风气向上的极为重要、不可或缺的力量，无论是什么样的社会形态，无论处于什么社会时期，都需要道德力量的展现，因而永远不能忽视道义论。

千百年来，在道德行为不断受到其他行为挤压、社会风气令许多人不满意的时候，道义论必然会成为社会的呼唤。这就说明，道义论永远是道德行为坚实的理论基础，它是矫正功利性过强的最强有力的武器，它是启发和调动人们自觉实施利他行为的精神源泉，对此，必须抱定信念。应该这样认为，道德行为一刻也离不开道义论，背离道义论，道德行为的真谛和光辉将不复存在。

关于道德行为本质的讨论，历来是伦理学研究的重点，道义论是行为本质研究中非常出彩的理论体系。道义论强调道德行为是人的理想和责任，是人性闪光和魅力所在，它是如此纯净，容不得半点瑕疵；它是如此高尚，绝不甘于与功利有一丝瓜葛；它是那么意境高远，使人们真正成为精神贵族；它是那么无私，全部的付出都是为了他人和社会；它是那么崇高，实施利他行为完全是出于自觉。如果说人与动物有千百种差异性的描述，可以肯定的是，人的道德行为是所有描述中极具力量的！①

康德对道德进行了纯形式的理论建构，把人的主体地位拔高到了极致地位，并且以绝对命令的形式为道德找到一条普遍化的路径。康德伦理学

---

① 杨小刚：《希望概念在康德道德及宗教哲学中的两种含义》，《同济大学学报（社会科学版）》2016 年第 5 期。

包含两种重要的道德目的概念，即作为道德法则的客观基础的自在目的概念和作为纯粹实践理性终极目的的至善概念。① 康德对道义论的观念预设和逻辑演绎是非常严苛的，他把它定义为"善的意志的绝对性"。也就是说，理性在意志实践活动中的使命就在于"产生一个并非在其他意图中作为手段，而是就自身而言就是善的意志"。② 这句话在三个方面对行为本质作出了极其严格的规定，其一，道德行为是善的意志的体现；其二，它具有绝对性，即是唯一和排他的，它和人的品格、天性等绝缘；其三，意志的自律为道德的最高原则，即唯有信仰、信念的力量，才是践行道德行为的唯一动因。但是康德的道义论无法为现实提供相应的指导，这一难题也就成为了道德学家们一直努力的方向。随着时代的变迁、社会的发展，人们的认识在不断深化，行为本质最具代表性的理论——道义论也有了不断的发展和丰富。

康德是通过辨析道德动因透视道德行为真伪的大师，他十分清楚道德行为变形走样带来的严重后果，如果让一些人将实施道德行为作为夹带获取自身利益的借口，道德力量的光辉将不复存在，善良、无辜、天真的人们，对道德行为充满敬仰，如果被人巧妙地利用，这将是伦理学研究和道德实践的不幸，康德的敏锐与深刻，必须引起充分重视。因此，在注重强调道德动因多元时，在企盼充分发挥道德作用时，必须确立道德动因多元的原则，从而实现由动因出发审视行为的过程之中，既释放人们各种各样的道德活力，强化人们的道德自觉，展现社会的道德光辉，又不让道德问题有半丝变形走样。

康德通过确认道德动因纯粹明晰道德行为，是非常敏锐、深刻的，他

---

① 张会永：《康德的两种道德目的概念——兼论一种康德式后果主义的可能性》，《学术月刊》2018 年第 6 期。

② ［德］康德：《道德形而上学的奠基》（《康德著作全集》第 4 卷），李秋零编译，中国人民大学出版社 2004 年版。

彻底地将利用道德行为作为幌子夹带自身利益的行为排除在道德行为之外，使道德行为的崇高经受考验、毋庸置疑。我们从中可以得到这样的思考，对道德问题的剖析，不仅仅看行为者是否切实帮助了他人与社会，也不是仅听行为者的语言是否华丽感人，而是应该从考量动因出发，鉴别行为是否真正具有道德属性。然而，沿着康德的理性进路，道德纯粹固然得以实现，动因方面不能有一丝杂念，为了信仰去践行，只是这样的绝对理念，会把大多数利他行为排斥在道德外面，道德只能成为道德精英的专利，这是需要警惕和反思的。

具体而言，道义论会受到两个方面的挑战。

一是就个人而言，任何道德理论体系均要促成社会公民实施更多的道德行为，这方面的激励一刻也不能丢弃，道义论将动因加以严苛规范，不允许道德行为有信仰之外的任何感受方面的涟漪，无论是有着理论素养的人们，还是文化程度不高的公众，对此大多会望而生畏。人是有血有肉的高等生物，思考伴随人的终身，所有的行为都会引发行为者产生情感反应。用望而却步来形容诸多公众对道义论的感受，一定程度上是恰当的：既然道德的门槛如此之高，道德的境界如此纯粹，我是一个普通人，只能在凡尘中生活，我有着丰富的情感，我希望我的行为带来连续不断的欢愉，道德行为是多么高尚，普通人可能一辈子努力也难以企及，我还是过好我的平凡日子吧。如果公众都有这样的想法，那么，全社会道德氛围的浓郁将难形成。

二是就社会而言，道德规范和要求是否应该覆盖所有的行为，这是一个值得深思的问题。如果道德规范和要求只是对社会部分行为的考量，另有一些行为不受道德规范的制约、无需道德方面的导引，即会引来追问：哪些方面是可以或应该不受道德规范制约呢？这是非常难以回答的问题。因为无论哪些行为不受道德规范制约，均会形成硬伤，社会不应该存在不受道德制约和导引的独特空间。利他视域下的人与社会的应当，就利他程度而言，可将行为分为道德行为、合道德行为等，让社会有着更多的道德行为、合道德行为，是所有伦理学界和道德实践者的共同追求。仅遵循道义论的理论，会得出这样的结论，或社会诸多行为不应该进行道德考量，或社会诸多行为是不道德的，无论是怎样的场景，都与社会道德氛围浓郁背道而驰。

尽管道义论受到挑战，然而其将动因和行为联系起来讨论的思路是开创性的，不能因为道义论将道德纯粹推向极致，因而难以有利于道德行为丰富，即全盘否定讨论动因的重要意义。事实上，从讨论动因出发，由道德动因纯粹得出道德行为纯粹的结论，是相当有创意和功力的，研究和剖析动因，可以起到纲举目张的效果，一下子把纷繁复杂的行为理出类别。

沿着这样的思绪再作思考，可以将一些具有道德行为表征本质是利己的行为拒之道德行为之外。道德行为最显著的特征是具有利他性，如果仅从表现审视，容易将援助他人一律视作道德行为，尤其是对付出真金白银的捐助行为更是直接认同为道德行为，这就给一些另有一番目的的捐助者以可乘之机。在捐助行为中两类动因尤其值得警惕，一类是以嗫瑟和宣泄为最大快感，认为捐出真金白银即可要求受捐助者按自己的意愿行事，这种欲望的满足是捐助的动因；一类是抱着"吃小亏占大便宜"的心态，通过捐出一些金银获得各方赞誉，从而在未来的市场竞争中占得先机，为下一步获取更多的资源作了铺垫。

对第一类的动因必须坚决抵制。因为现代社会每个人的独立、自由与尊严是所有文明的根基，人与人之间人格上的永远平等，是良性社会的底线，它不应该受到任何方面的干扰，即便你对他人有所捐助，亦不能对他人有半点附属要求，如果更加严苛地思考，应全力维护被捐助者的隐私，不让他们背上因为接受捐助而带来的方方面面的压力，让他们一如既往地、体面地、有尊严地生活。

对第二类的动因社会各方面均需要警醒和抵制。一定要把公平作为任何行为的首要准则，对捐助者的激励固然应该进行，通过对道德行为的肯定与褒奖，可以给捐助者鼓励与信心，可以旗帜鲜明地表明社会彰显的内容，可以促成社会的道德行为愈来愈丰富。然而，激励的类别与程度是需要考量的，物质方面的激励尤其要谨慎，捐助本身即是物质方面的付出，给予物质的激励，从小处说是对捐助者物质方面付出的冲抵，从大处讲激励的资金主要由纳税人付出，用在对捐助者进行物质激励是不公平的，财政支出应该十分透明、谨慎与公平。即便是精神方面的激励，也要考虑效应的多重性，确实应该给予捐助者以一定的精神鼓励，在未来的市场竞争中也应该考量这些捐助者的道德状况，然而，市场竞争的公平性不能有半点受损，如果给予捐助者所掌控的企业以过多的倾斜，这必然会给竞争的起始是否属于公平状态打上问号。

第二节　功利主义：宽泛认同道德行为的突破

"功利主义是一种简捷明了而又影响深远的道德理论。"[1] 它把目的论推向极致，把所有人的价值追求和道德行为联系起来讨论，强调了追求和筹划幸福生活的合道德性，在道德动因方面，开创了一个全新的思考方式和实践道路。"它更优先地强调把利益、快乐、福宁、幸福收纳、包容到道德合理性的理性筹划和论证，因而契合了一种现代性道德架构中的实践伦理趋向。"[2]

功利主义的鼻祖是边沁，他认为："功利是指任何客体的这么一种性

---

[1]　田海平：《人为何要"以福论德"而不"以德论福"——论功利主义的"福—德"趋向问题》，《学术研究》2014 年第 11 期。

[2]　田海平：《人为何要"以福论德"而不"以德论福"——论功利主义的"福—德"趋向问题》，《学术研究》2014 年第 11 期。

质：由此，它倾向于给利益相关者带来实惠、好处、快乐、利益或幸福（所有这些在此含义上相同），或者倾向于防止利益相关者遭受损害、痛苦、祸患或不幸（这些也含义相同）。如果利益相关者是一般的共同体，那就是共同体的幸福，假如是指某一个人，那就是这个人的幸福。"①在这里，边沁强调功利就是幸福、就是快乐的增加和痛苦的减少，所有的道德问题都可以归结为功利问题，进而是幸福最大化的问题。

随着时间的推移，功利主义也得到了深化与丰富，最关键的要害是，不再仅仅把个人的幸福与痛苦问题作为鉴别道德行为的试金石，而是把最大多数人的最大幸福视为道德行为的重要标识。

道德行为的效果，是伦理学研究必须关注的。任何一种行为，如果皆具有正向价值，那么，它必定是对个人或社会产生正面效果，其效应愈明显愈应该得到肯定，道德行为也应该如此。在界定功利原则时，我们至少有三个选项，即最大幸福原则，最大多数人的幸福原则，以及最大多数人的最大幸福原则。②功利主义高举道德行为效果的旗帜，把所有道德行为的效果归纳为最大多数人的最大幸福，这是伦理学让人耳目一新的研究，尤其是该理论体系在解释市场经济行为的合道德性方面，起着其他理论体系不能比拟的作用。

功利主义是最彻底的目的论，它给了目的以最具体的回答，这是一个试图涵盖一切又十分具体的回答。面对纷繁复杂的社会形态，试图用最简单又是最具体的方式阐述道德行为，受到质疑是必然的，通过社会的个别案例指出其具有这样那样的硬伤也是显见和容易的。然而，这是否就能说明功利主义一无是处呢？如果得出这样结论，未免太轻率了。事实上，功利主义确实有着其他学说不能替代的作用，它的一针见血和独特价值，对

① ［英］边沁：《道德与立法原理导论》，时殷弘译，商务印书馆 2002 年版。

② 杨伟清：《最大幸福，最大多数人的幸福，抑或最大多数人的最大幸福？——论功利原则的界定问题》，《齐鲁学刊》2020 年第 2 期。

社会财富的增加和文明程度的提升起着重要作用。

然而，功利主义还是有其欠缺的。就其强调的能对道德行为"全覆盖"而言，事实上就很难做到。所谓道德行为阐释的"全覆盖"，主要有两方面的含义，一是某种理论概括包含了所有的道德行为；二是其理论凝练的道德行为中间没有夹杂着非道德行为的现象。对所有理论而言，用极简练的语言把道德行为"全覆盖"，都是极为困难的，功利主义同样没有完美地做到这一点。

"过于现实或过于片面的功利主义，在'福—德'趋向上会陷入只见'幸福'不见'道德'的困境。因此，它需要'以德论福'的道义论予以警醒或进行平衡。"①同其他理论体系一样，它也存在一些硬伤，主要表现在以下几个方面。

是最大多数人的最大幸福这个命题和道德行为的利他属性不是完全叠合的，即有些确确实实的道德行为，并不是以最大多数的最大幸福为出发点的。有些以最大多数人的最大幸福为原则的行为，并不一定是直接的道德行为或具有合道德性。两者之间的视角和指向有一定的差异性。

二是功利主义理论体系极为重视大多数人的幸福问题，并把它和道德行为等价起来，然而还应该考虑这样的问题，应该由谁来决定哪些人配享幸福的问题。道德行为的特点之一是自主性，道德行为是非刚性的，是人的自主和自觉行为，不能认为一部分人决定另一部分人的幸福问题必然是合道德性的。

三是如果坚持每个人都有追求幸福的权利、人与人之间平等的原则，那么，就可以发现在最大多数人最大幸福的视野之外，极小部分的幸福应该由谁去关注？应该得到怎样的关注？不能因为是极小部分人的问题，就

---

① 田海平：《人为何要"以福论德"而不"以德论福"——论功利主义的"福—德"趋向问题》，《学术研究》2014 年第 11 期。

可以理所当然地抛在脑后，就应该天然地为最大多数人作出牺牲，如果真是那样，那么只能认为用功利主义鉴别和解释一切道德行为，是有缺陷的。

四是功利主义的困难还在于不同行为之间的价值比较难以精确计算。比如，国家有限的教育经费，是平均地投放到全国每个地区让每个适龄青少年平均享受，还是投入某个贫困地区大幅度提高该地区的教育水平，或是投放到经济文化发达的地区，兴办高层次学校，培养一批高层次的人才。这几种不同行为产生的功利谁大谁小，究竟怎样计算，功利主义对此有些无能为力。这种功利的计算困难还表现在对于同一个人来说，哪一种行为能够给他带来更大的快乐，也是很难排列顺序的。比如看足球赛和看一场电影两种行为产生的快乐哪一种更多呢？如果对于结果的理解不限于直接结果的话，计算将更加复杂，因为结果往往又形成新的结果，形成一个结果的链条，同样一种行为，可能由于截取链条上的点不同，有可能是功利大于损失，也有可能是损失大于功利。

关于人与社会应当的问题，除了利他外，伦理学界亦进行了其他方面的探索。以幸福作为视域的讨论从未停止，最大多数人的最大幸福初看似乎完美无缺，然而细究下来，最大多数之外的最小部分人群应该是哪些人？他们是否配享幸福？他们为何在幸福视野的关注之外？这些问题直接导致"德福悖论"的产生。怎样避免落入道德相对主义巢臼，会成为一个绕不开的话题，必须警惕这样的讨论有时会逐渐远离道德的本质属性。①

如果把最大多数人的最大幸福这一目标放到生动的社会实践中考量，就会发现它的硬伤，在市场经济条件下，功利有过强的迹象，贫富有扩大的趋势，一味激发人的利己情结，社会财富总量确实会持续增加，最大多

---

① 钱康：《人性的绝对价值能否成为道德动机——对自然化康德伦理学解释的批判》，《道德与文明》2021 年第 6 期。

数人的最大幸福有了人的动因确认和社会规范，社会财富总量持续增加有
了各方面的保证，这似乎是伦理视域下的近乎完美的场景！然而，仔细推
敲，还是存在问题的，人的自利动因得到制度方面的保证，最大程度地鼓
励人为了自身利益追求获取最多的资源，除了社会财富总量得到增加，资
源配置相对公平外，它还有其他的效应：功利性过强和贫富差距过大，这
是必须引起警惕和加以纠正的。在社会实践中打量市场经济，也可以发
现，严重失信等行为会四处蔓延，存在不少此类情况，对此必须有足够的
警醒，努力防范，并着力纠正。

第三节　美德伦理：人的德性在道德
建设中具有重要作用

没有广大公众的广泛参与，没有民众的自觉践行，道德行为只能是小
众的活动，就谈不上社会道德氛围浓郁。当下的现实是，许多人七嘴八舌
地埋怨，为何道德行为如此稀缺？为何不道德行为随处可见？其中的原因
固然与规范层面有关，但更多的是由于全社会公众没有做到人人践行道德
行为所致。况且，规范是由人主导建立、制订并实施的，归根结底还是人
的行为。所以，道德行为的任何讨论，一丝一毫也不能离开对行为者的关
注。"当代西方美德伦理学是一种以美德作为伦理学的基本概念，追求理
论的自足性，并试图与功利主义或义务论相抗衡的伦理学理论。"[1]美德概
念有着约定俗成的规定、直觉的认知基础和人性的心理基础，其规范性的
内容完全可以独立于其他伦理学的基本概念而认识和确定。[2]

---

[1]　陈真：《凡是现实的就是合理的吗？——麦金太尔的美德伦理学批判》，《哲学研究》
2015 年第 3 期。

[2]　陈真：《何为美德伦理学?》，《哲学研究》2016 年第 7 期。

　　美德伦理集中研究道德行为者，以行为者的品格和选择作为研究重点，该理论敏锐地发现，行为者在道德行为中起着不可或缺的独特的作用。麦金太尔认为："只有对于某个拥有正义美德的人，对如何应用法则的认识本身才是可能的。"①该理论体系认为，人的品行即是善，必须重视行为者自身通过实践得来的，一辈子受用的、相对固定的对善的解读和践行。我们可以感悟到美德伦理的精彩内核：重视人，重视人的自觉，重视人的差异。"美德概念可以成为理论上具有第一性的基本概念，理由有三：第一，具体的美德概念理论上本身就具有第一性；第二，美德概念具有后果主义和义务论的基本概念及其规则无法穷尽的意义；第三，美德概念有着约定俗成的规定、直觉的认知基础和人性的心理基础，其规范性的内容完全可以独立于其他伦理学的基本概念而认识和确定。"②

　　美德伦理十分注重行为者在实施道德行为过程中的作用，它强调所有的道德行为都离不开行为者的自觉与实践，行为者能够感受道德行为的崇高，并心悦诚服地践行，这是道德行为本质得以体现的根本要素，也是道德行为产生效果的重要前提。而且，美德伦理充分强调情感在道德行为中的作用。"情感，作为一种关注模式，能够帮助大家把环境中的某些道德上突出的特点追溯和挑选出来，帮助大家确定何时履行道德上可允许的行动和道德上所要求的行动。"③

　　美德伦理不仅提倡道德行为的多样性，鼓励所有公众均根据自己的所能去实施道德行为，美德伦理还有着深层次的表达：对不同人群的道德约束要求应该是不一样的。在市场经济条件下，不同职业的人群所具有的配置资源的权力、获取资源的能力是不一样的，其实施道德行为后产生的影响力也是不一样的。因而，道德行为多样性的考量，更应注重不同职业人

---

① ［美］麦金太尔：《谁之正义？何种合理性？》，万俊人等译，当代中国出版社 1996 年版。
② 陈真：《何为美德伦理学?》，《哲学研究》2016 年第 7 期。
③ 徐向东：《康德论道德情感和道德选择》，《伦理学研究》2014 年第 1 期。

群在道德行为方面的表现，唯有这样，才能使全社会意义上的权利和义务对应的关系充分彰显。

在感受美德伦理学理论光辉的同时，也应该清醒地认识到，行为者在文化、年龄、职业、性格、经历等诸方面存在不同，这些不同必然会形成行为者在道德判断与践行方面的差异。这种差异极具两面性，一方面，社会呈现出道德的多样与丰富；另一方面，对所有人关于道德行为的判断缺少规范，这很有可能出现道德相对主义。西方传统规范伦理学亦即德行伦理学要想克服自身以往主要关注行为规范的片面性，从而改造成为全面性的伦理学要简单和容易得多；而当代西方德性伦理学及其运动，则注定永远克服不了其拒斥行为规范的片面性，也注定永远不能变成全面性的伦理学。① 中国传统思想中有一些偏激的观点，道德水平高的圣人有资格突破道德规范的约束自行其道，这叫作"唯圣人能权"，"权"就是权衡、灵活性。这种灵活性在兵家那里则上升为"居阴为阳""能而示之不能"的兵家辩证法。然而，一旦"翻手为云、覆手为雨"成为整个社会推崇的高级智慧，那么，构建和谐诚信有序的现代社会必将困难重重。

这样的担忧不是没有道理的。目前，社会的现实反映出了这些问题，市场经济条件下，人们的自主性急剧提升，自我意识正在不断地觉醒，反映在道德行为方面，坚持自己的主张和观点的人们越来越多起来，重视行为者的美德伦理，得到了许多方面的呼应。同时，我们也逐渐地感受到，仅仅重视行为者是远远不够的，道德行为的利他特性永远都不能丢弃，公众对道德行为的解读，一定要围绕、贯穿、践行利他特性，不能离开利他特性谈论道德行为，把公众各自认为的道德行为均确认为道德行为，这必然会形成道德认识方面的混乱。在充分发挥公众参与道德行为的自觉性的同时，必须高扬道德行为的本质，通过道德行为本质的拷问，让诸多貌似

---

① 韩东屏：《德性伦理学的迷思》，《马克思主义研究》2019 年第 2 期。

道德行为露出原形，从而筛选出真正的道德行为。

在鼓励公众自觉践行道德行为的同时，还应看到，个人的视角相对于社会的考量总是有其局限性的。现代社会人与人之间的联系十分紧密，社会的节奏日益加快，每个人的行为都会对他人和社会产生影响，仅仅从自身的视野和角度考虑、践行道德行为，难免有所疏漏。因此，重视和加强从社会角度分析行为的效果，使大家都能在全社会道德氛围浓郁方面形成合力，从而减少诸如"好心办坏事"的状况，更不能允许借肯定个人在道德行为中的自主意志之名，行影响甚至破坏社会道德行为效果之实的情况。

总之，美德伦理关于行为者在道德建设中起着十分重要作用的论述极具启发性，加强对行为者品德的培养有助于从源头为道德建设注入活力。然而，何为道德行为的相关规范一刻也不能弱化，强化自觉践行道德行为是伦理学理论和道德建设永远需要关注的问题。

第四节　契约主义：彰显自由、平等、
公正的价值原则

"契约主义是一种道德哲学、社会哲学和政治哲学，其特点在于将道德规则的本源、社会秩序的基础和政治统治的依据，归溯为自由与平等的行为主体在一种虚拟的初始状态下所签订的契约。"[①]斯坎伦是当代平等自由主义的契约主义代表人物，他的契约伦理思想自面世以来，就在当代西方伦理学界引起极大的反响。他在罗尔斯《正义论》的基础上，以功利主义伦理学为批判对象建立起一个框架清晰、内容翔实的道德理论

---

① 甘绍平：《论契约主义伦理学》，《哲学研究》2010 年第 3 期。

体系，也是对罗尔斯契约论思想的深刻阐述和补充，道德动机是斯坎伦契约伦理思想的核心基础。斯坎伦试图想要构建一个人与人之间彼此尊重的社会，在他看来，这种社会应当是人与人之间平等的、信守承诺的一种社会。在对本民族国家成员负责基础之上，不伤害受援对象的尊严、自我责任感与生产性精神，构成对非本民族国家及其成员仁爱行为的合理边界。① 总的来说，契约主义充分高扬自由与平等，充分保护行为主体维护自身基本利益和需求的主张与实践，它建立在对所有人一视同仁的基础之上，契约主义者坚持认为，充足与平等都是分配中重要的道德价值，充足不能完全离开平等而独立存在。② 这些观点被广泛称颂，亦常常被诟病。

应该看到，以往的道德探究主要关注弱势问题和利他问题，更多的是从客体的需要触发主体自觉牺牲利益实施行为，道德的高尚性亦由此得到体现与升华。契约主义则完全从另一个视角出发，它并不排斥甚至提倡主体为自身利益而努力，尤其是对每个人的彻底性的自由给予了高度肯定，认为这是讨论道德问题的基石，容不得半点犹豫，当然这里所言及的自由，是建立在平等的基础上，即意味着人生而平等，每个人都有着向往自由的权利，每个人的自由同样可贵。克服本体论上的客观主义必须将唯有人才有的道德与唯有人才有的自由关联在一起，充分正视道德的自由基础。③ 自由存在善恶之分，只有善自由才是值得我们追求的真正的自由。④ 主观自主自愿和客观免受阻限是自由的内外必要条件；意识自由和行为自由分属内外自由。⑤ 自由是道德存在的前提，因为没有自由就没有

---

① 高兆明：《仁爱：有无正义边界?》，《华中科技大学学报（社会科学版）》2019 年第 1 期。

② 徐峰：《哈里·法兰克福论平等与充足》，《哲学动态》2020 年第 7 期。

③ 戴茂堂、谢家建：《中国当代伦理学的理论困境》，《湖北大学学报（哲学社会科学版）》2017 年第 4 期。

④ 韩东屏：《善恶自由论》，《华中师范大学学报（人文社会科学版）》2018 年第 6 期。

⑤ 韩东屏：《善恶自由论》，《华中师范大学学报（人文社会科学版）》2018 年第 6 期。

选择，就没有责任可言。① 道德自由是由这两个原则构成的：一方面，道德自由需要自主原则，即人应该自己作出决定，而不受外部的灌输、操纵和支配；另一方面，道德自由也需要选择原则，即人在作出某种决定时，他还应该有其他选择的可能性。② 这是一个崭新的视角，是对一味崇尚利他的道德倾向的调适，它敏锐地发现，强调主体对客体的关爱，会让一些不道德行为有所萌生甚至扩展，它会从一个侧面加剧人与人之间的不平等现象，让一些人利他的付出成为一部分人的工具，让一部分人坐享其成，由此非诚信与虚假有了可乘之机，同情有时会被人曲解和利用。更为重要的是，市场经济带来的负面效应之一是功利性过强，由于功利性过强的存在，人的自由、平等等问题，常常会让位于金钱等物质利益，对功利性过强的矫正，理应包含对自由、平等的特别关注和高扬，这是契约主义的光辉和出彩之处。自由和平等应该是甚至必须是道德关注的重点，这是因为当市场在资源配置中起决定性作用以后，一方面困难群体会大量出现，另一方面和强者相比，困难群体的弱势状况会更加明显，强调自由与平等，有着极强的现实意义。

契约主义伦理学是对以往道德问题集中在利他方面的一种调适。然而，道德对利他的关切和重视，有着两个根本的原因，一是它让伦理学有别于其他研究人与社会应当的学问，使伦理学有着独特的存在价值和意义，围绕利他展开的一切讨论，既体现出人性的光辉，又展现着社会的文明，是人的发展和社会进步研究的独特视角，因为伦理学的存在和道德实践的普遍，才使得人们感受到正义的刚性力量、善良的温暖阳光，没有任何理由应该对伦理学研究的焦点——利他进行修正。当下确实出现了利用利他作掩护的种种不道德行为，但是它们不足以成为用其他内容替代利他

---

① 李建华：《论人性与道德——一种道德学的分析》，《道德与文明》2020 年第 1 期。

② 姚大志：《道德自由的两个原则》，《吉林大学社会科学学报》2018 年第 6 期。

作为伦理学研究内核的理由。

是从利己的角度出发追求自由与平等，还是从利他的视域自觉牺牲自身利益，两者是有着重大区别的。因为自由与平等的获得，不仅依赖每个人的努力，社会制度以及社会方方面面的氛围有着很重要的作用，应该把个人追求和社会导向有机统一起来考虑，而不是一味倚重个人的努力，并且把这样的努力作用放大，甚至把它和社会规范，进而是社会对每个人的要求对立起来。现代社会的秩序是非常重要的，遵守社会规则是现代社会必不可少的内容，处理好社会和个人的关系，既保持自己的独立与尊严，又能够融入社会，能够在现代社会中寻求到自身恰当的位置，能够愉快地学习和生活，是需要不断调适的，是需要时时处处考虑社会问题的，是需要顾及他人感受的。无条件的自我不应该得到鼓励。

第五节　启示：道德动因研究应关注动因纯粹、多元与泛化

道义论强调信念和正义、善的绝对性，时至今日，它仍然闪烁着光芒，它不会让道德行为偏离方向和超出范畴，其精彩内核是需要永远坚持的。在市场经济条件下，在个人行为的约束和规范方面，在行为的道德鉴别方面，道义论起着其他伦理学理论体系无法替代的作用。

在市场经济条件下，探究个人行为的正义与善，不能忽略其极易形成功利性过强的现实。对此失去警惕，就会让形形色色裹挟着功利的"正义和善"充斥社会的各个领域，让怀有正义和善良之心的人们受到许多委屈甚至责难，道德力量将会形成塌陷。由此可以感知道义论无比的生命力。

尽管市场经济体制是合道德性的，但是其极易形成贫富差距拉大等"硬伤"，这是市场经济体制本身所难以克服的。对市场经济负面效应的警

惕和消解，道义论发挥了重要的理论作用，它为政治和管理行为中有的放矢地遏制市场经济的负面效应，提供了伦理支撑。道义论提醒我们，仅仅依赖规则对市场经济负面效应的消解是远远不够的，市场经济体制中最具活力和主观能动性的是人，只有人的素养真正提高了，才能使各种规则得以自觉践行，才能使市场经济的正面效应得到充分发挥。

在市场经济条件下，对个人道德行为的剖析，功利主义有着很强的适用性和针对性。功利主义强调追求最大多数人的最大幸福即是道德行为，落实到个人行为方面，每一个人都应该在规则允许的范围内追求自身的最大幸福，这些行为的叠加既是社会财富总量持续增加的基础性条件，也是社会充满活力和向上的根本原因。道德行为和追求幸福的行为并不存在天然的鸿沟，通过勤奋努力追求幸福，时时记住遵守规则追求幸福，这既保证了追求幸福的合理与合法性，也充分肯定了劳动与幸福之间的必然联系和逻辑关系，必须明确唯有勤奋和劳动才是通向幸福的路径。

市场经济体制是社会充满活力、财富急剧增加的最具基础性的保证。"更主要的是因为，通过'最大多数人的最大幸福'这一概念的不同解释或表述，如'公众幸福'、'社会功利'、'社会繁荣'乃至表示'效率'的各种标准如'帕雷托最优'、'GDP'、'生产可能性边界'等等，功利主义不仅在政治领域构造了一种足以与自由主义契约论学派相抗衡的政治哲学和法哲学，而且在经济领域排除了所有其他的伦理学说而独自成为主流经济学的伦理框架。"① 站在全社会的角度透视经济问题，第一位的应该是财富总量的增加，没有全社会财富总量的增加，其他问题就很难得到根本性的有效改善。

人类社会处于不断地发展与进步之中，人们的交往速度愈来愈快，内容愈来愈多，社会现象更加呈现出纷繁复杂的特点。面对这样的情况，必

---

① ［英］约翰·穆勒:《功利主义》，徐大建译，九州出版社 2007 年版。

须从社会整体的进步性，社会总体的文明程度的不断提升，人的自觉意识和社会进步最大程度地交融等方面，深刻认识功利主义的合理与科学性。功利主义取得了巨大的成功，它在人的利己动机和财富总量增加之间，构建起了合理的伦理桥梁，极大地激发了人们的竞争欲望，从一个方面保证了资源配置的合理与科学性，人的主观能动性大为增加，社会充满了活力，全社会的财富总量不断增加，这些内容受到功利主义的一些影响，它使市场经济体制的合道德性得到充分彰显。

美德伦理在当今社会有着重要的指导意义。当下，功利性过强、过分强调规则的重要已非个别现象，物质利益被过分强调，量化有过度的倾向，人的自主性、独立性、差异性往往被忽略，事实上，社会文明程度的提高确实离不开规范和度量，然而，仅仅有这些还是远远不够的。

在市场经济条件下，自由、平等、公正的价值原则尤显珍贵，这是万万不能缺失的，利益至上在市场经济中有广泛的影响力和号召力，唯有时刻高扬这些价值原则才能对功利过度起遏制和纠正作用。

已有的"人本伦理学"就是一种完备性规范伦理学，它提出的人本道德原则就是这样的道德原则，因为其关于做人和做事的根本要求，就既蕴含品质规范，也蕴含行为规范。[①] 应该充分认识到，社会文明程度的核心指标是人的文明程度，全社会应该有这样的导向，各个方面形成合力，着力提升所有人的文明程度，这是浓郁道德氛围的基础性工作。道德的非刚性特点提示我们，道德行为需要所有人对其有着宽泛的认同感，需要所有人着力参与。通过提升人的文明程度，以达到社会文明程度的总体提高，也许近期很难见直接的效果，然而不重视这个问题，永远难以真正让正义和善成为社会的主流。

---

① 韩东屏：《西方规范伦理学的弊病与诊疗——重置功利论、道义论、德性论及其道德原则》，《中州学刊》2020 年第 7 期。

诸伦理学理论体系从各个侧面研究道德问题，它们的核心观点均十分出彩。道义论从行为本质入手，推崇道德动因纯粹，是确保道德行为不变形走样的研究；功利主义从行为效果展开研究，是促成道德行为效应最大化的研究；美德伦理从行为者入手，试图确保道德自主性特征得到弘扬，是道德行为持久性、丰富性方面的研究；契约主义伦理学从社会文明与进步的共性标识入手，强调个人自由平等与社会公平是道德问题的根本价值取向，是把道德问题与社会文明与进步紧密联系起来的研究。

尽管诸伦理学理论的研究各有侧重、精彩纷呈。事实上，它们的研究有着根本属性方面的一致性，它们共同认为社会有着困难群体，对他们的关爱和帮助是伦理学理论和道德实践永远关注的话题。道德建设必须促进社会的文明与进步，必须充分发挥全体公众的主观能动性。只要注重它们之间的协同和互补，就能够为全社会道德力量的提升共同提供伦理支撑。

必须建立在充分肯定和弘扬上述共性基础之上，强化对各伦理学理论体系的互补问题的研究，从而使各种理论观点共同为道德实践服务。

我们认为，道德行为的本质、行为效果、行为者、社会文明与进步是密切关联的，也是缺一不可的，需要行为本质的高扬、行为效果的发挥、行为者的自觉参与，所有关于道德问题的讨论都应该时刻把握社会文明与进步的根本目标。

我们学习和体察诸伦理学理论体系，了解到各伦理学体系的研究有侧重、有叠合，可以互补，从而给关于道德动因研究以诸多启示。

第一，道德动因研究必须首先确认何为道德行为、合道德行为、不道德行为，明确道德动因的研究仅指道德行为发生的动力和原因，从而使道德动因的研究具有明确的指向性。

第二，道德动因纯粹难以促进道德氛围浓郁，一味强调道德源于绝对理念，道德只能成为道德精英的专利，道德力量将难以体现。

第三，道德动因泛化是非常不利于道德建设的，道德行为和市场行为之间一定要注意保持距离，混淆二者的差异性会遮蔽道德的光辉。

第四，社会文明与进步是所有哲学社会科学研究的根本与总体目标，伦理学研究和道德建设同样不能离弃这样的价值取向，必须在社会文明与进步的视域下探讨道德动因的多元，还应看到道德问题有其独特性，必须充分展现道德动因多元研究的伦理意义和实践价值。

第 四 章

道德动因视域下的中国道德传统分析

　　构建当代中国特色伦理学需要继承传统中国特色伦理学的优良传统，传承中国传统伦理学的优秀基因并弘扬其中的合理元素，着力提炼和提升时代道德精神，坚守伦理学的学科性质，从而让当代中国特色伦理学走向世界。① 中国道德传统是中国传统文化的重要内涵，它的价值取向、研究内容和方法与国外伦理学理论体系有着本质的差异，从分析中国传统文化入手，探讨中国道德传统，深刻领会中国一以贯之推崇的道德力量，辨析中国在道德动因与道德行为关系上的独特见解，分析道德氛围不断浓郁的演进路径，对于道德动因多元的研究具有重要意义。

　　在道德问题研究方面，中国的道德传统作了大胆的选择与取舍，主要在三个方面着力：道德力量是极为强大的，所有人、所有事情都要有道德规范去约束与导引，只要真正做好这些内容，国家和社会的治理就是良性的；人的行为一定是一定动因促成的，就道德行为而言，它必然以坚定的德性为基础，如果人具有扎实的德性，那么他一定会有着许多道德行为，所以德性与德行是可以而且是必须一致的；人具有诸多共同性，他人的道德行为可以感染其他人，充分利用人之比较的方法，能让社会的道德氛围逐步浓郁起来。这些理念与实践绵延数千年，产生了巨大的、深远的影

---

① 江畅：《"中国伦理学"的三种意义之辨析——兼论当代中国特色伦理学构建》，《华东师范大学学报（哲学社会科学版）》2020 年第 1 期。

响。"今天仍然提出'以德治国'与'依法治国'相结合的历史任务，越来越将弘扬中华传统文化的使命唱响。"①

第一节　具有覆盖面宽的特点

道德视域下覆盖面宽的内涵是，社会所有问题都要加以道德衡量，道德的作用十分巨大，在陶冶人的性情和治理国家等诸方面均有着不可替代的作用。道德作用强大的理性依据源于中国传统文化的核心价值取向，中国传统文化认为每个人都具有仁爱之心的潜力，对人性的抑恶扬善是人的永恒追求目标，良性社会必然是和谐的，和谐并不意味着所有价值取向具有大一统的格局，而是指社会各方面应奔着和而不同、各美其美、美美与共的方向努力，正是在仁爱、和谐的目标指引下，道德才愈发显示出生命力。

中华民族精神的内涵非常丰富，学界有种种不同概括，中国文化传统的基本精神在于刚健有为、和与中、崇德利用、天人协调；②"中国文化的基本精神是以人文主义为内核的"，体现为"自强不息""正道直行""贵和持中""民为邦本""平均平等""求是务实""豁达乐观""以道制欲"八个方面；③中华民族精神包括"重德精神""自强精神""宽容精神""爱国精神"四个方面，并以"自强精神"为核心。④仔细品味这些内容，就可以发现这些精神无不与道德相关，这是道德具有覆盖面宽的理性基础。

---

① 王蒙：《斯文济世　天下归仁》，《新华文摘》2015 年第 6 期。

② 张岱年：《论中国文化的基本精神》（中国文化研究集刊：第 1 辑），复旦大学出版社 1984 年版。

③ 李宗桂：《中国文化概论》，中山大学出版社 1988 年版。

④ 方立天：《民族精神的界定与中华民族精神的内涵》，《哲学研究》1991 年第 5 期。

　　在这样的理念导引下，道德问题具有以下特征：一是道德视域涵盖中国的所有问题，无论是政治治理，还是个人情趣，都有着强烈的道德约束；二是中国的历史一刻也没有离开过道德的伴随，国家有和平与战乱、统一和分裂的不同时期，中国都能感受到道德的存在和力量；三是在道德的作用方面，德治较之于法治，重视程度要高出许多，千百年来，似乎治理国家和社会，主要应依赖统治者的开明和民众的服从，只要全国上下有善意，和谐与发展的社会就一定能够存在。对中国有着极强道德氛围的体会，属于每一个中国人，中国是一个文明的古老的国家，国家的重要内涵是强调道德，这已为全世界所熟知。

　　要强化社会公德之"公共伦理"建设和个人品德修养，不仅在学术认知上是准确科学的，而且也有重要的实践意义。① 中国传统文化中对道德的理解，尽管有着各种解读，然而，所有的认识都没有偏离利他这个主航道，是围绕利他而展开的讨论，利他覆盖了全部道德的话题，正是由于存在这样的基础，道德的广度、强度、深度才得以体现，这是应该长期坚守和把握的。

　　中国人也常常会陷入人性是恶还是善的争论，但是先贤们并没有把研究的重点止于人之初的人性是善还是恶的问题上，而是把目光投向人的未来，人在长期社会生活之中不断感知社会生活的方方面面，不断总结经验、思索教训，先贤们认为只要社会是良性的，道德氛围是浓郁的，那么人性的良知一定会被不断激活，其善良和正义之心一定会转化为实际行动，只要千百万人不断实施道德行为，时刻严于要求自己，那么社会的文明与进步就不会是一句空话。

　　和谐是人民幸福、国家昌盛的根本由来和标识，它渗透至社会的方方

---

① 肖群忠：《现代中国应并重公共道德和个体美德——对陈来、蔡祥元两位先生的回应》，《文史哲》2020 年第 4 期。

面面，对所有社会问题起着导引和约束作用。中国传统文化的重要基石是儒、道、释，初看起来，三种理论体系与实践路径是大有不同的。儒家高扬仁爱之旗，以人为核心阐述世界和要求自身；道家强调从善如流，退一步海阔天空；佛家讲究因果报应，期盼人们通过不断施行善事，以求得人生的未来或来世有好的结果与结局。表面看，似乎三者之间并没有诸多共通之处。事实上，儒、道、释是一个有机的整体，它们从各个侧面讲述人生与人性的根本性，它们把和谐、仁爱、中庸等理念贯穿其中，把人的得意、失意、人与未来等几个方面应该把握的大方向给点明了，看似各自冲突，实际是对人生各个场景的应有的价值描绘，是互补的，总体上把握就能感受到它们之间的联系性、辩证性。从伦理学的角度说，更应该把传统儒家伦理从关注如何正确地行动，提升到关注什么是应当追求的目的，什么是应当欲求的"善"。①

东西方文化的差异决定了思维习惯和价值取向等方面有着本质的差异，它们不是可以简单分出高下的。中国人认为人生就是选择，选择的本质即是取舍。中国人对取舍的态度从来充满辩证，从艺术追求可见一斑，国画中讲究留白，就是取舍的表达，留白和笔墨渲染形成强烈对比反差，这是以舍换得的生动写照。在体育比赛中，非常能凸显取舍辩证的是围棋，它和西方所有棋类比赛的规则与出场完全不同，西方所有棋的每个子都有着各自的权利和职责，而围棋每个子是均等的，在下棋过程之中，或弃子捞实，或围而不攻，或暗藏玄机，尽管纷繁复杂，然而都是在写就一篇取舍的大文章，通过其中的玄妙可以生动地管窥取舍的辩证。

中国人深知人从呱呱落地即开始选择，因为从思维出发落实到行为，有无数种可能性，甚至思维本身就有无数种可能性，想什么、做什么是人类生存之中、清醒之下一刻也离不开的话题，确实存在理性的选择、还是

---

① 陈嘉明：《中国现代化视角下的儒家义务论伦理》，《中国社会科学》2016 年第 9 期。

直觉的选择的问题，然而无论怎样的选择都是极为重要的。选择就意味着思维的路径、行为的方向，对人自身，对人与人之间的关系，对社会产生的影响，根本的逻辑起点即是每个人的选择，以选择作为思辨的根本，体现了中国人的聪明与实在。

中国人不但能抓住选择这个要害，而且能探究选择的最核心要义——取舍大做文章、尽情发挥，在取舍问题上形成了各种理论流派，各流派之间就取舍进行了各有侧重的表达，奇妙的是，所有的取舍问题看似冲突，却都能有很好的实践空间。在道德问题上，取舍所讨论的不是道德问题的本质是什么，利他作为道德特性，在中国得到了一以贯之的高度肯定，取舍指的是如何发挥每个人的自身特点、力所能及实践道德行为。今天大力弘扬"尊道贵德"观念，有助于从根本上克服我国道德生活乃至整个社会生活中的严重社会问题，构建具有形而上根基的道德体系；也有助于在现代条件下重建中国人的道德信仰，确立源自天道人心的道德在人们心目中的崇高地位。①

对所有问题加以道德的考量，是应该的，也是能够做到的，问题在于，道德要求是否恰当和合理，这是必须厘清的问题。

要坚持违反社会规范必受惩罚，唯有这样才能让人考量犯错成本，从而对社会规范产生敬畏，仅强调道德的作用，忽视社会规范的力量，把社会的进步完全寄托在每个人良知的充分发挥方面是有偏颇的。每个人的认知水平有差异，对自身利益与他人、社会利益的关系判断有差异，单一的非刚性约束是无法构建和谐社会大厦的。

应该注重道德分层的考量，即确立合道德行为与道德行为的概念。中国的道德习惯有着覆盖面宽的特性，儒家作为一个整体，乃是基于仁和礼

---

① 江畅：《中国传统"尊道贵德"观念及其现实意义》，《华中师范大学学报（人文社会科学版）》2018年第4期。

的统一，后者既在"仁"的层面上涉及内在精神和德性的完善，也以"礼"为背景而关乎广义上的社会规范系统，① 对此要作具体分析，必须坚持所有行为都需要道德考量的立场，否则，将一部分行为剔除在道德约束之外，就会引发一系列追问，为何这些行为是可以不受道德约束的，是行为人的特殊还是行为的特殊引发的，如此等等，很难有正确的、令人信服的答案。然而，只注重整体性、忽略层次性是有欠缺的，道德是非刚性的，因而期盼所有人的所有行为都是自觉牺牲自己利益的利他行为，是不现实的。因此，除了强调道德要求的全覆盖外，还应该对不同行为提出不同的道德要求。

对人和社会的所有行为都加以道德衡量是可行的、也是必要的，问题在于，必须区分行为的合道德性和道德行为两个不同概念，分别加以阐述。

利他有直接和间接的区别，有宏观与微观的不同。在肯定利他是道德的首要前提基础之上，区分有无自觉牺牲自身利益是非常必要的。行为具有利他属性，即具备了合道德性的基本条件，能自觉牺牲自身利益、行为又具备利他属性，则已经形成了道德行为的厚重基础，两者既是递进的关系，又有着质的变化，前者应该得到提倡，后者更应该受到全社会的高度崇敬。

深刻把握道德问题覆盖面宽的特点，根据时代特征不断加以改进，这是我们应该注重的问题。

第二节　注重德性与德行一致的理念

所谓德性与德行一致的理念，是指人的动因与行为具有一致性，落实

---

① 杨国荣：《德性、知识与哲学进路——由〈当代美德伦理〉引发的若干思考》，《天津社会科学》2020 年第 3 期。

在道德方面，人的道德品质与道德行为具有一致性。道德品质的印证必须是其实施了道德行为；道德行为的发生一定是由道德品质所孕育促成。

西方哲学理论，首先会有这样的思考，何为问题的第一性，什么是问题的第二性，其核心要义是世界万物皆有联系，唯有抓住根本性的问题，才能九九归一，学理才具有穿透力和指导意义。就伦理学而言，存在规范和德性谁是第一位的问题，在诸多的规范之中，道义论和功利主义又存在谁更优先、更重要的问题。西方伦理学的历史，就是维护自己的学术主张、指出其他学术观点瑕疵的历史，依此学术进路考量中国道德理论，得出其学理性不强的结论是不奇怪的。

中国道德理论有着诸多方面的独特光辉，分析其独特意义，就能发现它的深刻性和极强的实践性，即便在当下，社会已发生深刻转型，它仍然有着普遍的现实意义。[1]"德行"在内在含蕴与语义表达两个方面皆与"德"完全相契，"儒家德行伦理"因之成为最恰当的言说方式。只有在"儒家德行伦理"的向度下，才能说清儒家伦理何以不能被归入任何一种西方伦理形态之中。[2]

中国道德传统对何为道德有着明确和坚定的主张，这是它的第一个特点。它时刻高举利他道德大旗，尽管岁月流逝，社会发生了深刻变化，尽管它对利他的解释往往是狭义的，主要聚焦在对困难群体的扶持方面，然而，其理念的深刻性一直存在。利他是道德的内核，任何对它丢弃的企图，都会伤及道德的根本，道德的独特价值和意义就难以体现。可以对利他的内涵展开讨论，但应该看到，随着市场经济体制的不断深化，市场经济的负面效应不断显现，贫富差距有扩大的迹象，对困难群体的关爱、扶持尤显重要和急迫，也是由于市场经济负面效应的问题，出现了功利性过

---

① 沈顺福：《儒家道德本源论辨析》，《天津社会科学》2016 年第 6 期。
② 陈继红：《从词源正义看儒家伦理形态论争——以德性、美德、德行三个概念为核心》，《南京大学学报（哲学·人文科学·社会科学）》2017 年第 3 期。

强的现象，对社会、对未来不负责任的状况时有发生，宏观的、间接的利他行为愈来愈显示出重要性。由此，可以初步感受到中国道德传统围绕利他展开讨论的精彩和深刻。

中国道德传统的第二个特点是认为人的德性主要不是先天带来的，是需要不断修炼才能孕育和固化的。它巧妙地引用了"修炼"这个源于宗教的术语，并对宗教的观念加以改良和修正，赋予逐渐形成利他习惯的概念。德性是社会有序的基础。"人有'礼、义、廉、耻'之四维，四维张则君令行，四维不张，国乃灭亡。"① 具备德性，能使人具备社会责任感，自觉承担相应的社会义务，选择对他人与社会有益的行为，从而促进社会更加稳定的发展。事实上，它也和当下社会提倡的加强思想政治教育有吻合之处。人对自身利益的追求，从呱呱落地开始即有这个自觉，人活着一刻也离不开"物竞天择、适者生存"的法则，然而实施利他行为，必须对此类行为的崇高有深刻认识，它一定建立在人正义、善良的情感基础之上，还离不开对他人和社会问题的体悟方面，正是这两者的结合，才会逐渐形成每个人都应该帮助他人，做一个对社会有用的人，每个人都需要社会和他人给予温暖的观念。这是非常重要的结论，是把家国天下联系起来的基础，是"我为人人、人人为我"的源起。

中国道德传统的第三个特点是强调德行一致的重要。人的德性是道德行为的基础，道德行为和所有行为一样，都是由动因触发的，道德动因源于人的品格高尚，因为人具有正义、善的情感和信念，才会不断地实施道德行为，因而道德动因是极为重要的，优良品格的孕育是必不可少的。对人是否具有优良品格的检验，主要是听其言，还是观其行？中国道德传统认为行为才能真正反映人的品格的真实性，道德的珍贵在于自觉牺牲自身利益，所有的言论都不能表明是真正的道德行为，唯有用实际行动去证明

---

① 周瀚光、朱幼文、戴洪才：《管子直解》，复旦大学出版社 2000 年版。

优良品格，才是可行、可信的方法。人的应当问题，中国人对此已经具有较大的共识，讨论问题的焦点和核心，不是规范和德性谁是第一性的问题，更不是规范应该是怎样的问题，而是如何让更多人实施更多道德行为的问题。"在'德行伦理'的视域下，可以开掘出儒家伦理所蕴涵的道德心理与行为规则内外统一的理论进路，这才是儒家伦理形态的理论特质所指。基于此条进路，才可以理解儒家伦理与西方伦理在理论形态上的巨大差异，进而理解其对于建构一种'会通型'现代中国伦理形态的作用。"①因而，努力培养每个人具有优良品格，鼓励更多的人实施道德行为，充分强调德行一致的重要与必然，才是中国道德理论与实践时刻关注的问题。儒家是以情感与行为作为品格评判中两个不可或缺的因素，反对单纯地依据情感或行为进行品格评判。②

中国道德力量的强大，是世界上任何国家都无法企及的，数千年来国家统一、文化传承，原因肯定是多样的，其中一定有道德氛围浓郁的因素。正是对何为道德有着一以贯之、最大程度的共识，因而中华民族在道德方面的努力方向一致、力量强大；正是高度重视优良品格的形成，所以道德行为才能成为愈来愈多公众的自觉；正是强调德性与德行必须一致，所以"修身齐家治国平天下"才能成为中国人的共同目标。

中国传统道德是典型的德性与德行一致的道德，它注重个人美德形成和实施道德实践的高度融合，这是非常出彩的，它把理论和实践的统一提高到极为重要的层面，从一个方面支撑中国社会结构数千年呈现相对稳定的态势。

过分强调德性与德行的一致，有时会弱化对德性与德行的分类研究，德性和道德动因密切关联，如何科学合理的分类探讨道德动因，怎样孕育

---

① 陈继红：《儒家"德行伦理"与中国伦理形态的现代建构》，《哲学研究》2017 年第 9 期。
② 陈继红：《再论儒家德行伦理学：与黄勇先生商榷》，《东南大学学报（哲学社会科学版）》2021 年第 3 期。

更多的道德动因，需要从道德心理等诸方面单独深入展开研究。道德行为的本质属性、合道德行为的类别需要依据不断变化的时代特征加以深入研究，从而明晰道德行为、合道德行为的根本标识，为广大公众实施更多的道德行为与合道德行为提供目标与方向，这些问题也需要深入研究。总之，德性与德行一致的理念为道德研究提供了非常有价值的思想，但它并不能涵盖所有道德问题和所有的道德研究，在坚持德性与德行一致的基础之上，必须根据时代特征细化、分类、深入探讨道德问题。

第三节　重视人之比较的方法

中国道德传统有着非常明显的习惯思维，即非常注重人与人的比较，它源于这样的认识：人有着强大的共性，所谓"人同此心、心同此理"讲的就是这个道理，人的价值追求在总体上、根本上具有一致性，这是人和人可以比较的最重要基础；由于主客观条件的差异，以道德衡量每个人的行为，人与人之间有着巨大差异，应该通过比较分出高尚与低俗；每个人都有着崇德向上的基因，人们一定会被他人自觉牺牲自身利益的利他行为所感染、感动。这些内容的综合，逐渐使中国的道德习惯中有着厚重的人之比较倾向。作为传统的人格形态，君子的具体规定，首先通过与小人的比较而得到展示，这种对比主要侧重于道德方面，突出君子这类人格所具有的道德内涵。具体而言，君子是在道德上应当加以肯定的、具有正面意义的人格形态，与之相对的小人则表现为在道德上应该加以否定的、带有消极意义的人格形态。①

人之比较的习惯养成，和中国人工作、生活特性有着密切的联系。数

---

① 　杨国荣：《君子人格：历史内涵与现代意义》，《江汉论坛》2020 年第 5 期。

千年来，农业是绝大多数中国人的职业，农村是中国人的居住地，从而形成人群是熟悉的、话题是共同的场景。心理学常识显示，人的比较由陌生至熟悉、由远方到邻近逐渐强化。中国人呱呱落地以后不久，即会融入熟悉的甚至是相同的日复一日生活里，人之比较必然会成为思维和生活习惯。

尽管人之比较的内容是纷繁复杂的，然而，在中国道德传统里面，利他是一面高扬的旗帜，是否具有道德因素，利他是试金石，可以从广为流传的话语中感受到直接利他或间接利他的内涵，体悟到人之比较的道德力量。

"先天下之忧而忧，后天下之乐而乐"，这句千古名言体现了人之比较的至高境界，在这里，自觉牺牲自身利益已不仅仅表现在一件事或某一方面，而是在信仰层面，将自觉牺牲自身利益作为最高追求，把他人的幸福生活作为自己的价值追求，在为他人谋幸福的过程之中，愿意吃苦在前、享受在后。我们党对全体共产党员尤其是对党员领导干部的要求与古人通过人之比较体现出的人的高尚品格是吻合的，为人民谋幸福、为民族谋复兴的道路上，需要全体共产党员坚持不懈的努力，党员领导干部更应率先垂范。对人之比较体现出的道德力量，应该深刻感悟和自觉坚守。

"己所不欲，勿施于人"，用人之比较体现出道德底线，即有些事情是不能实施的，这是道德问题的否定式，是充分利用人有着根本价值取向方面共性特质的表现。人应该具有的独立、自由、平等、尊严之精神，所有人或多或少在这些方面有过伤害记忆，将这些记忆转化为对他人不能实施同类行为的告诫，想必每个人都会记忆深刻，其影响力是巨大的。

"三人行，必有我师"，从一个侧面反映了宏观的、间接的利他问题。社会需要每个人都保持谦虚、低调、好学的精神，这是和谐社会的基础，也是社会文明的重要标识，还是社会不断进步的保证。能在所有人身上发现长处，能不断通过和他人的比较看到自身的不足，这是每个人都应该具备的、又常常被忽略的基本素养，它引发出一个深层次的问题：和他人比什么？只要把"师"的概念作宽泛解读，不仅仅理解为知识方面的老师，而是比自己有所长的人，那么，此言的意思就既直白又有着普遍意义了，即时时拿自己的短处和他人比较，就能促进自己不断进步，全社会有着这样的良好氛围，社会进步和发展就有了一个方面的保证。

人之比较在中国有着厚重的基础。数千年来，中国处于封建社会的形态，劳动方式趋同、处于熟人社会状态、人口众多是中国社会的重要特征，人与人之间存在较多的共同性，使人之比较有了可能，它逐渐成为中国人的习惯。先贤敏锐地发现了这种现象，并将其凝练和提升，使之成为治理国家、处理社会问题、提升道德修养等方面的正能量。

人之比较已成为中国人的习惯，甚至已成为一些人喜怒哀乐的根源和宣泄之地，就道德的视域而言，人之比较的全部内涵不是天然地具有正向作用，当比较被骄傲甚至狂傲利用时，当羡慕嫉妒恨成为比较后产生的重要情感时，人之比较已展现出在道德方面的负面效应。

恰当的人之比较确实会起到率先垂范、知耻而后勇、学习他人、不伤害他人等一系列道德作用。然而，人之比较是一把"双刃剑"，只注重人之比较的正面效应，忽略其负面效应，不是对人之比较的客观、辩证与全面的认识。试图通过人之比较满足自己的虚荣心，为自身懈怠寻求借口和慰藉，显然是不妥的，这些思维方式如果得到固化，这种状况如果在社会蔓延，极易形成较大的负面效应。

市场经济体制的实施、改革开放的深入、信息社会的到来，是当下社会极为重要的特征。市场经济的正面力量是主要的，它使人的利己情结持续得到激励，社会充满活力，财富总量不断提升，但其弱点也是显见的，功利性过强是其突出表现。随着改革开放的不断深入，人们的自主意识不断增强，还应看到追求享受的现象绝非个别。信息社会促成全球范围内生产方式、社会关系发生革命性变革，人们对自身、对他人、对世界的认知有了质的变化和提升，它亦有着明显的弱点，它往往成为市场经济弱点的催化剂，会让功利性披上伪装，对功利性过强起着迅捷、巨大的放大作用，让人之比较的负面效应不断发酵。

令人忧虑的是，市场经济的弱点——功利性过强激活了人之比较的负面效应。炫耀已不是个别现象；嫉妒已成为某些人的习惯。人与人之间的关系因此变得微妙和复杂。由此，剖析市场经济条件下人之比较负面效应的原因及表现，探索人之比较负面效应的矫正与消减，显得急迫和重要。

通过竞争配置资源是市场经济的核心要义，竞争性、公开性是市场经济的重要特征，市场经济激活了人的利己情结，只要通过自身努力，充分发挥长处，就能在市场通过竞争获取资源，这样的体制安排，必然促成全社会充满活力，资源的配置亦会体现合理性、科学性，全社会财富总量的持续增加有了基础性的保证。然而，竞争与获取资源直接挂钩，获取资源即意味着自身的一些欲望能够得到满足，自己的功利有所增加，全社会每天都有着无数次的配置资源活动，一部分人获得成功，一部分人遭受失利，它直接导致了公众聚焦功利、在乎功利，必然会产生功利性强的局面。

信息社会对功利性起着极强的推波助澜作用。点击率直接关乎网站的效益，强化人之比较是提升点击率的有效途径，引导公众和他人的待遇、处境等加以比较，通过比较获得安慰和快乐，它远比通过自身努力取得成功容易许多，因而点击率会居高不下。网络提供了人之比较的广阔空间，网络群体具有一定的虚拟性，"心理群体是一个由异质成分组成的暂时现象，当他们结合在一起时，就像因为结合成一种新的存在而构成一个生命体的细胞一样，会表现出一些特点。"① 以往人与人之间的比较主要局限在

---

① ［法］古斯塔夫·勒庞：《乌合之众：大众心理学研究》，冯克利译，中央编译出版社2005年版。

熟人之间，常常集中在年龄相仿、工作相似、价值趋同等人群之中，信息社会则打破了这种界限，将人之比较的范围有了最彻底的提升，让人之比较通过网络不断发酵，动动手指就可以把自己和世界范围的任何人产生比较。以往的人之比较可能缺乏自觉性，比较的内容往往是碎片化的，比较所占的时间也非常有限，然而网络会不断导引、刺激公众，寻求公众的共鸣点，不断促成公众自身与他人联系起来，从而逐步形成人之比较的习惯。

具体而言，人之比较的负面表现主要集中在以下两个方面。

一是通过比较感受比他人高出一筹的愉悦，有人甚至已将炫耀成为习惯。一些人在竞争中屡次成功，会以为比他人高人一等，有了瞧不起人的资本和条件，认为自身的能力和努力比别人要高出许多，自鸣得意和瞧不起他人是应有的态度。有的人因为有着比他人更多的配置资源的能力，即认为自己比他人优越，甚至认为这是高人一等的筹码，它必然会带来自尊与他尊。有的人以为通过随意消费资源，即可以获得快乐、排遣忧虑。还有一些公众常常津津乐道他人的不幸，认为尽管自己有诸多不如意，他人比我过得更差，心理就多了一份坦然。

二是通过比较感受到自己总不如他人，进而产生羡慕嫉妒恨的感觉。羡慕本身无所谓善恶，只有通过羡慕的对象或属性才能决定它是否涉及道德，而"嫉妒"则是一种潜在指向恶的情感。[①] 如果没有坚强的毅力和良好的心态，在充满竞争的社会里，必然会感受到无尽的压力，这些压力一部分源于自身常常遭受失利，一部分源于他人不断取得成功。通过和他人的比较，逐渐产生羡慕的感觉，这只是人之比较浅层次的负面效应，问题在于，当羡慕成为习惯，自己又经常处于不如意的态势，羡慕会逐渐转化为嫉妒甚至产生恨的感觉。

---

① 陶涛：《论羡慕与道德典范》，《道德与文明》2020 年第 5 期。

"如果社会上一部分人的非正义行为没有受到有效的制止或制裁，其他本来具有正义愿望的人就会在不同程度上仿效这种行为，乃至造成非正义行为的泛滥。"[①]在市场经济条件下，人之比较的负面效应有愈演愈烈之势，对此不加以深刻剖析并着力去矫正，对人与社会都会产生广泛的消极影响。

不把自尊建立在自身努力、提升修养、保持个性等诸方面，不把他尊的获得建立在由内心深处带来的对他人尊重的基础之上，强调把别人比下去而获得尊重，进而趾高气扬，这样的表现常常和自傲甚至狂妄联系在一起，是无法获得他人尊重的。功名不会天然地和受人尊重画等号，只有作出了重要的贡献、取得了非凡的业绩又能够反哺社会和他人，才能够获得真正的尊重。即便是在平凡的工作岗位、过着普通人的生活，只要能够自立自强、平和待人，同样会获得社会和他人的掌声，享受人生的快乐。

如果消费缺少独立性、多出比较性，那么消费的无限膨胀渐渐会成必然。事实上，期盼通过消费在人之比较中得到快乐，是很难实现的，因为他人的消费能力和消费指向是自身所不能把握的，自己的消费可能性又会受到诸多限制，无论怎样竭尽全力消费，总有他人的消费是你力所不能及或意料未及的，被人之比较"牵着鼻子走"的消费，满足的愉悦永远在自身的面前虚晃而无法触及。无论从珍惜资源，还是从中华民族的传统美德——勤俭的角度出发，理性消费、合理消费、提倡按个人意愿消费才是科学的。

一些人在竞争中经常失利，他们会把失利写在脸上，看不到他人在高收入背后所付出的艰辛，常常认为所有的高收入者，或机遇实在太好，或太会投机钻营，或社会不公所致，对市场经济重要法则——在市场通过公开竞争配置资源存有疑虑，不认同市场经济条件下收入必然存在差距的现

---

① 慈继伟：《正义的两面》，生活·读书·新知三联书店 2001 年版。

实，期盼社会呈现平均主义局面，即便自身不够努力，或努力方向有所偏差，也要让社会承担相应的责任，不能让其收入在全社会成员中落伍，这种人之比较的心态和行为，必然会伴随埋怨情绪，从而难以提起自己的精气神，只会使自身长期处于心态不良的状态。

在物质利益方面的比较，往往抹杀了市场经济条件下人与人之间存在一定程度差异的合理性。就人的职业而言，企业家承担着经济风险，也可能有着较高的收入，公务员收入大致固定，工作也相对稳定，如果公务员一定要和企业家比较物质利益的多少，则从源头就缺少合理性，除了比出消极、沮丧，比较往往成为腐败的萌芽。人与人之间在受教育状况、家庭经济背景、生活地区综合条件等方面有着巨大的差异，这些差异会成为竞争配置资源中能否获胜的重要先决条件。而且，每个人的长处和短板是有差异的，不是所有的人均适合从事经商职业的，盲目攀比只会让人陷入困境。

对于他人获取成功，流行语——羡慕嫉妒恨体现了人之比较负面效应的程度差异。羡慕包含了自身希望如他人一样取得各方面成功，是自惭形秽的情感体验。嫉妒表明了由他人成功带来了自身心理上的不舒服，也许他人远在千里之外，他的成功与否和自己毫无关联，然而只要是他人成功了，就会让自身的内心"咯噔"一下，内心永远有着这样的"嘀咕"：我也付出了许多，为何这等好事不落到我的头上呢？他的时运为何这般好呢？恨是人之比较不良心态的集中爆发，是阴暗心理的反映，它并不能使自己在成功的道路上前进一步，它纯粹是负面情绪的宣泄，如果把恨转化为实际行动，则会形成对他人的伤害、对社会的危害。

事实上，期盼通过人之比较把别人比下去，或者排遣怨气，既不能带来自身的努力与上进，也不会给自己带来内心深处根本性的幸福感。因为社会每天都在变化，他人的情况是自己所难以把握和决定的，永远都有人比你更富有，也永远都有人能在逆境中通过不断努力取得成功，把追求美好生活的重心放在与他人的比较方面，无论是比较以后不如他人，或者觉得比他人高出一筹，如果心态失衡，都会将人之比较的负面效应显示出来，对自身、对他人、对社会均会产生负面影响，对此必须有清醒的认识。

对人之比较负面效应的消减，就事论事、剖析危害是必要的，更为重要的是，必须深刻认清市场经济必然存在弱点——功利性强，一定要在全社会范围内真正确立独立、自主、平等、尊严精神，明晓成功与美好生活的获得，只能依赖充分发挥自己的长处与不懈努力。

人之比较的负面效应，其根本性在于通过人与人之间的物质差异比较，从而得到精神方面的满足，或产生精神方面的沮丧，是人被"物化"的典型表现。"需要一场终极启蒙，这种启蒙的主题以一言蔽之，那就是：'学会在一起'。"① 在一起不能依赖互相比较获得愉悦，而应该高扬独立等精神。如果始终想着把别人比下去，或者嘲讽他人的不足与不幸，社会必然呈现混乱的局面，人与人之间的关系一定是非良性的。"人能够在一定意义上不屈从于自然法则的因果关联，基于一种强大的抽象思维能力，形成一种自由自主的行为决断，从而享受自由与责任、权利与尊严、道德与文明。"② 在市场经济弱点面前不应该束手无策，"人的特殊功能是根据理性原则而具有的生活。"③ 必须旗帜鲜明地弘扬独立、自主、平等、尊严等精神，让这些理念逐步得到弘大，成为市场经济氛围之中的清流。唯有这样，才能从源头逐步克服人之比较的负面效应。

应该强调独立精神，主要是强调每个人都是丰富而完整的、光彩夺目的世界，或快乐或忧虑，或从事体力劳动或进行脑力劳动……所有这一切，没有两个人完全相同的，自身的运行轨迹当然有客观因素的制约和导

---

① 樊浩：《"我们"，如何在一起？》，《东南大学学报（哲学社会科学版）》2017 年第 1 期。

② 甘绍平：《道德思维的逻辑结构》，《伦理学研究》2018 年第 1 期。

③ 周辅成：《西方伦理学名著选集》（上卷），商务印书馆 1964 年版。

引，但究其根本性而言，还是思维给出的价值取向以后的独立实践。尽管市场经济将物质利益处于中心的位置，物质利益确实是人的价值取向中重要的有时是不可或缺的一个方面，然而这不是否认人的独立性的理由，每个人都是不可替代的，无论富有还是贫穷，都有其有别于他人的、生活的丰富意义，任何情况下都不能抹杀人的独立性和存在感。尊重每个人的独立精神是现代社会的必需。

应该强调自主精神，市场经济条件下经济差异是客观存在的，然而，这种差异性不能否认任何人享受生活的权利。无论处于怎样的经济状况，都应该把可能和需要有机地联系起来，作出符合可能、满足需要的判断，并付诸实施。市场经济和信息社会提供了价值多样的场景，自己选择价值取向，并在选择、确认、实施、回味活动的过程之中感受生命的美丽与可贵，只要是社会允许的、自身喜欢的、条件可能的行为，都应该不顾及他人的评头品足，不考虑是否应该从众，真正活出自己的一片精彩。

应该强调平等精神，无论物质条件存在多大差异，人格方面永远一律平等。文明社会的标识必然是多维的，其中人与人之间的平等一定是重要内涵。中国人口众多，地域差异巨大，市场经济又带来贫富差距扩大的必然，在这样的条件下，呼吁弘扬人与人之间的平等尤显重要，对于经济上处于弱势的人群而言，永远不妄自菲薄，保持良好心态，坦荡、大气地面对他人，是非常重要和可贵的。

应该强调尊严精神，自尊并不是盛气凌人，也不是孤芳自赏，"不能有傲气，但要有傲骨"充分表达了自尊的内涵。"一个有价值的东西能被其他东西所代替，这是等价；与此相反，超越于一切价值之上，没有等价物可代替，才是尊严。"① 可见尊严极为重要和极其不易！在市场经济条件下，不受物质利益的诱惑，不因为自身经济条件和他人有差异而处于情绪

---

① ［德］康德：《道德形而上学原理》，苗力田译，上海人民出版社 2002 年版。

低落的状态，是做人的重要准则。是否对他人尊重，是否保护他人隐私，是否维护他人尊严，常常是一个人品格和修养的试金石。人每天都在接触他人，信息社会把人和全世界任何地区的陌生人都瞬间、有机地联系在一起，你对他人的态度，会不断有所呈现，甚至会被放大，尊重他人、低调内敛行事，是市场经济条件下现代文明社会对人的重要要求。

市场经济体制会不断走向成熟，这并不意味着市场经济能消除自身的弱点，从而弱化人之比较的负面效应。市场经济必然带来贫富差距的扩大，必然会引导人们过分关注物质利益，因而人的独立、自主、平等、尊严精神更显弥足珍贵，必须发扬逆水行舟的精神，全方位弘扬它们。

如何才能享受美好生活，是通过自身的努力还是通过和他人的比较而获得，是完全不同的两个路径。期盼通过和他人的比较获得快乐，自己已把追求美好生活的主动权拱手相让，自己不思进取、希望比别人高出一头，此种愿望只能是"水中月、镜中花"。如果你想与他人比较，信息社会给了你最好的工具和无限的空间，会让你比之不尽、永远处于失意和懊恼的情绪之中。羡慕的特性可归纳为三个方面：认知方面、情感方面和实践方面。简言之，羡慕以及羡慕对象一方面取决于主体当下的认知与情感，另一方面又塑造了主体的品格，影响着主体的实践行为。[①] 任何时期自身的努力都是必不可少的，任何人的每一点进步，都需要战胜懈怠、克服犹豫、辛勤工作，因为成功来之不易，因而愉悦会更加深刻。"劳动是劳动者的直接的生活来源，但同时也是他的个人存在的积极实现。"[②] 劳动是艰苦的，然而通过劳动获得正当的收入、体现自己的人生价值，是每个人都应该具备的基本行为准则，把关注度集中在自身的艰苦劳动方面，由此得来的幸福感是深刻和值得自豪的。

---

① 陶涛：《论羡慕与道德典范》，《道德与文明》2020 年第 5 期。
② 《马克思恩格斯全集》第 42 卷，人民出版社 1979 年版。

对人努力问题的讨论，应该有三个方面的维度，即不断努力、刻苦努力和努力得当。

不断努力对已取得成功的人士而言尤显重要。有些人通过自身努力在竞争配置资源中获得了较多的资源，已经比许多人富有，如果就此打住不再努力，不把不断努力作为自身的目标，把目光聚焦于和他人的比较方面，热衷于炫耀甚至放纵，这是浅薄的表现。停滞不前必然会被其他人所超越，仅仅把努力作为谋生的需要，则难以领悟到不懈追求的快乐。唯有不断加强学习、充实自己，不停止努力的脚步，尽所能反哺社会、关爱他人，这样的表现才会获得持久的掌声。

刻苦努力是不易的，必须坚持。每个人与生俱来均有着程度不同的惰性，能够增强自觉意识，逐步克服拖延、松散与懈怠，让奋发努力成为习惯，是非常难能可贵的。因为努力会有体力或脑力的大量消耗，给身心带来疲惫的感觉，人会有意识甚至是无意识的放松努力，让闲暇和玩乐代替劳动，从而进入松弛、享受的状态。所有的努力都建立在定力的基础之上，是自己战胜自己的重要体现，由于千百万人的共同努力，社会的文明与发展才有了最坚实的保证。

竞争配置资源结果十分明确：获胜或失利。获胜当然可喜，刻苦努力有了回报，然而，任何人只要参与竞争，即会面临许许多多的失利，失利确实打击人，能否经受失利的考验？能否少产生失望和沮丧？每个人都需要抗压的能力，如果因为失利就放弃努力，则相应取消了获胜的可能，更谈不上享受获胜带来的喜悦。因此，深刻认识市场经济的残酷，坦然面对竞争配置资源的失利，才能以坚强的毅力刻苦努力。

随着社会的发展与进步，一些行业逐步被淘汰，更多的行业正在兴起，社会的分工愈加复杂、细密。对每个人而言，时常反思自己的长处和短板，根据社会需要明确并不断调适努力方向，是非常重要的。应该看到，一些行业收入较高，另一些行业收入较为普通，如果不掂量自身的可能性，一哄而上从事收入较高的行业，许多人会品尝一次又一次失利的苦果。市场随处可见诱惑和误导，剖析自己、认清现实，在恰当的方向不懈努力，才是值得提倡的。

当前正处在一个日新月异、深刻变化的时代，社会处于十分活跃的状态。市场经济体制的不断深化，信息社会的扑面而来，人们不断感受到竞争的不易与残酷，以物质利益为代表的功利性愈来愈显示出强势，人的世界不断被物的世界侵蚀，人之比较的负面效应不断显现。面对这样的态势，弘扬独立、自主、平等与尊严精神尤显可贵，提倡自身不懈努力、刻苦努力与努力得当十分重要。

第四节　启示：道德动因研究应为道德氛围浓郁贡献力量

中华伦理文明之所以能够成为世界史上连续性文明的典范，原因是多方面的，中华美德的涵育与陶铸，中华道统的建构、拱立与护卫以及"道并行而不相悖"的会通意识和包容精神是其根本原因。[①] 在中国道德传统里面，道德作用是十分强大的，主要表现在：社会十分认同道德的力量，无论是国家治理，或是调节人与人、人与社会的关系，还是个人修养问题，都可以甚至是必须依赖道德的作用。道德为何有如此大的力量呢？因为在中国人的价值体系里面，人、家、国是协调的、一体的，人的品行高尚、家的温馨关爱、国家和社会的和谐向上是高度统一的、不可分割的。人应该时时处处考虑国家的利益、积极投身于社会、处理好家庭关系、关爱他人，人应该努力学习他人，不断把自己的正义和善良情感付诸实践。

---

① 王泽应：《中华伦理文明绵延发展原因论》，《道德与文明》2016 年第 2 期。

如果能真正做到这些，那么，这个人的品格就一定是高尚的，如果大家都能这样，社会一定是和谐、向上的。这种家国一体理念、品行合一要求、人之比较方法是非常深入人心的，是千百年来中华民族大一统，中国人有着强大凝聚力的重要原因。

在道德动因研究之中考量中国道德传统，愈发感到它的深邃、重要与伟大。它敏锐地发现，对人德性的真正鉴别，唯一的途径是看他做了什么，现实生活中言行不一的人确实存在，这些人的行为破坏了社会公正，削弱了道德的力量，必须加以警惕，对人道德状况的评价，重要的办法就是不但听其言而且观其行，这是非常朴实的观点，也是非常有针对性的判断。因此，研究道德动因一刻也离不开对道德行为的关注，如何把两者的关系理解透彻，是道德动因研究必须注重的问题。

如何确立正确的道德动因，让公众的道德动因得到孕育，怎样促进道德动因向道德行为转化，中国道德传统给出了向道德榜样学习的答案。对此加强研究是非常必要的，还应该看到，抨击不道德行为，强化道德的规范建设等同样是十分重要的，这些方面的研究和探索应不断强化。

中国道德传统有着厚重的底蕴，也有着良好的社会效应，它的道理非常直白、明确和易懂，它又非常实用。然而，其在学理和规范方面的弱化也是显见的，有些传统有一些瑕疵，和缺少学理分析有直接的联系。而且，中国道德传统对德治过于倚重了，有时夸大了道德的力量，道德是非刚性的，没有刚性有效的规范作支撑，社会治理一定是"跛脚"的，道德的力量也难以真正体现。在研究道德动因时，一定要把握好这些问题，强化研究的学理性、逻辑性、科学性，把握好道德动因作用的"度"，注重德治和法治的有效结合。

第 五 章

社会现实与道德动因多元的研究

社会的飞速发展，科学技术不断进步，带来生产力水平的持续大幅提升，从而促进社会方方面面的进步，也带来诸多新的问题。道德问题既有着根本的特性与特点，又一刻也离不开社会现实的导引与制约。时时关注社会现实，探讨社会变化中的关键问题，一定是研究道德问题的必需。当下，市场经济、开放社会、信息时代等现象是社会变革与发展的关键要素，它们对道德问题的影响有哪些，它们和道德动因的关系是怎样的，是必须厘清的问题。

第一节　市场经济：正面效应与负面影响

社会主义市场经济也要充分发挥市场经济的优势，牢固确立市场在资源配置中起决定性作用，并以此充分调动和激发千百万人为获取资源而努力拼搏，从而实现社会财富总量的持续增加，同时，更好发挥政府作用，一是防止垄断竞争、过度竞争等负面效应的产生；二是不断解决发展不平衡不充分的问题，向着共同富裕的方向迈进；三是发挥集中力量办大事的优势，展现社会主义制度的优越性，中国式现代化正是建立在这样的基础之上的宏伟蓝图。我们取得的成功不断证明社会主义市场经济是富有旺盛生命力的，是能够把市场经济正面效应不断显现并能持续削弱市场经济的负面影响。

竞争性、公开性是市场经济的重要标识，它会激活每个人的利己情结，它"强调个人及其自由的重要性；把人的个人私利看作是自然的和善的，是能够通过理性的引导，对个人和社会都有利"①。市场经济条件下，资源配置的合理性得到有效彰显，无数次竞争配置资源的叠加，形成社会财富总量持续增加。社会充满活力、财富总量持续增加，是鉴别经济体制优劣最重要、最根本的标准，其他任何形式的经济体制，在这方面都难以达到市场经济的效果，对市场经济体制的轻视和随意矫正，都是不妥当的。

在市场通过公开竞争配置资源是市场经济的核心，这是全世界公认的配置资源较为优化的方式，它已在全世界范围内得到广泛运用，其优点是毋庸置疑的。

一是所有人的利己情结得到全面调动和迸发。只要自己努力、下足功夫，积极参与竞争配置资源，就有可能获取资源。这是极具诱惑力的，获取资源意味着自身物质生活改善有了可能，精神生活丰富也有了条件，人的生存有了最扎实的基础，而且这些可能、条件、基础主要依赖于自身的努力和进取，而不是外在的给予和惠顾。每个人都有着强烈的获取资源的动力，在市场公开竞争配置资源，即把这种动力充分调动起来，它让人增强努力的自觉意识，弱化等待和依赖性，所谓人的积极向上，固然应该包括遵守规则的自觉、利他行为的自觉，亦应该涵盖为了自身利益努力拼搏的内容，所有人通过合法途径、通过努力去获取资源，社会就有了你追我赶、生动活泼的浓郁氛围，这是非常令人欣喜的。

二是竞争配置资源，有利于体现资源配置的公平性。公开配置资源，

---

① [美] 宾克利：《理想的冲突——西方社会中变化着的价值观念》，马元德译，商务印书馆 1983 年版。

它会面临着社会各个方面的质询，其公平性一直处于公众的监督之下，配置资源的公平包括诸多方面，在起始公平方面，对竞争者是否一视同仁是试金石；在过程公平方面，是否有科学有效的法规加以规约，使配置资源的全过程呈现公平性尤为重要；在结果公平方面，问题要复杂许多，究竟多少份额归各类竞争者获取，多少份额沉淀下来用于发展，多少份额通过税收等方式归社会所有，这永远是见仁见智的问题，然而，结果配置的公开使讨论有了明确的方向，以及可供讨论的标识，这是资源配置是否有着宏观意义上的、根本性的优化的基础。

三是无数次竞争配置资源的叠加，使社会财富总量持续增加有了可能。配置资源的方式，直接影响资源使用的合理性，什么样的人用什么样的方式获取资源，是财富缩水和增加的关键，在这个问题方面不存在先知先觉者，任何计划配置都存在一定的盲目性，"春江水暖鸭先知""鞋合适不合适脚知道"，这些话语直白地表明，如不把竞争方案公开和比选，其他任何人对谁最应该获取资源，并保证其在获取资源后能迅速使财富增加的判断，均是苍白的，获取资源与财富增加不具有天然的逻辑关系，诸多资源获取者在未来的生产中，由盈至亏乃至倾家荡产的例子举不胜举。一般地，期盼通过竞争获取资源者，有较为足够的风险认知，有获取资源后资源增殖方案的反复比选，有自身长处与不足的认真掂量，这方面的功课与准备显然是需要花费大力气的，就总体而言，计划配置资源者的准备与判断远不如期盼获取资源的竞争者，因而计划配置资源难以显现其合理性和科学性。

四是资源配置的公开性和竞争性，有利于从根本上减少权力寻租的机会，从而会从源头上遏制腐败。阳光是最好的防腐剂，配置资源的公开性，让监督有了可能和依据，配置资源的竞争性，使所有竞争者均自觉成为监督资源配置科学性与合理性的重要成员，这两者的结合，为监督配置资源提供了最重要的要素，使监督成为任何一次配置资源的必备。随着市场经济体制的不断完善，所有公众会逐渐养成监督配置资源的习惯，全社会资源配置方面的监督氛围会逐步浓郁、效果会逐步提升。配置资源方面的腐败，是全社会各方面腐败的重要源头和内涵，这方面的腐败问题得到有效控制，即为社会良好风气的形成树立了标杆，一定会起到举一反三的作用，一定会促进社会方方面面的反腐倡廉。

上述方面体现了竞争配置资源的主流，凸显了市场经济的优点，由于在市场公开竞争配置资源具有无法替代的长处，坚持和强调社会主义市场经济体制，才会使社会呈现勃勃生机，才能促成社会财富总量的持续增加。市场经济这种意义上的道德并不体现于企业家的素质之高尚与动机之善良，而在于市场经济这一机制的功能与结果的合道德性。具体而言，一方面，市场经济能够导致有道德意义的结果；另一方面，市场经济的运行逻辑中能够反映出一些诸如自由、平等、诚信等重要的伦理原则。[①]

尽管市场经济有着容易形成贫富差距扩大以及功利性过强的弊端，而且这方面的弊端仅仅依靠市场经济自身力量，难以从根本上消除，也不能由此就得出市场经济体制应该被其他经济体制替代的结论，因为任何经济体制均是有利有弊的，应该从是否有利于社会根本性发展的角度审视各种体制的优劣。"社会制度伦理的根本问题至少有两个，除了公平正义与社会的稳定有序之外，还有总体效率与社会的繁荣富强，它们都是社会的生存与发展所必不可少的。"[②]市场经济能促成社会财富总量的持续增加，能促进全社会充满活力，能体现社会总体的程序公平性，这些优势是市场经济体制赖以存在的基础。对于市场经济的负面效应，确实仅仅依靠市场经济的力量难以克服，所幸的是，社会并非仅有经济体制一方力量在发挥作用，除了政治力量、管理力量有能力管控、消减市场经济的负面效应

---

① 甘绍平：《市场自由的伦理限度》，《中州学刊》2020年第1期。

② 徐大建、任俊萍：《功利主义究竟表达了什么?》，《哲学动态》2014年第8期。

外，对于全社会成员而言，加强对市场经济负面效应的认识和警惕，有意识地强化道德质疑，是坚守道德底线、阻止非道德行为随意蔓延的重要防火墙。

市场经济的负面效应——贫富差距扩大以及功利性过强，让貌似道德行为有了广阔的市场和空间，许许多多的利他与利己交织在一起，自以为是的所谓道德行为不断出现，现实和理想之间的张力过大，道德质疑的紧迫感、全面性日益显现，道德质疑是消减市场经济负面效应的重要武器。

不应该否定市场经济的合道德性，也不是谋求由其他经济体制取而代之，而是对伴随市场经济而来的、市场经济本身难以克服和消减的非道德印记保持警醒，多问一些为什么，探究行为表象下的深层次动因，使这类问题引起人们的高度重视和警惕，从而逐步缩小非道德行为的运行空间。

道德质疑的着力点必须对准贫富差距扩大与功利过强这两个方面。关于贫富差距的扩大，如果是社会成员努力的差异形成的，则不在道德质疑的范畴之内；如果是竞争起始时期客观条件的差异形成的，那也不是社会公众通过道德质疑就能解决的，需要政治和管理的行为加以调节。公众对市场经济负面效应的道德质疑指向，应该是竞争规则是否得到切实地贯彻与执行，应该是警惕形形色色的披着道德外衣的非道德行为。

市场经济促进了人们对功利的重视和在乎，反映在道德方面，财富必然成为道德质疑时刻关注的问题。正确义利观以利益共同体和命运共同体为基本的价值视角，从人类个体利益与整体利益密切相关的高度，主张人与人、国与国以及己群之间摒弃一种非此即彼的零和思维，努力去寻求一种互利共赢的价值观，以此来实现新的更高阶段和更高层次的义利并重与义利统一。[①] 通过辛勤劳动、遵守规则获取财富，是无可非议的，应该给

---

① 　王泽应：《正确义利观：当代伦理生活的价值基础和行为指南》，《上海师范大学学报（哲学社会科学版）》2016 年第 6 期。

予高度肯定和大力支持，应该鼓励人们在致富以后，在财富支配时更多地援助困难群体、回馈社会。同理，不择手段地掠夺财富，炫耀式的过度消费，显然不是财富积聚和财富支配中的道德行为。问题在于，在财富积聚和财富支配的各个环节之中，存在许多貌似道德的行为，利用道德作为假象和伪装，以达到自己财富增长或其他功利目的，由于假象和伪装的巧妙与多样，也由于市场经济体制尚处于不完善阶段，因此，这方面的行为常常有市场，但其危害也非常大，因此加强这方面的道德质疑，显得尤为急迫。

第一，必须质疑非诚信的不遵守市场规则的现象，切实维护市场经济的刚性规范。在社会行为的各个类别里面，在财富积聚的每个环节之中，缺乏诚信的现象随处可见，尽管程度有轻重、性质有差异，但是极力遮盖缺乏诚信这一本质，是它们的共同之处。有些行为甚至会以道德的面目出现，以慈善等行为为幌子，其实质是试图规避规则、巧妙地违反规则甚至改变规则，以达到获取更多财富或功利的目的。因此，附带条件的慈善，尤其是附带回报条件的行为，更需高度警惕。

市场经济运行过程之中，规则是非常重要的，它是保证社会公平的前提和基础性条件。当然应该鼓励更多的人通过勤劳和努力获取更多的资源，达到致富的目的，然而，"吃小亏占大便宜"式的"慈善"是多么不公平，表面上有所付出，实际是为了获取更大的利益，重要的是把市场规则冲击得七零八落，伤害了踏踏实实奋发进取的人们，使社会公平成为一句空话。必须保持对规则的敬畏，不为利益所惑、不为权势所改，这方面的刚性是正义的体现。

第二，必须质疑援助他人和社会以后随意宣泄、伤害他人、违背他人意志的行为。维护每个人的尊严、尊重每个人的意愿一定要落实到社会的方方面面，财大也不能气粗。社会的公平正义，首要条件是确保每个人能独立自由地享受生活、努力学习、奋发有为，这是现代社会的重要标识，决不能让"我对你有所帮助，尤其是给予了财富的援助以后，你就应该服从于我，按我的意愿行事"的想法得以实施。

第三，必须时时质疑自身，保持道德方面的警醒。"如果希望中国社会成为良序社会，即希望公共道德和法律都具有权威，仅有合乎逻辑的伦理学是不行的。须有越来越多的人从我做起，从现在做起，做一个有基本公共道德的人。"①每一个人都生活在市场经济的环境之中，必然会受市场经济负面效应的影响，能否时刻保持对诱惑的警惕，对金钱崇拜过度的警觉，对功利过强的警醒，是需要不断反省的。如果让金钱和功利迷住了双眼，那就会让非道德行为"牵着鼻子走"。社会中非诚信现象铺天盖地，各种名目的诈骗层出不穷，一些人的上当受骗，或是知识缺乏所致，或是缺少警觉所致，还有许多是被功利诱惑所致。清醒的头脑、理性的行为一定源于不断地质疑和反省，在这方面，每个人都概莫能外。保持道德的警醒，自觉维护公平正义，这是每一个公民的道德责任，在市场经济条件下，将这种责任转化为行动，必须强化道德质疑的自觉，以质疑为开始，就能逐步擦亮自己的眼睛，辨析道德行为的真伪，让形形色色的非道德行为无藏身之地，道德氛围的浓郁才有了真正的基础。

市场经济容易让弱势状况扩大，这是市场经济负面效应的重要内涵，几乎所有的弱势问题，均和市场经济的负面效应有着直接和间接的关联。讨论弱势问题的改善，是消减市场经济负面效应的重要途径。

强势问题与弱势问题互相对应，它既包括人的状况，也是社会现实的反映，它既指当下的态势问题，也涵盖未来的趋势问题。所谓强势问题，是指在社会各种条件的作用下，一些问题表现出能量大、水平高、影响力强；反之，弱势问题体现出能量小、水平低、影响力弱。

如果社会总体上弱的态势大量而广泛地存在，它与强的态势形成巨大

① 卢风：《道德的相对性与道德的权威》，《道德与文明》2014 年第 1 期。

的反差，那么，社会的良性秩序将会受到挑战，稳定格局必然有所弱化，和谐状态则难以体现。如果社会总体上弱的趋势无法改变，甚至可以预见弱的趋势会随着时间的推移有所扩大，那么，全社会视域下公正和正义的根基将会有所削弱。无论是对社会的总体性考量，还是对社会某些因素的优劣加以判断，都离不开对弱势问题的关注，任何无视弱的态势广泛存在，弱的趋势不断蔓延的状况，必然是有缺陷的，是不利于社会公平、正义力量展现的。

市场经济的负面效应和其运行机制密切关联。前次竞争是后次竞争的重要基础，前次竞争的胜利为后次竞争的获胜创造了各方面的有利条件，同理，前次竞争的失败亦让后次竞争蒙上阴影，无数次竞争的叠加必然形成贫富差距扩大的现象。竞争的胜利意味着功利的获取，倡导和强调竞争会使社会呈现功利性过强的格局。

贫富差距扩大会产生诸多弱势问题，人的物质方面的弱势问题会不断凸显。由于贫富差距扩大和功利性过强的存在，人的精神方面的弱势问题不断显现。有些人由于物质方面处于弱势，从而在精神上亦处于弱势，另一些人因为物质方面处于强势，容易导致出现炫耀甚至骄横的现象。就社会问题而言，由于功利性过强的存在，直接利益、当下利益会成为关注的热点，间接利益、长远利益往往被忽视。

在肯定市场经济重要性的前提下讨论弱势问题的改善，是充满挑战的，唯有将弱势问题分类加以讨论，充分考虑各个类别弱势问题表现的差异性，考虑弱势问题矫正方式的针对性，这才是肯定市场经济前提下各类弱势问题改善的有效路径。

人的物质方面弱势问题，主要是指人处于经济条件相对贫困的状态。对这类弱势问题，主要可从两个方面加以探讨，一是自身努力不够或努力不当引起的；二是客观原因引发的。

努力不够或努力不当的问题是多方面的：其一是缺乏定力。在竞争中脱颖而出，一定是建立在付出艰苦努力的基础之上的，任何懈怠都是与其背道而驰的。其二是害怕失败。在市场经济条件下，竞争每时每刻扑面而来，躲不了、绕不开，不能勇敢面对它，而是非常害怕它，就会逐渐丧失信心、很难有所收获。其三是定位失当。每个人都有其长处，也有其短板，不顾自身条件一味期盼一夜暴富，必然会不断品尝失败的苦果。

由于努力不够或努力不当形成物质方面的弱势问题，是任何社会形态都会产生的问题，社会的诸多条件会成为其桥梁和纽带，问题在于，市场经济会把努力不够的问题持续放大。市场经济的核心要义是竞争，竞争的结果无外乎胜利与失败，不通过艰苦的努力、没有付出超过他人的辛勤劳动，是难以品尝胜利的，由于胜利难以企及，因此惰性会逐步累积。失败的结果对每个人而言均是痛苦的，害怕竞争的原因往往是难以接受失败的结果，因此回避成了无可奈何的选择。至于努力不当的问题，市场经济的负面效应——功利性过强是其重要诱因，"互联网＋"往往会对成功过度渲染，它隐去了成功需要对自身的剖析恰当、准确定位等要素，给人以只要付出努力一定会取得成功的巨大假象。

对努力不够或努力不当的纠正，主要着力点是，充分认识市场经济的本质属性，强化公众对市场经济负面效应的深刻认识，认同竞争的必然，敢于加入竞争的行列，坦然面对和接受竞争的结果，逐步积累竞争的经验，不断剖析自己的长处和短板，让自己的努力方向与自身的长处同频共振，通过艰苦的劳动品尝成功的喜悦。

主要由客观原因形成的物质弱势问题，是指在竞争的起始阶段，人与人之间的条件存在巨大差异，这些差异并不源于自身的努力不够或努力不当，而是由教育状况、自身能力、家庭条件、经济基础等诸方面综合构成的。试图通过对市场经济根本规则的修正，在竞争起始阶段附加诸多内容，从而达到改善物质方面弱势问题的初衷，往往难以收到理想的效果。

竞争配置资源的起始阶段，强行添加对竞争者的考量，区分竞争者之间差异的主观原因和客观条件，给予由于客观条件形成的劣势竞争者"加分"，这样的规则修订愿望固然良好，其结果往往事与愿违。一是市场经济的基本规则由此会变得支离破碎，照顾谁、照顾的力度有多大，会成为有着诸多答案的难题。二是竞争的根本目的是期盼挑选出最优秀的竞争者，诸多的附加条件，让谁是最优秀者扑朔迷离，竞争配置资源的科学与合理性会受到挑战、质疑。三是诸多附加条件容易让竞争的公平性蒙上阴影，使一些人试图通过修改规则获利有了借口。

市场经济高效的原因是多方面的，其中突出的标识是一视同仁，无论是规则的制订、执行，还是依规的处置，均不应该考虑特殊性，对这方面的调适必然导致市场经济面目全非。尤其是在竞争的起始阶段，规则一视同仁的公平体现和照顾困难群体的倾向式公平都有千般理由，从维护市场经济根本的规范和有效出发，起始公平只能不顾及竞争者的条件差异，只能视一视同仁为刚性规则。

试图仅用市场或管理的一个方面的力量，以达到改善人的物质方面弱势问题的目的，是很困难的。在市场经济条件下，财富总量持续增加与贫富差距扩大是同时存在的，贫富差距扩大只会加深人的物质方面弱势问题的程度，仅仅依赖市场的力量，难以达到改善物质方面弱势问题的目的。仅仅依赖管理的力量，社会的活跃程度、配置资源的科学性会打上折扣，社会财富总量持续增加将难以形成，人的物质方面弱势问题的改善会呈现"少米之炊"的状态。唯有坚持市场力量和管理力量的交融，尝试两者在改善人的物质方面弱势问题时形成合力。

必须强调市场经济的竞争性，确保配置资源的科学性、合理性。无数次科学配置资源的叠加，必然形成财富总量的持续增加，这是解决社会一切问题的前提和基础，竞争一定是激烈甚至是残酷的，确实会给一些人带来挫折感，贫富差距过大亦会产生诸多社会问题，然而为了实现社会财富总量持续增加的目标，必须通过管理的力量，逐步克服这些负面效应，而不是全盘否定市场经济，对市场经济的基本法则，必须旗帜鲜明地加以坚守。

保证市场经济的公正性，是改善人的物质方面弱势问题的重要原则。功利性过强是市场经济必然伴随的负面效应，一些人为了功利的目的，往往会把诚信丢在一边。因此，必须高度浓郁社会的诚信氛围，如果让"劣币驱逐良币"成为社会的主流，一些具有良知的人，不愿与浊流合污，进而成为物质方面的困难群体，一些瞒天过海的人反而成为物质方面的强势代表，社会整体上的公平公正则难以体现，在这方面的警醒和从严治理是完全必要的。

确保市场经济公正、有效进行，必然会形成社会财富总量的持续增加，对公共财力进行科学配置，是有效改善人的物质方面弱势问题的关键。

"自由和公正的市场经济体制是必要的，而与完善的福利政策的结合才能实现理想的正义。"[①]"分配正义要求管理承担改善困难群体状况的社会责任。"[②]中国特色的社会主义，对市场经济负面效应的矫正，对物质方面弱势问题的消减，充分体现了自觉性、有效性与坚定性。

目前，我国社会的主要矛盾已经转化为人民日益增长的美好生活需要和不平衡不充分的发展之间的矛盾。"无产阶级的运动是绝大多数人的、为绝大多数人谋利益的独立的运动。"[③]为绝大多数人谋利益，必须着力解决发展不平衡的问题，因为发展不平衡必然导致贫富差距随处可见，缩小贫富差距、致力共同富裕，是全社会重要的、突出的任务。

社会的民生事业应该得到全方位的重视，必须充分展现社会主义的优越性，不断加大教育、医疗、养老等诸方面的投入，让全体公民均有机会享受社会的福利。教育方面的大力投入，能有效改变社会层级固化的状

---

① 李彬:《谁来关怀弱者——也谈诺齐克与罗尔斯之争》,《伦理学研究》2010 年第 4 期。

② 姚大志:《分配正义：从弱势群体的观点看》,《哲学研究》2011 年第 3 期。

③ 《马克思恩格斯选集》第 1 卷，人民出版社 1995 年版。

况，会从根本上逐步消减物质方面的弱势问题；重大疾病的困扰常常会使人走向贫困，在医疗方面必须加大财政投入，以体现其公益性；老年人群通常是需要帮助的人群，一些老年人又处于物质方面的弱势状态，他们更需要经济的扶持、人文的关怀。

公共财力还应该加大对交通、电力、通信等方面的投入，必须有全国一盘棋的理念，让因为信息封闭、交通状况差而长期贫困的人群，通过交通、电力、通信等方面的改善逐步脱贫，使他们感受到社会主义的优越性。

中国特色社会主义在这方面努力探索，取得了长足的进步。注重效率与公平的张力得当，国家集中力量高效办大事，社会秩序呈良性态势。所有这一切，预示着社会正义的着力点之一——扶持和关爱物质方面的弱势问题，必将不断交出漂亮的成绩单。

市场经济不但催生物质方面的弱势问题，还不断孕育和显现精神方面的弱势问题，精神方面的弱势问题也有着多个类别。

一是精神弱势和物质弱势紧密联系在一起的状况。因为经济上处于困难的态势，别人的消费和自身的消费有着强烈的落差，这种落差有可能成为被他人瞧不起的理由，在功利性过强的当下，社会环境会对他们形成无形的压力。就自身而言，因为经济方面存在困难，从而影响自己的精神状态。尤其需要注意的是，社会的氛围和个人的感觉是会相互影响、叠加放大的，它会助推精神方面弱势问题的形成及扩大。

对于物质困难状态下的精神方面弱势问题的改善，需要在全社会践行勤劳节俭的优良传统，维护、高扬人的尊严。

明确自身在市场中的定位，寻求自己的努力方向，并且坚韧不拔地持续奋斗，通过努力改变贫困状态，是改善精神方面弱势问题的关键。在消费方面准确定位，不受铺天盖地的消费诱惑影响，真正做到量入为出、注重积累，逐步依靠自身的努力摆脱贫困的状态。对每个人而言，让努力成为自觉，让节俭成为习惯，这是一个漫长的过程，应该为自身的每一点努力感到欣慰，为财富的逐步积累感到自豪。

感受到尊严，就是指以外界的评价眼光来看自己——但是按照自己所认识的价值范畴践行。① 明晰自己的价值范畴特别重要，因为社会的诱惑实在太多，所谓具有坚强意志，核心要素是自身内心的强大，它意味着：自身的价值评判不受诱惑干扰，自己在社会上永远是独立的，和任何人都处于平等的地位，不攀比他人，不低三下四，不因为物质条件的欠缺而处于萎靡不振的精神状态，社会应该孕育和鼓励人人具有独立的品格。

"人人有权享有人的尊严，这便是人的尊严权利观的实质所在。"② 社会的文明很大程度体现在重视并提升每个人的尊严程度方面，尊重、关怀每一个人是社会主义的重要特征，共享改革发展的成果，是管理的不懈追求，中国特色社会主义重视人与人之间的平等，这方面已经取得了不错的成绩，还应该持之以恒地加以努力。

二是物质方面的富有和精神方面的贫穷同时存在的状况。因为物质条件较为充裕，所以自我感觉一直处于良好的状态，甚至出现"高人一等"的感觉，从而存在精神方面的弱势问题。有的人盲目自大，认为我比你有钱即可颐指气使、指点江山。这些人在捐助他人时常常附带条件，既然你得到了我的帮助，就应该按我的意见和要求去行事。问题在于，由于社会存在功利性过强的问题，一些人常常认为市场经济的交换原则适用于社会的各个领域，慈善领域同样如此，由于这些捐助者有着真金白银的付出，他们的不合理要求往往会得到同情与理解，因而更加凸显了它对社会慈善事业的危害、对被捐助者的伤害。

粗浅地看，一些人财大气粗式的表现似乎是强势的呈现，事实上，金钱的多少不是评判精神强势还是弱势的标准，人的精神处于强势还是弱势

① ［德］舍勒：《舍勒选集》（上），林克译，上海三联书店 1999 年版。

② 齐延平：《社会弱势群体的权利保护》，山东人民出版社 2006 年版。

的状况，其关键之处在于人是否内心强大，是否有着独立、自主、自由的精神，是否能将正义的情感转化为行动，是否能以平等之心关爱每一个人，富裕带来的颐指气使，恰恰是精神弱势的典型表现。

物质富裕而精神方面呈现弱势问题，是社会功利性过强的典型表现，"互联网+"的负面效应将功利性过强不断渲染与扩大，似乎有了物质条件即拥有了其他一切，这是文明社会的腐蚀剂。在确认市场经济的背景下，对功利性过强的消减，需要持之以恒地不懈努力，只要有市场经济的存在，任何功利性过强会随着社会的发展自然逐步消减的想法，均是与社会现实不符的。

物质条件富裕者应该清楚，在竞争中取得成功不仅是自身努力的结果，它离不开社会环境的支持，对社会和他人应常怀感恩之心。期盼通过处处高调显示自己的"能"，由此把他人比下去，从而得到精神的愉悦，这是粗俗的表现，它永远无法达到良好的精神境界，也无法获得社会和公众真正意义上的尊重。自身富裕并不是骄傲的资本，而是多了一份关爱他人的责任和能力。也许你有着竞争中获胜的敏锐与努力，但是你可能在文化修养等诸方面有所欠缺，时时拿自身的"短"与他人相比较，才会比较出努力的方向与低调的处世方式。

精神方面的高雅，往往不和物质富有直接挂钩，社会的文明程度离不开人的精神世界的丰富、多样。社会应该提倡和鼓励人人具有独立于物质之外丰富的精神世界，强化自我判断、自主独立的意识，养成勤劳节俭、低调内敛的作风，追求公平正义、关爱他人的品格，形成善于学习、提升自己的习惯，培养情趣高雅、丰富多元的爱好，这些是非常重要的内容，需要长期坚持的理念和一以贯之的实践。

弱势问题的根本标识，是在社会中处于边缘、弱化的状态，而且又是必须引起高度重视的问题，在市场经济条件下，一些社会问题符合此根本标识，属于社会方面的弱势问题，需要有针对性地加以改善。

　　市场经济极大地激活了人的利己情结，竞争的胜负结果直白又快速地反馈给人们：或获取资源或失去资源。这种方式强化了功利性，往往使直接利益与当下利益成为人们、社会考虑的中心和焦点，它让间接利益和长远利益成为弱势问题。在环境与资源问题方面亦有着表现：一是为了获取当下利益，将环境保护等问题丢弃，视当下获取最多资源为唯一目的。"所有的环境问题不仅仅涉及同整个人口关系中的自然资源的有限性，而且也涉及对它们的公平分配。"①对此类问题必须引起足够的重视。二是无视地球资源总体的有限性和稀缺性，过度甚至狂热消费资源，浪费资源的现象比比皆是，未来社会的资源需要成为严峻的问题。

　　在市场经济条件下，期盼所有行为者自觉牺牲自己的直接利益和眼前利益，处处考虑间接利益和长远利益，这是不现实的，尤其是在社会由计划经济向市场经济转型的时期，人们的利己情结已被激活，各方面的规约尚未健全，公众的防范和警惕意识远未全面形成，把所有对间接利益和长远利益的重视，寄托在市场经济行为者的自觉方面，只能造成环境愈来愈恶化，资源愈来愈枯竭。应该清醒地认识到，"对自然资源和环境质量的价值即自然资本进行计算，不对它的消耗进行统计和补偿，那么就发展了一种扭曲的、资本严重透支的经济。它必然是不可持续的。"②

　　间接利益和长远利益是需要维护的，必须通过诸多规范的制订和实施，让其得到全社会的重视。间接利益和长远利益被忽略，往往不是人们对间接利益和长远利益的重要性认识不足，而是直接利益和眼前利益能迅速转化为自身的效益，牺牲间接利益和长远利益较少给自身带来损失。如果资源的竞争者只顾及直接利益和眼前利益，将环境污染和资源枯竭问题丢至一边，其财富积聚的可能性和提升度会大幅增加。如果社会的管理者

---

① ［瑞士］克里斯托弗·司徒博：《环境与发展：一种社会伦理学的考量》，邓安庆译，人民出版社 2008 年版。

② 余谋昌：《自然价值与低碳经济》，《道德与文明》2010 年第 5 期。

只顾及直接利益和眼前利益，无视环境污染和资源枯竭问题的危害，其政绩的光环也许会非常亮丽。因此，将人们由对间接利益和长远利益的忽视，转变为自觉重视间接利益和长远利益，必然是艰巨甚至面临反复的努力，必须持续依赖于规范的科学制订和有效实施。

制订规范有两个重要的价值指向：一是对无视间接利益和长远利益的惩戒，必须是刚性、严苛的，如果触犯必将受到惩罚，通过警示让此类问题减少发生；二是对重视间接利益和长远利益者，给予恰当和有效的激励，鼓励公众在实施市场行为和管理行为时，自觉考虑间接利益和长远利益。

当下，党和政府着力维护社会的间接利益和长远利益，出台了一系列根本性的方略和措施，提出了创新、协调、绿色、开放、共享的新发展理念，有机地协调和统一了直接利益与间接利益、眼前利益和长远利益的关系。这些措施从宏观方面规约和导引了社会应有的发展之路，为获得间接利益和长远利益提供了根本性保证。

当前，环境等方面的改善已呈现出良好的态势，因此，有理由相信，中国特色社会主义一定能协调直接利益、眼前利益与间接利益、长远利益之间的关系，统筹当下发展与未来发展的关系，让发展之路高速、协调、可持续。

实行市场经济体制，带来了巨大的效率，人们生活、学习、工作的节奏不断加快，社会的财富迅速积聚。财富积聚与财富回馈的道德考量非常现实地摆在人们面前，必须正视并回答好这两个问题。

必须区分财富积聚与财富归宿，两者之间在表现形式、社会作用以及彰显道德内涵等方面有着较大的差异性，必须分开研究。道德的表现形式是多维的，诸如"诚实守信""敬业奉献"等道德表现和市场经济的基本法则并无矛盾，甚至是实行市场经济体制必须具备的道德原则和方向。这些道德原则无论在财富积聚或财富归宿进程之中，都应得到体现和弘扬。然而，"回馈社会""助人为乐"等道德行为，只有在财富归宿过程中，才能得到最有效的解释和释放。

财富积聚和财富归宿是本质上不同的两个概念，它们遵循的准则、运行的轨迹、评判的标准均有着明显的不同，把它们混为一谈，不加区分地要求它们遵循相同的道德规范，是不切实际的。

在财富积聚过程中，更应强调道德规范中公开公平、诚实守信的力量。市场经济的基本法则多数是为财富的积聚准备的。人们为了追求财富的最大化，谋求更多的利益，人与人、人与市场、人与社会之间充盈着金钱与利益的交换，"竞争"一词被广泛使用和充分放大，优胜劣汰、适者生存的法则盛行，这种机制和体制，确实使个体、社会的财富迅速积聚与急剧增加。在市场经济的环境之中，如果缺少法治意识和环境，那将是不堪设想的，因为片面追求利益的状态会促成少数人为金钱而疯狂，甚至铤而走险，必须做到有法可依，违法必究。唯有这样，市场经济才能呈现良性发展的态势。

然而，仅仅有了法制建设还远远不够，必须彰显道德的力量。毫无疑问，道德要素中公开公平、诚实守信的内容，必须在财富积聚过程中把握和遵循。如果依靠投机取巧、弄虚作假，促成财富积聚，则社会的公正性会受到挑战和质疑，显然，大家都不愿意看到这种局面。因此，必须强调市场经济环境不能缺少道德的力量。

那么，需要讨论的是，是不是所有的道德力量，都能够和应该在财富积聚过程之中显现出来呢？我们不这样认为。尤其是以利他的情感基础为主调的助人为乐精神很难完全在财富积聚中展现。如果一味强调同情弱者、关怀他人，那么，通过竞争实现优胜劣汰、适者生存，就会成为空话，这是无可回避的市场经济法则所决定的事实。

毋庸讳言，在财富回馈社会之中道德力量尚未全面展现，从而使许多人很难在财富回馈与道德实践之间架起桥梁。

随着市场经济不断走向成熟，更多财富的归宿形式不断出现。财富的积聚表面上看是个人的行为，但从整个社会来看，却是社会整体利益最大化的过程。由此，不难理解，财富取之于民、最终又回馈社会的行为，充分体现了道德力量。通过将所得财富又回馈社会、造福更多人的做法是社会所认可和赞赏的，这是一种自愿的爱心活动，是一种积德行善的互助行为，因而，必须全力促进财富回馈社会的行为不断丰富。

在财富问题方面，社会的道德力量还没有充分发挥，主要原因是：

第一，对财富积聚过程中需要发挥道德力量缺乏认识。长久以来，社会往往认为积聚财富时道德无须"入场"，片面将市场经济看成单纯的财富竞逐场所，以为人与人之间只需依靠刚性的法律和市场规则来调节彼此的关系，在这种观念指导下，道德失去了应有的地位和力量。

第二，财富归属的习惯认知与实践有一定的负面效应。财富归宿必须保证财富持有者个人意愿的实施，然而中国几千年的封建礼俗影响较大，深受传宗接代思想影响的中国人特别重视家庭、家族的兴旺，习惯把财产留给子孙后代，以绵延祖业、兴旺家族。这种以家庭或家族为核心的财富归宿形式，对子女管理与经营财富的能力是严峻考验。这往往会形成子女进取心方面的惰性，必须充分认识这种财富归宿方式的负面效应。

第三，中国慈善事业的起步较晚，发展有待提速。慈善行为的本身就是社会成员奉献爱心的显示，是一种道德的行为体现，因此，慈善对市场经济的良性运行起着重要作用。"目前，我国的基金会和发达国家相比还处于起步阶段，一般公众对基金会也缺乏认识和信任。有些善款用不到最需救助的社会困难群体手中，很多企业家捐完钱后都不知道最终资金的去向，而且慈善资金缺乏增值的能力，来源有限又难以合理分配，甚至会出现侵吞善款的现象。个别慈善机构滥用或贪污公众捐款的丑闻使得整个慈善部门的形象受到影响。"①这些都使慈善事业原有的道德理念得不到发挥

---

① 何汇江：《慈善捐赠的动机与行为激励》，《商丘师范学院学报》2006 年第 3 期。

和弘扬。

第四，媒体在慈善宣传方面方式有待调适，力度有待加强。媒体宣传对大众的心理和行为影响作用是巨大的，媒体为大众学习道德榜样提供了参考和借鉴。通过对各种慈善行为者的善行宣传，激发人们的同情心和模仿力，强化人们形成慈善行为自觉是非常有意义的。过去，我国对慈善这类有着道德体现又蕴含巨大道德潜能的行为，没有足够重视并加以积极引导。

第五，我国在税收等相关政策、法规方面对慈善事业提供的保障和导引有待加强。作为一种公益事业，慈善需要政府的支持和宣传才能更好地生存和发展。对于从事慈善活动的非营利性社会服务组织和基金会来说，最大的优势是国家所给予的政策引导和保障。"通过对用于捐献的收入或财产免征（减征）所得税或财产税，可使捐赠者捐赠同样数量的实际付出（成本）减少，或者说，在捐赠者付出同样数量时，使其捐赠的数量增加，从中所获收益增加，这就使捐赠者的净效用增加，从而成为激励慈善行为的有效制度。"①

总之，市场经济的基本法则必须坚持，市场经济的负面效应必须得到纠正，市场经济条件下的财富积聚与财富回馈的道德追问必须分开讨论，这些是我们以道德的视域探讨市场经济所得出的结论。

第二节　开放社会：核心价值引领与
多元追求丰富

价值从来都具有主观性，是客体能够满足主体追求需要的效益度量，

---

① 何汇江：《慈善捐赠的动机与行为激励》，《商丘师范学院学报》2006 年第 3 期。

由于主体之间存在多方面的差异，从而造成尽管客体相同，但各主体对其认同程度却千差万别，价值讨论中主体具有主观特征，因而促使我们对价值的认识必须聚焦在价值观念方面。

探讨人的价值观问题，离不开对人生意义的剖析，人在短暂的一生中一刻不停地思考着如何活着的问题，由于人具有万般丰富的思维能力，它包括存储、鉴别、取舍等认识自己和认识世界的能力，这是其他动物无可比拟的先天条件，随着人的独立自主意识和能力增强，期盼过有意义的生活，是每个人的价值取向，它会陪伴人的一生。人又是一切社会关系的总和，世界、国家、社会应是怎样的场景，每个人的心中都在不断思索和给出答案，正是社会导向和人的不断思索形成了每个人的价值取向。

价值观是基于人的一定思维感官作出的认知、理解、判断或抉择，它具有相对稳定与持久性。我们处在一个开放的社会，市场经济的基石是竞争，竞争的锋芒会不断刺破封闭的壁垒，随着竞争的加剧，社会一定会加大开放的力度，信息时代的到来一方面给竞争带来无限的可能，使竞争在速度方面有了质的飞跃，范围方面迅速遍及全球。因此，市场经济和信息时代条件下的开放社会，价值观的多变、多元、崇尚个性等有了倾向性基础。

我们更应该看到，中华民族在价值观方面有着广泛坚定的共性认识，家国天下是每个华人都十分关注的共同内容。人应该胸怀天下志存高远，无数个家庭的幸福一定建立在繁荣昌盛的国家基础之上，同理，唯有每个家的安宁才能真正做到国泰。我们每个人都要热爱祖国、热爱劳动、诚实守信、关爱他人，这是中华民族数千年来的共同价值取向。

我们必须看到，新中国成立以来，在中国共产党的领导下，社会主义建设取得世人瞩目的伟大成就，伟大的中国共产党以马克思主义为指导思想，把全心全意为人民服务作为党的根本宗旨，人民幸福、民族复兴成为所有中国人的共同向往和奋斗目标。

我们既高度肯定人类命运共同体和人类共同价值，又充分肯定每个国家的人民有着自己鲜明特色的价值主张和实现方式，并且我们认为二者之间不是矛盾对立关系，而是体现了人类命运共同体和共同价值视域下的价值取向和实践方式的丰富和多样。文化多样性、文明多元性是必然的，应该得到鼓励和提倡。

价值多元并非一定是正义和善的对立面，宽泛地认同各种价值，有利于促进人们为增强道德正能量而努力。况且，社会一味地重视规则，是很难提高本属于精神方面的道德力量的，价值多元往往蕴含对物质和功利价值唯一性的否定，往往有着许多精神方面的追求，着力于因势利导而非横加指责，才能让更多的人自觉践行道德。

我们国家提出坚持和践行社会主义核心价值观，这既和人类共同价值完全吻合，又具有鲜明的中国特色，我们坚持认为和平与发展是人类所有价值取向中最重要的基础，是解决一切问题的根本，公平与正义是资源配置的根本准则，是社会文明与进步的体现，民主与自由是全体人民的共同向往。我们是一个有着 14 亿多人口的大国，是多民族国家，既体现统一意志，又体现每个人的心情舒畅，社会主义核心价值观必然会在凝聚中国各族人民力量中发挥重要作用。

开放时代，热爱伟大祖国永远也不会过时，只有全国人民团结起来，在不同岗位为祖国昌盛出力，才能逐步实现国富民强的目标。真正热爱祖国才能产生凝聚力、向心力，我们通过全体人民的努力，社会一定充盈着公正、民主的氛围，人与人之间、人与社会之间显现和谐、诚信、友善、平等的态势，每个人都有着敬业的精神，处于自由的状态之中。总之，祖国富强是每个人奋斗的目标，是解决所有问题的根本基础，爱国是每个中国人的神圣使命。

我们坚持认为核心价值引领与多元追求是可以也应该并存的，所谓核心价值观，体现在三个方面。一是体现共同性，是全体中国人民价值取向的共同内容，是长期历史积淀中形成的，人们在这方面有着自觉意识。二是有利性，即践行核心价值观会从根本上有利于中华民族的伟大复兴，有利于祖国繁荣人民幸福，有利于切实增强全民族的凝聚力，助力全体公众向着共同目标不断奋进。三是根本性，核心价值观是宏阔的，它涵盖了国家、社会、个人的根本价值观念，促使全国人民在根本性、全局性问题方面实现价值取向的趋同。

如果我们仔细推敲社会主义核心价值观，就能发现核心价值观的内容中孕育和鼓励人们多元追求。核心价值观倡导民主、平等、自由，即每个人的意见和兴趣必须得到充分尊重，在遵守社会规范的前提和基础之上，每个人的追求都应得到最大程度的理解，我们倡导自由，其最重要的内容是在价值取向方面的自由，唯有鼓励和提倡追求多元，才能使自由这一核心价值观得到真正落实，用平等的视角审视价值取向，更能让我们感受到多元追求的合理性，每个人的主观条件不尽相同，在价值取向方面必然有着不同的内容，多元追求才是社会文明的体现。总之，核心价值观包含了充分认同和促进多元追求，因而二者在根本上是统一的。

还应看到核心价值观所体现的价值取向更多指向宏观层面，是对价值取向的本质要求，而多元追求所表达的是价值取向的具体内容，着力点和个人的可能、兴趣、爱好有关，二者之间的内涵和外延既有叠合之处，更多的是处在不同的层面。社会主义新时代核心价值引领和多元追求丰富是一定能并存的。

怎样在道德视域下解读核心价值引领与多元价值丰富并存的格局，这是应该引起深思的问题，"真正聚焦于现实的人和人的现实，激活众多以往被遮蔽的'接地气'的现实问题，从而使价值观研究获得日益全面的合理性、合法性和有效性。"① 在这里研究的道德问题是狭义的，对道德行为

---

① 沈湘平：《价值观研究亟需自觉的人类学视角》，《哲学动态》2016 年第 11 期。

的解释确定为：主要考量自觉牺牲自我利益基础上的利他行为，主要探讨和它对应的道德动因问题。此类问题和核心价值引领是合拍的，核心价值观引领和道德导引在根本方面具有一致性。对多元价值的规范应该更多地用合道德性加以考量，只要符合社会规范，间接宏观方面有利于他人和社会就应该得到鼓励和提倡。

必须坚持弘扬社会主义核心价值观，十分强调党的建设和思想政治教育。重视意识形态工作，使社会的正能量不断得到激活和提升，同时，改革开放的脚步不断加快，中国的大门愈开愈大，应该在坚持马克思主义指导作用的同时，充分吸收中华优秀传统文化的精髓，注重学习、借鉴人类的所有文明成果。在这样的理念指导下，社会主义中国必然呈现出勃勃生机。核心价值的引领使全国人民思想上有了主心骨，人民有了爱国等方面的赤诚，有了公正、诚信等方面的自觉，有了关爱他人和社会等方面的意识和实践，社会向上的风气能够得到充分体现，人们的精神面貌一定会持续向好。由于价值取向是多元和丰富的，所以社会充满了活力，人们在工作类别、学习内容、兴趣爱好等方面有着充分的自由，每个人都在通过自己的努力以后，充分感受生活在社会主义中国的幸福和自豪。

核心价值在爱国等方面的规定性，给出了道德行为的重要指向，中华优秀传统文化有着家国一体的要求，在当下的社会里，国家之间的竞争十分激烈，国家的安宁必然需要人们的无私奉献，祖国的繁荣昌盛需要每一个人的艰苦劳动，应该对为了国家利益而无私奉献的人们致以最崇高的敬意。

核心价值在友善等方面的规定性，明确了对待他人应有的态度，在市场经济条件下，无数次竞争配置资源的结果，必然形成贫富差距扩大的结果，以经济困难为突出标识的困难群体，非常需要得到社会方方面面的帮助。对人友善的重要表达是将内心深处的同情困难群体情怀付诸实践，随着核心价值理念逐步深入人心，全社会公众用自己的财力物力帮助别人的现象日渐增多，这是令人感动和欣慰的现象。

核心价值在公正、诚信、民主与自由等方面的规定性，从规范方面指出了社会道德建设的着力点和注意点，是非常重要的。市场经济是竞争经济，竞争的第一要素是公正，它包括全社会必须具备浓郁的诚信氛围，对非诚信现象给予最有效的打击等，此外，它还有着这方面的效用：对借道德行为之名，行获取私利之实的现象给予警惕，并坚决将其从道德行为中剔除。

开放让人们有了触摸和认识各种价值观念的机会，竞争配置资源的现实让人们在价值方面自主选择意愿大为增强，信息时代的到来使人们在价值取向问题上受到外界诸多影响，人们在价值追求方面存在多元的情况是必然的。

对核心价值理念的初步分析，能够初步感受到核心价值不仅给出了道德行为的规定性，而且还对社会公正与人的尊严问题给予高度重视。还应看到，社会应该是丰富多彩的，社会是否具有多样性，不仅是衡量社会是否具有活力的重要标识，而且是鉴别社会是否具有良性、向上的重要指标。高度肯定核心价值，是建立在充分肯定多元价值的基础之上的，如果社会只允许核心价值的存在，那么核心价值的提法就没有意义了，所谓核心价值，就是建立在多元价值基础之上的，核心价值引领与多元价值丰富一定是互为依存的。

第三节　信息时代：社会节奏加快与
虚拟特征明显

互联网的出现是生产力高度发展带来的必然产物，它一经面世，就呈现出替代人的劳动，减轻生产成本，促进知识总量呈几何级数增长，给社会和人们带来革命性变化。当今世界，信息时代正扑面而来，必须直面信息时代的利弊，充分彰显信息时代的优点，对信息时代的不足加以警惕和努力克服。我们认为以道德视域审视信息时代，以下几个方面是应该引起足够重视的。

第一，虚拟条件不应成为情绪宣泄的窗口。由于网络具有虚拟的特征，又由于竞争不断加剧，竞争的结果一定不会满足所有人的期盼，可以这样认为，失落是现代社会每个人都会经历的情绪状态，必须不断提醒自己，逐步具备强大的耐挫能力，客观分析经验和教训，不断积聚前进的动力。对网络的任性行为一定要有清醒的认识，不能被极端情绪带偏了自己的节奏，信息时代更需要自觉培养坚定、耐挫、鉴别等能力。

第二，正确认识互联网的作用与弊端，让互联网成为自己强化学习和提升能力的有力助手，不能在信息时代丢失自我。当代社会海量信息扑面而来，我们应该认识到流量背后有商机，吸引眼球能产生利润，如果不增进定力，你会被互联网误导逐步走偏，一定会出现上网时乐此不疲，下网时头昏脑涨，独立、自主、深入思考等会不复存在，正确的方法是充分利用互联网加强自己的学习、培养自身的能力。

第三，必须强化信息时代诚实守信的极端重要性。信息时代不仅为非诚信提供了巨大空间，而且还构架了非诚信与获取利益之间的桥梁，对于非诚信的惩戒往往滞后和轻微，从而使非诚信之风愈演愈烈。我们坚信诚实守信是做人之本，它永远不会过时，在信息时代尤显珍贵和重要。我们应该从小事做起，从自身做起，让诚实守信成为信息时代的社会风尚。

信息时代正在大踏步走来，它对人的生活、工作、学习、闲暇安排等各个方面产生巨大的变化，它对社会的各个领域起着革命性的变化，它必然会对人们的道德观念有着重要影响。研究道德问题，尤其是关于道德动因多元的探讨，如果对当下这样重要的、涉及每一个人、社会每一个角落的问题视而不见，则显然是有缺憾的。

信息时代让社会的节奏飞速加快，这种节奏加快不是表现在一个方面，而是对社会的全覆盖。一是人与人、人与事物、事物与事物之间的联系速度较之以往，有了几何级数的增长，无论是哪方面的效率，都有了质的提升。二是人的自主意识、认知能力、知识结构与水平等各个方面都有了大幅提高。三是社会的创造能力和人们的消费能力都大为增强。

就道德动因的讨论而言，互联网给予道德动因多元诸多技术方面的支撑，亦让道德动因向道德行为转化增添了许多便利。有些人的道德动因是通过学习或受他人行为启发而产生的，互联网提供了无数的道德行为和道德动因的范例，只要有这方面的愿望，就一定能够获得诸多启示，就一定能够让自己的道德动因萌芽成为道德动因定式。有许多人做好事不愿留名，期盼能够默默无闻地帮助别人，互联网具备这方面的条件，完全可以帮助他们实现自己的愿望。有些人期盼帮助最需要的人，或者帮助最关切的行业，互联网都能满足这些要求，网络给人们道德行为的实施提供了应有尽有的选择。

我们还应看到，信息时代真实性受到了严峻的挑战，网络使虚拟成为常态。因为可以轻松地将自己的真实身份隐去，所以它经常成为一些人情绪宣泄的场所，虚拟的条件有时为虚假的信息发布提供了便利，人与人之间的真情表达和相助会受到各种干扰。在信息时代，对道德动因的确认有了新的难度，将自己行为的真实动因隐藏起来，有了许多技术条件的支撑，在市场经济条件下，人的利己因素被充分激活，在社会规则允许的范围之内，通过各种途径，利用各种资源，想出各种办法去获取利益不仅是允许的，还是得到鼓励的。因此，一些人常常把获取利益放在第一位，把遵守规则放在第二位，甚至思考如何突破规则后获取利益。互联网给了试图突破规则者巨大的想象空间和实践可能，隐藏自己的真实想法，把自己的形象任意拔高，获取不知情者的充分信任与同情，进而为谋取利益奠定基础，这是一些人的惯用手法。因为牺牲自身利益的利他行为常常能感动许多人，所以就有人在互联网上将此类事作拔高的宣传，并且把企图得到回报的想法和指向深深地隐藏起来，从而显示行为的崇高与不易。对道德动因的确认与深度解读既面临挑战，又充分显示了重要性，只有让全体公众真正了解互联网的特性，剖析行为是否具有本质意义的利他属性，追问真实的道德动因，才能使道德建设在互联网条件下不断取得佳绩。

应该充分认识信息时代道德建设面临的新问题，并采取有针对性的措施，使道德建设不断取得实效。在信息时代，虚拟的特征十分明显，虚拟使虚假有了可乘之机，互联网有时成了非诚信表演的舞台，诸多假冒伪劣行为在互联网上粉墨登场，各种非道德行为被打扮成道德行为，给人们对动因与行为的道德鉴别带来巨大的挑战。人们唯有尽最大可能地拥有掌握客观与主观世界真实和全面的知识——信息的能力，自由才可以预期。[①]因此，一定要认清信息时代给道德建设带来的负面效应，尤其要警惕虚假方面的种种问题，这是道德力量真正得到彰显的关键之处。

总之，信息时代社会较之以往，社会的方方面面都有着深刻的变化，任何道德问题的讨论，都必须正视它，道德动因的研究，一定要仔细分析它的特点，了解它给人们思维与行为带来的深刻变化，必须探讨互联网条件对道德动因的各方面影响，尽最大可能让其发挥正向效应，消减其负面作用。

第四节　启示：社会现实必然要求道德动因多元

道德视域下的市场经济，把触发最大程度的利己、赞成宏观间接利他作为价值取向，从而巧妙地打通了人的利己动因与社会进步需要之间的关

---

① 甘绍平：《知识与自由关系的伦理反思》，《中国人民大学学报》2020 年第 3 期。

系，使人的活力迸发、社会财富总量持续增加成为可能，当然，实现这种可能必须有着强有力的规范作保证，市场经济必须是竞争、公开、公正的经济。尽管我们研究的道德动因对应于道德行为，市场行为的动因不是主要的研究对象，然而关于道德动因的研究离不开市场经济这个重要背景。

社会主义的优越性有多种体现，充分利用管理和教育的力量，着力办好各类事情，就是其中的一个方面。核心价值是中国特色社会主义的重要内涵，采用多种途径、多类渠道、多种力量弘扬社会主义核心价值观，效果一定是明显的。改革开放以来，人们的价值呈现多元态势，较好地处理着核心价值与多元价值的关系，社会方方面面的进步、和谐、生动、丰富等都得到展示。它给予我们这样的启示，在道德动因多元研究方面，应该在坚持道德行为本质属性的同时把道德动因的效果放在重要位置，尽最大可能肯定更多的道德动因，从而让道德行为类别丰富且总量日渐增多。

当前已进入信息时代，信息时代的重要特征是，人与人之间的交往、社会的运行速度有了质的提升，人们的视野大幅展开，信息量急剧攀升。只有最大可能地确认多类别的道德动因多元，才能充分调动广大公众实施道德行为的自觉性，从而使社会的道德氛围不断浓郁；只有充分认识非诚信等行为的表现与危害，将确认真实道德动因放在重要位置，才能避免道德动因方面出现偏差。

当今社会，人们自主意识不断增强，社会节奏日益加快，知识和信息海量增长，公众有着按自己意愿实施行为的强烈期盼，又会受到他人和社会的各种各样动因的影响与启发，就道德行为而言，其表现类别和方式较之以往更为丰富，它必然会导引和要求道德动因多元，道德动因纯粹是和现实状况格格不入的，道德动因泛化的弊端亦是显见的。

第 六 章

道德动因多元的生理心理研究

我们认为，道德动因多元的存在是有生理、心理基础的，我们不认同人性完全等同于动物性，物竞天择、适者生存不是人和社会的全部，我们也不认同人的利他情结源于"绝对律令"，一味强调道德的绝对理性会让道德动因研究走向空灵甚至空洞的境地，道德动因并不是一个"谜"，而是建立在生理、心理基础上的"实"。

选择人性、性格、认知、情感四个类别，作为道德视域下人的生理、心理方面的主要内容，并以此展开它们和道德动因多元的讨论是合适的，因为这四个方面的综合总体上体现了人之所以为人的方方面面，对这四个方面的初步分析，可以感受到道德动因的客观存在，可以确认道德动因多元的必然性。

第一节 人性视域下的道德动因必然

道德问题的讨论一刻也离不开对人性的探究，因为道德就其本质而言，是人与社会的应当问题，社会所有问题又离不开人的参与与把控，由此可以看出，道德问题永远是以人的行为是否应当而展开的讨论。人是极为复杂的高等动物，由于他"出生"于动物，因而无法完全摆脱动物性。马克思主义认为，人是一切社会关系的总和，人在漫长的进化过程中逐渐显现适应社会、改造社会的能力，人的能力方面的强大性使其完全有别于其他动物，人在克制、控制、掩盖方面的能力也十分强大，因此所有关于人性的讨论必须去粗求精、去伪存真，努力探求其本质。

道德问题归根结底是围绕人而展开和深入的，人有别于其他一切生物，他的高等动物属性是本质性的，和其他所有的动物存在完全意义上的、革命性的差异，他的所思、所想、所为都极为复杂。比较直白的、容易理解的是，人会如同其他动物一般，自觉或不自觉地按自己的意愿行事，会去不断创造自身的美好生活。然而，从自觉牺牲自身利益实施利他行为这一道德行为的固有属性出发，审视人的道德动因，则是相当困难和复杂的探讨。为何人有这样的自觉性呢？这样的自觉性是全体人所共有的，还是一部分人特有的？离开生理、心理的剖析和分析，是无法解答这样的问题的。

我们所阐述的道德，归根结底是人的道德，它一刻也离不开对人性的关注，离不开对人主观能动性的解读。人源于动物，就其本质性而言，永远不能完全、彻底摆脱动物性，甚至也不能完全离开生物的本质属性，新陈代谢性、竞争性、利己性这些生物固有的属性，永远会在人的身上或多或少地反映出来。在人性本质的探求过程之中，不能仅强调社会性的干预，进而把社会性认为是人性的唯一源泉，那种只见物和社会的、把人撇在一边的观点显然是偏颇的。

然而，人的本能不是人性的全部，人是最高等级的生物，人类进化史，就是一部生动的文明进步史。千百年的进化与积淀，使人的思维路径与情感方式，均打上了正义和仁爱的烙印，这是人和其他所有动物本质区别的标识之一。而且，人从呱呱落地开始，即感受到他人、家庭和社会对其浓浓的关爱。在这样的环境之中，人总体上的根本性的正义和仁爱的情怀得到孕育与培养，其力量得到蓄积与迸发。

任何关于人性是善或恶的断言，均会有无数个反例提出质疑。事实上，善恶仅仅是人性的表现，而非人性的本质，人性的本质是比善恶表现更高层面、更具凝练概括的内容。人是高级的生物，是有着高级智慧的生物，他源于动物，固然永远也不能完全摆脱动物的基本属性，所谓人性，离开动物乃至生物的基本描述，显然是把最重要的根基给抽去了。人性是由人之所以为人的各种潜在规定性的集合，人性的整体就是由人谋求生存基础之上生活得更好的各种潜在特性所构成的整体。这样的人性阐述，全方位地展示了人的动物属性，也能巧妙回答人性表现有善和恶的问题，因为每个人对追求更好的价值取向有自己的理解，它把人性的本质和人性的表达有机联系起来，并且回避了没有答案的善恶之争窘境。生活得更好的概念是很宽泛的，它既包含对自身发展的向往，又包含对社会的期盼。人不仅仅是普通的高级生物，还是有着与生俱来的、不同于其他任何生物的社会属性，离开这方面的考量，人的本性就会降格为普通的动物本性，他和动物本性没有根本意义上的质的差别。伦理学关注的重点和核心是利他，注重的是人与自身、人与他人、人与自然、人与社会的和谐，强调的是正义和仁爱展现，如果把人的本性仅仅描述为实现自己意义上的更好，显然离伦理意义相距甚远。

在人性的表达方面，一刻也离不开社会性，人们对婴儿的呵护远超所有动物，这样的呵护和关爱，已经给人性打上了烙印，婴儿睁开双眼，即被家庭、他人与社会各种各样的关爱所感染，很难想象从出生之日开始的婴儿，即和人类社会断开，他的人性表达会是怎样的状况，传闻中的狼孩表现出诸多动物性即是生动的案例。

由此，对人性的概括必须考量丰富与复杂的社会性，必须顾及社会对人的影响和制约，而且这种社会环境的影响是非常深刻的，一个人身居深山不再与外界社会接触，他身上表现出的人性，显然和身居闹市的人所表现出的人性有很大的差异，这种差异主要不在人作为高等生物所拥有的原始欲望方面，不是指人需要食物、空气、水等延续生命的内容，也不是指人和所有动物一样有着延续物种的冲动，而是指社会环境熏陶下的价值指向差异。注重对这些差异的追问，是人性表达深层次的探究，这样的探讨是有意义的。

自达尔文以来，人类的道德现象成为了生物学的研究对象之一。尽管人的基因、性格、智商等诸方面有着较大的差异，每个人都是独立的、各不相同的，尽管人的正义和仁爱的指向与力度有着差异，尽管人从呱呱落地开始外界对其的影响存在差异，外部环境或使正义与仁爱情怀得到孕育和释放，或受到遮蔽和挫折。然而，从总体方面把握，从宏观方面思考，全社会范围内培育人的正义仁爱力量，会让原本有着不同维度、力度的正义与仁爱情怀转化成不同类别的道德实践，这需要社会各方面努力，是"润物细无声"的道德基础性内容。

在道德视域下探讨人性问题，我们的焦点主要集中在人同时具有利己和利他两方面的本质属性，在这两个方面人都具有强烈的自觉意识和能力。利己是所有动物能够世代绵延的基石，人和动物一样首先需要解决温饱问题，解决活下来的问题，唯有这样才得以生存。同时，又由于人生活在社会之中，社会的资源是有限的，资源的不断丰富依赖千百万人为了资源的获得，努力去竞争、去拼搏，竞争永远是残酷的，但又是不可避免的，因为丢弃竞争，人性中的惰性就会顽强体现，自身的努力背后肯定是辛劳，如果躺平就能获取财富，人性中的进取心即会受到打击甚至逐渐消退，因此，提倡进取鼓励人性中利己情结得到充分发挥是非常有必要的。

我们还应看到人的能力非常强大，在获取资源方面巧立名目、弄虚作假等现象时有发生，因此社会规范在这方面的刚性、科学和有效就显得十分急迫和重要，试图仅仅依赖人性的自觉即可换来市场经济的公平公正的"晴朗天空"，一定是一种幻觉。

人性还有其伟大的一面，对困难群体的必然存在既有着直觉，更有着理性的认识，从正义和善的视角出发，为社会公平正义鼓与呼，对困难者伸出援手，是人性中高尚和神圣的一面，在这个问题上人有别于蜜蜂等"营群体"生活的动物，它们的生活有着天然的各自分工，当危难来临时，为了群体生存的需要会不假思索、义无反顾地作出"牺牲"。人性中的利他情结是经过深入思考的，人懂得强与弱、富有与贫困、顺利与困难会出现在不同的人身上，这些方面的差距只可能缩小，永远不会消失，需要帮扶的人永远存在，而且国家的安宁、社会的文明需要有人付出艰辛劳动甚至牺牲生命，人与人之间和平相处、与自然和谐相处一定是建立在高扬人性利他情结基础之上的。

通过千万年进化，人性利他情结有了历史积淀，从生存需要抱团取暖逐渐演变为互相关爱，我们认为的道德榜样及其事迹类型各异，但都闪烁着人性利他的光辉，它之所以能感动人、激励人，就是或因为他们持续做好事，或因为他们为了他人和社会不惜牺牲自己的生命，人性中的利他情结永远应该称颂。

"自然'基因'是人类遗传的先天基因，这种基因赋予了'人'这类生物成为人的可能性；而文化'基因'是'人'出生后所受到后天环境作用而形成的'基因'，赋予了'人'能否成为人、成为什么样的人的现实性。"① 对人类遗传的先天基因加以分析，探究人的利他行为的深层动因，是非常具有挑战性的工作。应该说，人与生俱来即有着对他人与社会的强烈关注与关爱，由于有着这样的情怀，才能通过后天的学习和感知，使原有的道德动因萌芽长成道德行为的参天大树。

人和其他所有动物有着本质的不同，思维极度复杂性是其中的突出标志。复杂性主要表现在：一是人脑的思维、认知、情感的基本原理，人们对其认识仍处于"瞎子摸象"的态势，只是隐约感受到神经元的活动，好比只是对交响乐的个别音符有了触摸，离真正了解它们差得太多；二是同

---

① 杨叔子：《性相近 习相远 教为本》，《国家教育行政学院学报》2014 年第 4 期。

样的外部刺激，每个人都有着不同的吸收和反应，有的暴跳如雷，有的一笑了之，为何有如此大的差异？其中的原因人们还不知晓；三是思维与行为之间的关系，它们是一一对应的吗？为何有的行为是深思熟虑的结果，有的行为常常是冲动所致，它们之间有无规律可循？带着这么多未解开的问题探索人的动因与行为的关系，必然会遇到数不清的困难，而且探索道路必然是充满曲折的。这就要求我们一定要尊重科学，一定要谨慎下断言。

脑科学尚没有任何证据表明，行为可以脱离思维支撑而独立存在，因此，挖掘道德行为背后的道德动因，是深化道德问题研究必须涉及的问题。基于真实人性的道德学应该破除人性要素的二元对立思维，从人性的完整性、客观性出发，为正当与善提供坚实的人性基础，为"完整的人"和"自由的人"的实现提供道义支撑，真正使道德成为人的道德，而不是道德异化。① 人为何实施道德行为的动因分析，一定是有多个维度的，诸多维度的研究，都离不开自身对他人的同情心问题。为何要对他人伸出援手呢？为何要为他人伸张正义呢？这些问题有一个共同的答案，当人感受到他人是困难群体，即需要得到帮助和扶持，自身的同情心被怦然触动，从而引发道德行为。

任何时代与社会，人与人之间永远不是绝对平等的关系，差异是必然的。市场经济条件下，人与人之间的差异得到固化甚至有所扩大，一些人先天条件不如他人，如因为居住在交通闭塞、环境较为恶劣的地区，所接受的教育程度十分有限，在竞争配置资源的过程之中，从来都处于劣势的地位；一些人遭受突发事件的困扰，如因病致贫等；一些人因自身条件等原因，难以在竞争配置资源中获胜。如此种种都明确无误地告诉社会与每一个人，扶持困难群体是多么迫切和重要。如果所有人都有着同情心的基

---

① 李建华：《论人性与道德——一种道德学的分析》，《道德与文明》2020 年第 1 期。

因，那么将这种基因固化、触发、放大，让它转化为持续不断的道德行为，显然是非常有意义的。

近代科学的发展给许多心理现象以生理上的解释和支撑，正是这样的研究路径和阐释，才使心理学研究具有科学与规律性，从而使心理问题逐渐走出稍纵即逝、复杂多变、一人一面难以探寻规律的窘况。作为神经科学家的道金斯提供了一个精彩的实证结果，他在实验中发现人的大脑确实存在着奖励回路，当人们感知他人有困难以后，这个回路就会促使我们行为，如果人们做了对他人有帮助的事情以后，就会受到这个回路的奖赏，使得感觉良好。这个实验是具有划时代意义的，它对同情心的可能性给出了生理上的答案，剖析和反思它，能给人许多启迪。

一是每个人的同情心可能有多有少，对实施利他行为以后的感觉亦会有强和弱之分，然而，人的基因共性确认了同情心存在的必然，就理论意义而言，每个人都有可能成为道德行为的践行者，轻言某些人具有天生的恶，在道德问题上把人固化地分为三六九等，均是草率和非科学的。

二是道义论等学派观点强调道德纯粹的重要，这些观点普遍认为，道德的崇高性在于其不求回报、没有杂念，实施道德行为是不应该考量后果和效应的，它一方面否认将道德行为跟社会效应联系起来，更为重要的是，它断绝行为和回报之间的一切联系，这样的学理思路固然能把虚假的貌似道德的行为排除在道德行为的阵营之外，固然能防止借实施道德行为而享受不平等、不应该有的奖励和回报。问题在于，精妙无比的人体构造，已经肯定道德动因和奖励之间有回路连通，道德动因是一切道德行为的出发点与源泉，由此可以推出，道德行为应该得到鼓励和奖励，实施道德行为者应该感受温暖。

三是应该提倡怎样的奖励，这是必须厘清的问题。既然自觉牺牲自身利益做出利他行为，是道德行为的根本标识，牺牲自身利益主要会集中在物质利益的牺牲方面，如果给这样的行为以诸多物质回报，那么，牺牲自身利益的崇高性将会大打折扣，由此会衍生出不公平现象，这是应该坚决防止的。对道德行为的精神鼓励是必须大力提倡的，让同情心的奖励回路不断得到刺激，既能宽慰实施道德行为者，更能使他们感受到温暖和激励，从而使道德行为的实施得到持续。

也许每个人的同情心奖励回路强度有所差异，对同情心的认知亦有所不同，然而，这只是为道德教育的差异与区别提供了佐证，而不是为一部分人应该实施道德行为，另一部分人可以对此忽略提供依据。全体公众均实施道德行为，"我为人人、人人为我"的局面才能逐渐形成。

同情心奖励回路的存在，为探究道德动因奠定生理与心理的一个方面的基础，可以相信，随着科学技术的进步，随着对人体构造的了解深入，一定能发现更多的与道德关联的生理内容，从而让道德动因与道德行为有诸多科学的解释。

第二节　性格视域下的道德动因特征

性格是人的心理特征，通常通过自身态度和行为加以表现，人们通常认为性格是人的性情和品格的总和。然而，性情和品格是有着重大区别的概念，性情有刚柔之分，品格有高下之别，不能简单认为脾气刚烈者一定是负面的，脾气柔弱者全部是正面的，把两者放在一个词汇中讨论是很困难的，容易引起歧义。我们这里的讨论主要围绕性格中的性情展开，这是因为用两类意义上并不相近的内容解释同一个词语会给人莫衷一是的感觉，只能有侧重地加以解释以取得最大多数人的共识。

性情的直观表现是情绪，人们对性格的直觉往往围绕人的情绪展开，一些人情绪属于高亢、急躁、喜欢表达等方面，一些人情绪属于低敛、沉稳、不善言辞等方面。更多的人属于中间状态，他们也会总体上体现倾向性，这种倾向性因人而异，有的表现得十分突出，有的表现得较为缓和，值得注意的是，无论是具有哪个倾向的人，也会在遇到外部强烈刺激时，表现出和以往情绪特征完全不同的一面，使他人感到诧异甚至无法理解。"兔子急了还咬人""在事实面前无话可说只有认错"，这些常用的话语，表达了外部环境与条件的刺激，会使人固有的情绪特征变形走样，然而，不能由此得出性格特征是没有规律可循、无法把握的。因为人的复杂性、社会的复杂性，决定了哲学社会科学的研究永远和自然科学的研究有着本质的差异，自然科学特别是数学的研究，举一反例就会轻而易举地推翻结论，哲学社会科学的研究能够有基本的规律、根本方面的准确、总体方面的认同，就是非常不容易的学术认知与共识。不能因为情绪的偶尔突变，即认为性格没有规律可言，事实上人的性格是有规律可循的，这种规律性会随着人的年龄和阅历的增长基本固化，对于一群朝夕相处的熟悉的人而言，互相之间的性格把握是显见的。

对于性格的分类，学界有着多方面的认识，一种观点认为按照心理活动的指向，性格可以分为外向型和内向型。外向型的人心理活动指向外部世界，表现为活泼开朗，热情大方，不拘小节，情绪外露，善于交际，反应迅速，容易适应环境的变化。内向型的人心理活动指向内部世界，感情比较深沉，办事小心，谨慎多思，不善交往，适应环境的能力比较差，很注重别人对自己的评价。外向内向的概念是由荣格提出的，他认为大多数的人并非是典型的外向型或内向型性格，而是处于外向型和内向型之间的中间型，只是在外向或内向方面有所侧重。

人们常常认为外向型性格的人具有刚性，内向型性格的人具有柔性。一个人的性格里面，刚性成分多还是柔性成分多，其形成因素是多方面的。与生俱来的基因传承，会给人的性格特征奠定一定的基础，一对双胞胎在不同的环境里成长，性格差异会有所体现，但性格相近之处有时会明显地显示出来，每个人从出生之时开始，就打上或深或浅的性格特征印记。人们常常对孩童的性格发出感叹，他简直和他父亲（母亲）的性格如出一辙，这种判断一定不是个案，它直白地表明性格方面必然有着基因的传承。从身体哲学出发可以发现，勇是"身心一体"，是"生命之能"，"依自不依他"是勇的根本原理。[1]

为何说基因传承对性格特征的印记有深有浅呢？因为后天对性格的影响程度是各不相同的，家庭教育、学校教育、社会教育的综合会不断地给人以性格方面的刺激，一些刺激是非常负面的，它会促成人的性格扭曲，一些刺激是良性的，它会不断地让人的性格在正向方面加分。

在不同的家庭中成长，孩童的性格一定有所不同，家庭氛围和教育会给人的性格打上重要的初期烙印，父母亲的暗示和鼓励会给孩童潜移默化的影响，渐渐地孩童的性格特征会趋于明显。

学校教育会给儿童和青少年的性格倾向助力，老师和学校管理工作者的行事风格，对他们的成长起着重要的作用，对他们原有的性格倾向或扶持或矫正，使他们的性格特征逐渐固化和鲜明起来。

当人走上社会以后，尽管他们的性格特征总体已经形成，然而影响人的重大事件往往是刻骨铭心的，它会让已具备丰富思考能力的人产生强烈的刺激，有时会从根本上改变人的性格，此类情况并不多见，但并非不存在，同学聚会时有人会脱口而出，十余年未见，某同学怎么像变了个人似的，说的就是这个道理。

道德视域下的性格问题，着重讨论的不是个别人的性格扭曲问题，而是对绝大多数人而言，怎样让他们都成为道德行为参与者的问题。事实上，无论其性格总体上处于刚性或柔性，均是可以实施道德行为的。

因为所有的道德行为特征，都可以寻求到人同情心这个源头，同情心的表达总体上可以分为两个维度，一是正义，二是善良。例如，对困难群

---

[1]　张再林：《论勇德》，《中州学刊》2020 年第 5 期。

体的处境，具有正义感的人群，更多地会去考虑困难群体是否受到不公正的待遇，应该怎样改变不公正的状态，使大家普遍在公平的氛围下学习、生活、工作；具有善良感的人群，更多地会考虑如何尽自己的能力帮助这些困难群体，使他们尽快地走出困境，改变弱势的状况。

就此，可以从直觉引发出这样的判断：性格的差异只是决定了思维方式和行为方式的差异，无论怎样的性格，都可以在道德分类中寻求到自身的位置，由此推及，所有人都可以也应该为全社会的道德氛围浓郁作出切合自身条件的贡献。

总之，道德视域下的性格研究，不是对性格分出优劣，也不是要求性格走向完美，而是讨论如何对不同的性格激发不同的道德动因，如何根据自身条件和可能实施不同类别的道德行为。还应指出，总体上的道德规范，无论怎样性格的人都应该遵守，性格的差异只是导致践行道德行为的差异有了可能。

第三节　认知视域下的道德动因强化

认知是获得知识、处理知识、应用知识的过程，认知除了需要人具有求知和利用知识的主观能动性外，还需要全社会热爱知识、崇尚知识的浓烈氛围和条件。我们欣喜地看到，较之以往，无论是经济条件还是知识传播工具都有了根本性提升，全面小康目标的实现、九年制义务教育的全面实施，使广大青少年认知都有了良好的保障，信息时代的到来让所有人的认知条件有了质的飞跃，认知较以往更为便捷、更为充分，我们真正来到了认知的春天。

认知是指人们获得知识或应用知识的过程，或是信息加工的过程，这是人的最基本的心理过程。它包括知觉、记忆、思维、交流等四个方面，道德动因和每个环节均有着密切联系，分析它们之间的关系，有助于形成强化道德动因的自觉。

关于认知方面的研究，和道德动因密切关联的是，认知哪些方面促成道德动因的强化，哪些方面使道德动因有所消减。

人们通过掌握知识会不断促进自身的思维能力，会对社会规范有总体性的把握，会对他人的行为有鉴别与考量，会对过往的行为进行反思与梳理，明晰成败得失，会对未来的价值取向与行为方向加以思考，从而促进行为的自觉与科学。

从人呱呱落地开始，所有人即感受到人与人互助的重要，婴儿离开了他人的照顾，是无法独立成长的。随着年龄的增长，人的能力和自我意识在不断提升，初看起来，似乎外力的帮助没有婴儿时期那么迫切和重要，然而，由于市场经济的实施，促成了竞争的加剧，资源配置不断得到优化，其中重要的标识是社会分工愈加细密，分工经济的时代已经到来，社会已呈现有序井然、分工细密的特征，任何人都能在社会上寻求到自己的位置，亦必须得到其他人的服务和帮助，"我为人人、人人为我"的格局已经基本形成，只看到市场经济竞争的一面，看不到其分工的属性，是对市场经济认识不充分的表现。而且，无数次竞争的叠加，使贫富差距不断扩大，社会节奏加快，突发和不测事件随之增多，这些方面都使人与人的互相帮助成为社会的必需，处在这样的环境之中，形成利他的道德动因有了基础。

人通过社会获得的认知，并非全部是道德动因的催化剂，亦有诸多方面会给道德动因以消减。例如，市场经济带来功利性过强的问题，表现在社会的各个方面均以功利衡量得失，有物质回报的，则不顾条件一味去做，没有物质回报的，或可能对自身利益有损害的，则千方百计予以回避。功利性过强常常是利他行为的反面，它让一些人做了好事，反而会受到这样或那样的挫折，个别人只为自己，不遵守社会的规则，无视他人的困难与疾苦，却常常能有所获益。这些方面，都会给道德动因以挫折。

无论是道德动因强化或道德动因消减的内容，都会在人的记忆中沉淀下来，"互联网+"时代，信息海量增长，网络的虚拟性给人们的情绪宣泄带来便利，也让人们的辨识能力面临巨大的挑战，哪些信息应该记忆下来，哪些信息必须及时排除，是任何人都会面临的问题。人的基因中固有的同情心，是道德动因能够固化的基础，无论性格的刚与柔，都会在实施道德行为方面寻找到自己的恰当着力点，如果能够在道德动因方面形成自觉，那么，哪些值得记忆、哪些应该丢弃即是一个相对容易的问题，在这方面，全社会各个类别的教育形成合力，是道德动因从认知到记忆良性发展的关键。

在道德问题上，知识并非和道德完全正相关，人们常常会发现一些学富五车的人不一定是经常践行道德行为的人，一些知识相对薄弱的人，他们的正义感、同情心并没有因为知识的缺乏而减少，他们的行为常常源于直觉和本真，他们常常能够做出打动人、感动人的道德行为，有少数人却将知识积淀产生的能力用于旁门左道，把自身行为的真正动因掩盖起来，期盼通过貌似道德行为达到获取自身利益的目的，我们对此应该有足够的警惕。

人们对存储在大脑里的各类信息有一个不断思考的过程，它是运用已有的知识和经验去概括、认识事物的过程。每个人对事物的反应和判断是不一样的，道德动因的强化与消减，和人的思维有着必然的联系。这并不意味着文化程度愈高、分析能力越强，其道德动因即会愈显突出，对于道德相关的思维活动，有些人就有着"滴水之恩，涌泉相报"的感恩情结，有的人对他人给予的温暖感触不深，这和文化水平的差异不存在必然的对应关系。然而，这方面思维的差异，不是否认社会总体状况和个人道德动因之间有着联系的理由，不能否认弘扬道德榜样的巨大作用，社会道德氛围的浓郁，一定会给所有人带来道德的正向触动，人们生活在充满着互相关爱的社会里，精神面貌一定是向上的。

更应该看到，广大公众在积累了一定知识以后，认知能力、分析问题的能力有了较大的提升，会探寻符合自身条件的道德动因，根据自身条件实施道德行为。例如，将自身成长中得到的帮扶转化成感恩行为，在工作中将敬业提升为奉献，通过对资源稀缺的认知，形成节约的习惯，对竞争中困难群体出现的必然性认知转化成关爱他人的行为，如此等等，举不胜举。由知识积累到能力丰富再到产生道德动因多元逻辑关系，生动说明了道德动因多元的可能性与合理性。

随着时代的进步，人的社会性特征愈加明显，每个人都在自觉或不自觉地受他人影响，新兴媒体的飞速发展，使人与人之间的交流快速、多元和丰富，自身的诸多行为，除了实现自己的初衷和愿望的共性以外，已愈来愈多受他人和社会潮流的影响。即便是消费方面的内容，原本应该和自身的爱好、可能紧密联系在一起，现在往往被时尚所左右，在人与人之间的交往、交流过程中，自身的真实想法和动因有时会被遮蔽起来，认识到这个问题，有意识地弘扬人的独立和自由，不将物质享受作为人的唯一兴趣爱好，需要社会各方面共同努力。通过弘扬道德榜样，使道德行为受到广泛称颂，让人与人之间交流的诸多话题，围绕人的正义和善的力量迸发而进行，这样的氛围不断浓郁，人们的道德动因会逐步得到强化。

第四节　情感视域下的道德动因激励

在一个有理智的被造物身上，未经感情推动而行事，那种被造物的本性就既不会为善，也不会为恶……通过感情，一种生物才会被称为善或恶，自然或非自然。①"情感，作为一种关注模式，能够帮助把环境中的

---

① 李家莲：《论斯密伦理思想对哈奇森仁爱观的背离》，《世界哲学》2018 年第 4 期。

某些道德上突出的特点追溯和挑选出来，因此帮助确定何时履行道德上可允许的行动和道德上所要求的行动。"①情感的具体性与个体性是由伦理生活的背景和道德实践的情境所决定的，它并不能否认情感的真实性及其有效性。在亚里士多德主义的理解中，情感既不承诺也不等于美德，但它却是美德必不可少的构成物或伴随物。②情感是人对客观事物所持有的态度体验及相应的行为反应，包括喜、怒、忧、惊、悲等诸方面，从道德方面考量情感，情感起着道德激励或道德挫折的重要作用。"情感问题事关人生幸福，情感问题也是现当代中国最突出的社会问题之一，值得高度重视。"③

　　道德情感是道德推理的固化，是道德推理成果的体现。道德情感又对道德推理起到动力作用。④在休谟之前，理性一直是道德判断的主导。休谟认为道德判断和道德行为的基础是人的情感，与理性无关。休谟认为情感最接近人的心灵，是一种原始本能的存在，情感是一种最直接最初的如灵知觉。⑤

　　认知是情感产生的基础，需要是引发情感的中介。道德动因的触发，常常和情感密切联系，同情心是情感力量的源泉。霍布斯认为人性中除了利己行为，还有同情的心理预设。他指出："为他人的苦难而悲伤谓之怜悯，这是想象类似的困难可能降临到自己身上而引起的，因之便也称为同感，用现代的话来说便是同情。"⑥哈奇森认为人性中有本能的仁爱的心理倾向，同情是仁爱感情的一种。他指出，对我们而言，天生的仁爱就是同

①　徐向东：《康德论道德情感和道德选择》，《伦理学研究》2014 年第 1 期。
②　李义天：《情感的缺陷及其化解——基于亚里士多德主义美德伦理学的辩护》，《云梦学刊》2017 年第 5 期。
③　江畅、张媛媛：《试论当代中国道德情感体系构建》，《道德与文明》2016 年第 1 期。
④　杨宗元：《略论道德情感在道德推理中的作用》，《伦理学研究》2018 年第 6 期。
⑤　[英] 大卫·休谟：《人性论》，关之运译，商务印书馆 2016 年版。
⑥　[英] 霍布斯：《利维坦》，黎思复、黎廷弼译，商务印书馆 1985 年版。

情，同情使我们倾向于研究他人的利益，但却丝毫不关心自己的益处。这几乎不需要什么论证。① 人们通过交往的社会生活感知，他人急需别人的帮助，这样的场景，常常会打动许多人，会成为践行道德行为的动因。在这方面，他人困难的真实性，克服困难的必须性，自身无力克服困难等因素，是同情心得到升华的重要基础。社会各方面的教育，要贯通同情心、道德动因、道德行为之间的关联。

任何人都需要情感抚慰，都期盼尽可能避免情感的负面效应，确实有些人在情感方面有着极强的控制力，他们喜怒均不动声色，不把自身的情感写在脸上，然而这并不表明他们在事物的价值取向和自身的价值标准碰撞时不产生反应，只要内心思维的存在，即意味着情感已发生作用。正如程颐所述，成为道德的人是一种快乐，每个人应该并且能够成为道德的人，并且对于不同种类的人应有不同程度的爱。② 因此，认识与分析情感，正确引导情感，使之起到激发道德动因的正向作用，是非常必要的。

情感是客观性与目的性的融合，是人们对客观事物是否满足自身需要而产生的体验。社会事物纷繁复杂，人们对社会事物考量，一定有着自己的价值判断，这些判断有些和社会的价值取向同频共振，就道德情感而言，人们通过自身的道德努力，他人的道德作为，以及社会的道德评价，不断形成道德认识，事实上道德情感是道德认识的积累，这种积累可分为道德激励和道德挫折两大类别。

道德激励主要源于两个方面，一是自己实施道德行为以后得到社会的高度认可，从而不断丰富自己的道德情感，为未来实施更多道德行为积蓄了动因；二是社会方方面面对实施道德行为者以多方面的正向肯定，激励

---

① ［英］弗兰西斯·哈奇林：《论美与德性观念的根源》，高乐田、黄文红、杨海军译，浙江大学出版社 2009 年版。

② 黄勇：《程颐道德哲学的当代意义》，陶涛译，《南京师大学报（社会科学版）》2020 年第 1 期。

全体公众学习道德榜样，每个人都感受到实施道德行为的责任与光荣，道德情感逐渐形成定式。

道德激励必然是多个类别的，道德榜样的行为也是多个类别的，每个人的具体条件亦是不相同的，这些内容的融合形成了各有侧重的道德情感指向，因而催生的道德动因也一定是多元的。

道德榜样的选树和传播，是引发公众产生情感共鸣的道德激励方法，他们自觉牺牲自己利益的利他行为，契合了公众对社会文明氛围的期盼，使人们对正义与善良的向往有了实践旨归，社会维护道德榜样的尊严，体现他们的崇高，更让这方面的激励得到升华，利他行为蔚然成风就有了可能。

不仅是他人的突出利他行为会成为道德激励的重要内涵，自身的利他行为得到社会的鼓励，亦会助推持续进行利他行为。鼓励对任何人都是特别重要的，道德行为不应该有物质利益回报，但是，如果道德行为没有得到精神激励，那么其道德动因很难有持续性。即便是高尚的人，他们在牺牲自身利益做出利他行为以后，隐姓埋名低调行事，似乎他们不期盼这类事情激发相应的正向情感，然而，这并不意味着他们实施道德行为以后，不注重各方面的反应，社会对此类行为的褒奖还是负面议论，一定会在他们心中引起波澜，或欣慰或失落，情感的作用同样存在。

道德挫折主要源于两个方面，一方面是自身实施道德行为以后并没有得到社会的认可，有时甚至迎来流言蜚语，从而让行为者产生道德挫折的情感，另一方面是道德风尚受到方方面面的侵蚀甚至损害，一些人实施道德行为却遭到不公正待遇，甚至英烈的崇高行为也会有极个别人肆意歪曲，从而让人感受到道德挫折，还有的人实施貌似道德行为，或给他人带来伤害或成为获取自身利益的借口，这些都给人们带来道德挫折。党的十八大以来，道德进步是明显的，上述问题虽然时有发生，但是人们已认识到这些问题，社会规范在不断调适，我们期盼通过大家的努力，道德挫折逐步得到消减。

"情感因素（情感智能）和理性能力确实共同地构成了人类行动者的道德能力，但与理性主义者的设想相反的是，情感因素（情感智能）是人类道德能力的核心成分，在人类行动者的规范塑造和规范遵循活动中具有首要性。"①让社会有着更多的道德激励，让各种各样的道德挫折不断消减，每个人的道德动因就能得到提升，这是道德理论和实践的重要话题。

第五节　启示：人具有道德动因多元的可能

蜜蜂、蚂蚁等低等生物的行为分工是与生俱来的，为了种族繁衍，每个个体生命扮演着群体中的不同行为角色，这种角色是固化的、毋庸置疑的。人是社会性动物，人与低等生物相比，自己的独立意识有着质的提升，人的行为、在社会之中的角色扮演等都是人不断思考与学习的结果。人的生理构造与心理能力是极为复杂的，尝试从人的生理剖析出发，了解人的心理特征，明晰道德动因多元的可能与必要，是较为困难又颇有意义的。

我们每一个人都投射出自然人、经济人、社会人等多重影像，现代社会是一个极为复杂的社会，人们处在极其广泛而又深刻的交往状态，从需要的源头探寻道德动因多元的可能与必然，是有挑战和有意义的。需要是促使道德行为发生的原动力。而人的需要是多种多样的，从需要的起源看，有自然性需要和社会性需要；从需要的层次看，有生存性需要和发展性需要；从需要的主体看，有个人性需要和社会性需要。需要的多重性决定了道德动因的多层次性。

---

① 张曦：《道德能力与情感的首要性》，《哲学研究》2016 年第 3 期。

得出人具有道德动因多元可能与必然的结论，应该建立在科学的基础之上。利用最新脑科学的研究成果，我们尝试窥探大脑的冰山一角，道德动因和道德行为之间的关系，本质上和一般的动因与行为的关系有相通之处，亦是动因触发着行为，行为承载着动因的期盼，究其根本性而言，均是期望有宁静、快乐、幸福的感受。道德动因的特殊性在于，它触发的是利他行为，而且行为以牺牲自己利益为前提，这充分表达了行为的崇高，凸显了与常见的利己行为的差别。然而，这不是否定道德动因与道德行为之间的关系符合动因与行为之间普遍关系的理由。我们同样可以通过对道德行为的追问，了解真实的道德动因，可以通过对道德动因的确认，让道德行为在自觉的基础上不断丰富。

人的性格方面的差异性，人的社会境遇的差异性，决定了人实施道德行为有其差异性，以正义和善良为本质核心的道德行为，其表现也是有类别和层次之分的，正义更多地和勇敢、公正相联系，善良更多地和关爱有关联。如果一个人既有着坚毅果敢、疾恶如仇的品格，又有着同情困难群体、感恩社会的柔情，那固然非常出色，然而，现实生活中这样近乎完美的人是少数，更多的人性格有自身特点，鼓励和导引人们根据自己的性格特征积极实施更多的道德行为，全社会的道德行为一定会丰富多彩，道德氛围会因此逐步浓郁。同理，人在认知情感等方面存在差异，然而，只要判断和教育得当，所有人都有将道德动因形成道德行为的可能。

总之，人的生理、心理方面的本质属性决定了人具有道德动因多元的可能，人的生理、心理方面的个性差异决定了人具有道德动因多元的必然。

第 七 章

道德动因多元的类别

　　人需要的多重性、复杂性，在自觉牺牲自身利益的利他行为中亦有所表现，它形成了道德动因的多元。不同主体实施的道德行为的动因有所不同，同一主体在不同的人生阶段道德行为的动因也会不断变化，确认道德动因纯粹不利于充分调动人们积极践行道德行为，可以从多个层次、多个方面去剖析，采取多元的而非一元的思维方式探讨道德动因。

　　关于道德动因多元类别的讨论，根本出发点在于确保社会公平正义和人的自由尊严的基础之上，如何通过肯定多类别的道德动因引发道德行为的丰富，因此，有必要将道德动因的类别加以梳理。一般地，对一个问题的分类讨论需要尽可能使各类别的权重大致相当，各类别之间不呈现交叉关系，所有的类别总和基本包含问题的全部内容。需要指出的是，道德动因类别的讨论和上述问题分类讨论的基本规律有相近之处，也有它的独特内涵，道德行为是以自觉牺牲自身利益为前提的，所有的道德行为必然有着强烈的信念支撑，因此信念坚定是所有道德动因的总纲，任何人实施道德行为均有着信念坚定的道德动因，又由于每个人的自身条件和客观状况不尽相同，每个人都是独立存在的个体，因而在信念坚定的前提和基础之上，实施道德行为的具体动因有着不同的类别。仅肯定信念坚定，对具体的、细化的、深化的道德动因无视甚至否定，道德行为繁荣将难以实现。一味防止人们在道德动因方面有丰富想象，只能让人们对道德行为望而却步。

经过反复揣摩，我们试图把道德动因具体划分为责任意识、同情心理、自我完善、感恩回馈、幸福追求等几个方面并分门别类加以阐述。

第一节　信念坚定

人的所有动因的源头都可以追溯到信念方面。信念是一种想法，一定是对某种思想和事物坚定不移并身体力行的态度，信念伦理是指人们在特定认识的基础上确立的对某种思想观念、理论学说、偶像人物或其他事物的坚信不疑并由此产生的伦理约束、道德效仿和行为评价等。[①] 道德信念是指对道德行为的意义有充分的认识，对每个人均需参加道德实践有着深刻认知，它是人道德动因中最根本、最重要的基础。道德付出常常是物质方面的，即便不是直接付出物质利益，也会间接影响到自身的物质利益，如果没有信念，是不可能持续产生道德动因的。

道德视域下的信念坚定，主要有着以下几方面的含义：一是祖国安宁、社会安定必须有人作出牺牲；二是无论是怎样的社会形态，弱者总是存在的，弱势问题一定是有的，依赖市场经济本身，此类状况很难消减；三是社会需要形成"人人为我、我为人人"的局面，关键在于每个人都要从自己做起；四是实施道德行为，会给每个人带来精神方面的充实、快乐、安宁甚至是享受。人们的信念正确还是错误，高尚还是平庸，直接关系到道德动因的程度与方向，一般而言，信念愈崇高、坚定，道德行为愈发持续。信念坚定有两个方面的特征。

一是具有稳定性。它建立在对道德作用充分认识的基础之上，是通过

---

① 吴俊、周嘉婧：《信念伦理及其在当代中国社会的建构》，《社会主义核心价值观研究》2016 年第 4 期。

认知和社会实践，通过反思而得出的社会结论，人们逐步认识到道德是约束和导引人们从事正义和仁爱的行为，尽管它不具有刚性要求，然而同样是文明社会不可或缺的内容，社会的文明与进步离不开道德建设的加强，道德信念坚定的人不会因为社会虚假行为的存在而受到过度伤害，不会因为有了道德挫折即动摇实施道德行为的信心与决心，会从历史发展进程、未来社会场景等各个方面作根本性考量，从而坚定道德建设的信心，道德信念的坚定还体现在对自身的严格要求方面，道德建设必须从现在开始，从我开始，在道德问题上没有旁观者和单纯的评论家，每个人都应该在道德建设中发挥自身作用，都应该是道德行为的持久践行者。

二是具有根本性特征。所谓根本性，是指在道德动因方面必须具备信念坚定这一要素，其他的道德动因都源于信念坚定，只是不同人群在不同条件下的具体情感表达，离开信念坚定其他的道德动因难以做到一以贯之，有时还会被形形色色的道德挫折所干扰，因此，不断深化道德信念坚定方面的动因认识、加强道德信念坚定的动因自觉是十分重要的。

中国先贤对道德的敬畏，体现了对道德崇高性的坚定信念。儒家"天人合一"的道德本体论，论证了"道之大原"，并通过"天命之谓性"的性善论转换，为"人道"确立了必然性和崇高性。基于对道德崇高性的信念，西方近代道义论的代表康德曾满怀激情地表示了对"在我之上的星空和居我心中的道德法则"的"景仰和敬畏"。[1]康德认为，"如果视其为真只是在主观上充分，同时却被看做在客观上是不充分的，那么它就叫作信念。"[2]从人的行为动机来看，信念表达着人的态度、情感与意愿；从行为的结果来看，信念可以是人们实践行为的产物。休谟认为，"信念是我们想象对象的方式，是和先前的一个印象关联着的或联接着的一种生动的观

---

[1]　朱贻庭：《"天人合一"的道德哲学精义》，《华东师范大学学报（哲学社会科学版）》2017年第4期。

[2]　[德]康德：《纯粹理性批判》，邓晓芒译，杨祖陶校，人民出版社2004年版。

念。而且，它能够被心灵感知，并对行动起支配作用。"①依他的理解，信念并不简单地被认为是理想与精神层面的，而是有着实践动力，是能够真正行动的善良意志，信念本身就已经蕴含了人的道德潜能。

强调信念坚定，必须回答好市场经济条件下肯定市场行为的合道德性与高扬道德行为的关系问题。社会上存在这样的错觉，既然市场行为是合道德行为，利己的行为得到提倡，在竞争中获取资源被肯定，那么，一部分人在实施道德行为，即是明显"吃亏"的表现。我们认为：

第一，道德行为是非刚性行为，人们为了利他而自觉牺牲自身利益，是精神追求的境界体现，是义无反顾的坚定付出，以世俗眼光衡量道德行为的价值，在价值衡量的源头就显现偏差，自觉牺牲自身利益的行为永远也不能用物质利益得失去度量。

第二，市场经济固然必需，它激活人们的利己情结，但其有着贫富差距扩大、困难群体较广泛存在的弊端，是仅依赖市场经济无法消减的，而且国家稳定、社会安宁与进步一刻也离不开众多人的无私奉献，现实生活中道德行为十分需要和重要。从历史和未来审视，道德行为的崇高性、不可或缺性永远存在，社会永远需要信念坚定，实施道德行为的"大写的人"。

第三，市场行为确实应该提倡，通过竞争为自己获取资源，通过努力改善自己的生活，在道德方面具有正当性，激活个人利己情结、提倡劳动致富，促进社会财富持续增长，都是良性社会的必需。同时，还应看到自觉牺牲自身利益的利他行为有其崇高性，更应得到高扬。在道德层面，合道德行为中的市场行为与道德行为有着差异性，前者是所有人的生命自觉，如果不能努力去做，一些人是惰性所致，是"内卷"或"躺平"的表现，一些人是投机取巧，视规则为"无物"，这两种状况都应该加以反对，只

---

① ［英］休谟：《人性论》上册，关文运译，郑之骧校，商务印书馆1980年版。

要社会导引得当，市场行为有其自发性，人在这方面的动因容易被激活。道德行为是难能可贵的，因而引发道德行为的信念坚定动因应该得到全社会和全体人的崇高致敬。对这方面差异性的把握和调控是良性社会应该努力的。

第四，我们一方面要警惕貌似道德行为的危害，永远提倡自由、平等、公正的价值原则，让道德行为的回馈与物质回报脱钩；另一方面绝不能让英雄流血又流泪，对舍生忘死的英雄，他们付出的是人最宝贵的生命，或者身体受到伤害，必须让他们得到全社会的尊敬，配享较为舒适的生活，这是社会风气良好的表现。

第五，市场经济一定是分工经济，这只是说明市场经济条件下专业分工细密，是效率显现的必然要求，然而这不是社会许多人践行市场行为，一些人实施道德行为的理由。现代社会每个人都应该根据市场规范做好自己的本职工作，每个人也都应该向道德榜样学习，根据自身条件践行道德行为。道德非刚性特点展现了道德的崇高，但这不是个别人不实施道德行为的借口，良性的社会一定是"我为人人、人人为我"场景的生动呈现。

由于人们处于不同的权利义务关系之中，对权利和义务的均衡践履（得其应得，付其应付）乃是正义的基本要求，道德规则本身允许区别。①社会大量存在这样的情况：一方面对自己是否履行道德义务缺少拷问，另一方面对他人的行为要求过于严苛。"在现代社会，如果要让某人尽义务，就必须考量他为何要履行该义务以及他是否乐意履行之的问题。"②对待党员领导干部比寻常人更需要崇高的信念。习近平总书记指出："理想信念就是共产党人精神上的'钙'，没有理想信念，理想信念不坚定，精神上

---

① 吴俊：《爱国何以是一种公民美德》，《哲学研究》2019 年第 10 期。
② 甘绍平：《论道德义务的人权基础》，《哲学动态》2010 年第 6 期。

就会'缺钙'，就会得'软骨病'。"① 实践证明，一个政党有了崇高的理想信念，就会无坚不摧，经受一次次挫折而能一次次奋起，而这种崇高的信念也能促进个人的道德品质的提升，从而出现更为高尚的道德行为。从中国共产党成立至今，无数党员靠着"革命理想高于天"的崇高追求，为国家和人民作出巨大的牺牲。正是这种坚定信念，才使得无数党员在革命时期奋不顾身、牺牲自我。

总之，公众的理想信念对于社会发展来说尤为重要。信念是道德行为的动力来源，内心崇高的理想信念与追求，使人们具有奋勇前行的动力，时刻保持思想上的纯洁和行为上的坦荡，拥有强大的精神支柱，促使他们做出更加有利于社会道德建设的行为，是道德氛围浓郁的根本要素。

第二节　责任意识

责任是人们或一个群体对团体成员作为某个角色而承担的任务或从事的某项事情的评价（角色责任），比如对或错、善或恶、好或坏等。② 责任的本质是指人应尽的义务，从道德动因视域透视责任问题可以发现所有从责任出发的道德动因，均与社会角色密切关联，是和身份问题密切联系在一起的，身份属性是相当宽泛的，有人的身份、政治身份、职业身份、年龄身份、性别身份等多个类别。在所有身份中间，有别于其他任何动物的人的身份是最基础、最重要、最关键的身份。因为所有的伦理问题都是人的伦理问题，是紧紧围绕人的应当展开讨论的，人的责任和人的身份是紧密关联的，人的身份属性是责任讨论之中第一位的、根本性的问题。

① 习近平：《紧紧围绕坚持和发展中国特色社会主义学习宣传贯彻党的十八大精神》，《人民日报》2012 年 11 月 19 日。
② 沈顺福：《论责任伦理的基础》，《齐鲁学刊》2019 年第 5 期。

我们常常探寻人与动物的本质区别，道德动因的存在是人与动物区别的重要内容，人有着自觉认识，正义感和仁爱心必须得到保持和激励，每个人都有可能遇到不公平待遇和困难境况，帮助他人是每个人应该的自觉责任，全社会所有人均有为他人和社会的付出，才使社会在文明程度方面不断提升，每个人都应明确严于律己的目标、不让利己的欲望漫无边际膨胀的重要，学会反省、学会克制是成熟的理性人的重要标识。每个人都是自然人也是社会人，关爱他人、促进社会进步是每个人的责任。社会飞速发展，各方面的节奏都在加快，如果社会没有建立在规范基础之上的秩序，那么社会的混乱是不可避免的；如果人与人之间缺少关爱和帮助，那么贫富差距会不断拉大；如果只考虑当下不顾及未来，那么社会的可持续发展将会成为空话。"缺少足够的角色意识，不注意区分复杂情况下不同主体的道德权利和责任，这一点使得公共道德标准一直显得不够成熟和稳定。"①所以，应该大力提倡、细细分析人的责任问题，鼓励和提倡每个人牢记自己的责任，这是你来到这个世界作为人存在必然有的使命。

除了人的身份以外，每个人都有着各种具体的身份，这些具体身份对应着相应的责任。

每一个人都有着自己的祖国，从这个意义而言，公民的责任是道德动因研究应该探讨的问题。中国道德传统有着家国一体的重要理念和实践，对国家的深深热爱是每个中国人的强烈感情，国家的富强和昌盛是每个中国人的共同期盼，中国人有着强烈的爱国热情，为了祖国的利益愿意牺牲自己的利益，每个中国人都是在这样的氛围和环境中长大的，它已成为中国人的普遍和根本的共识。就中国公民而言，必须拥护中国共产党的领导，热爱社会主义祖国，要有作为中国人的自豪感，乐于为祖国的强大贡献力量，要深深地关爱每一个中国人。

---

① 李德顺：《道德转型的足迹》，《江海学刊》2010 年第 4 期。

公民从事不同的职业或学业，其肩负的责任也是各不相同的，对学生而言，主要任务是克服拖延、增强定力，养成良好的学习习惯，是培养爱心、乐观开朗，形成优良的品格，是确立生命最可贵、安全最重要的意识，是明确适应现代社会、体现文明素养的重要。对于成年人而言，职业素养是必须具备的，爱岗敬业是职业素养的基本要求，市场经济条件给了每个人选择职业的机会，任何人从事的工作，都是市场选择和自身意愿高度融合的结果，无论是何原因促成你从事这份工作，带着浓厚的兴趣和强烈的爱去做，是每一个人必须做到的，这是人快乐的基础和源泉。由敬业到奉献是道德升华，奉献意味着在工作方面自觉牺牲自身利益，更应该得到颂扬。

除了共性的职业责任之外，不同职业有着不同的职业要求，在所有职业中，三类人的职业要求更引人关注，一类是党员领导干部，一类是企业家，一类是知识分子。

数千年来，中国有着浓厚的权力本位传统，它有着两个方面的突出表现。一是强调权力在社会管理方面起着突出作用，是一个被人高度关注甚至敬仰的职业，"学而优则仕"充分说明了这一点；二是对为官者有着很高的要求，"当官不为民作主，不如回家种红薯"，这类朴素的语言道出了为官者的根本任务，"先天下之忧而忧，后天下之乐而乐"给出了为官者价值本质与奉献精神的方向。这些传统文化的内核有着极强的时代价值。同时，我们必须提倡人与人之间的平等，平等当然包括职业没有高低贵贱之分，对权力的过分看重，不是现代社会的价值取向。党员领导干部是社会主义社会重要的社会角色，党的理想信念宗旨决定了必须高扬人民至上，必须全心全意为人民服务。然而，面对新形势下的全面从严治党，面临全面深化改革进程中的攻坚克难，部分党员领导干部从思想到行动产生了明显的"不适应"，最突出的是缺乏为民爱民、爱岗敬业、敢于担当与乐于奉献的职业道德，感觉当前"为官不易""束缚太多"。① 应该看到，要求有权力者吃苦在前、享受在后是完全应该的，党的性质、宗旨对党员领导干部的要求就有着这样的内容，在中国特色社会主义新时代，党员领导干部必须不忘初心、牢记使命，在工作中充分体现奉献精神，唯有这样，共产党的先进性才能得到充分体现。

所有的企业家也应明确自身的社会责任。在社会上，有人把企业家仅与"有钱"画上了等号，经过市场风浪洗礼的企业家所代表的更多是一种品质。毫无疑问，真正的企业家是社会责任的载体。不管是生产更多、更好的产品，满足人们美好生活的需要；还是面对各种困难和压力时敢于迎难而上、带领行业树立信心；抑或是行走在扶贫路上，帮助贫困地区的人脱贫致富，都离不开企业家的责任与担当。

中国有着尊重知识的传统，"学高为师、身正为范"不仅是对教师和师范学生的要求，更是对全体知识分子的期盼和敬重，在市场经济条件下，知识分子确实需要增强竞争意识，但是还应该时刻牢记知识分子的社会责任，在诚实守信、刻苦努力、低调内敛等方面率先垂范，成为全社会的群体榜样。

人的角色是多样的，除了职业角色外，人还扮演着家庭角色。作为家庭成员，孝老爱亲应该时刻牢记，这是中华传统美德的重要内容，家庭是社会的细胞，家庭的和谐和文明需要家庭每一个成员明确各自的责任，互相关心、互谅互让，家庭就会成为每个人的温暖港湾，在妇女和儿童面前，男人理应是一个勇敢者，遇到危难必须冲在前退在后。互相帮助、互相爱护应该从家庭做起，也应延伸至社会的每一个角落。

此类情况还可以列出许多，列举这些，说明了在现代社会里面，人既有着共同的责任，又由于角色的差异，不同身份承担着不同的责任，明确

---

① 萧鸣政、张满：《当前公务员职业道德建设的三个基本问题》，《北京大学学报（哲学社会科学版）》2017年第3期。

共同的和各自的责任，让每个人将责任内化为道德动因，道德行为就有了十分鲜明的动因。

总之，我们歌颂的道德榜样往往是持之以恒的帮扶他人或在突发事件时挺身而出救助他人，他们把"责任"二字扛在肩上、落实在行动中，我们应该努力向他们学习。

第三节　同情心理

同情是指在感情上对别人的遭遇产生共鸣，道德视域下的同情主要是指对他人的困难、不幸会产生理解、关怀、帮助的情感反应。同感是一种非常独特的意识现象，是我们认识和理解他人的方式之一，是同情、爱或怜悯的基础。[1] 恻隐之心作为人性中最首要的善之端，既包括对他人痛苦感到移情式的不安，也包括对他人的福祉怀有同情式的关切。[2] 同情在中西方伦理学界受到广泛共鸣。"移情"是当代西方情感主义伦理思想的核心概念，它被当代道德情感论者赋予了新的时代内涵，反映了当代道德情感论者注重追求道德行为过程中"自我"与"他者"的平等参与和共同受益，以及由此对道德行为者产生的实际心理感受的伦理精神。"移情"的提倡也对当代西方政治、经济等活动产生了广泛影响，孕育出一种"移情的文明"之启蒙精神。[3] 西方历史上重视良心的思想家大都倾向于把同情看作是道德的源头，把良心看成是道德最优先、最原始的成分。中国传统困难群体伦理关怀思想的基本内涵是同情困难群体的苦难处境、肯定困难

---

① 张浩军：《同感与道德》，《哲学动态》2016 年第 6 期。

② 蔡蓁、赵研妍：《从当代道德心理学的视角看孟子的恻隐之心》，《社会科学》2016 年第 12 期。

③ 方德志：《移情的启蒙：当代西方情感主义伦理思想述评》，《道德与文明》2016 年第 3 期。

群体的物质需要、尊重困难群体的生命和尊严。① 自从孟子首先明言"恻隐之心"为"仁之端"以来，对同情的称颂逐渐成为中国人的共识。

进化论者发现在动物那里最接近于"人类道德"的东西，就是一种类似于恻隐或同情的情感表现。思考每个人在道德方面的成长，如对亲人的关切之情，显然先于任何道德义务和原则观念的形成。同情是人们内在的道德情感。休谟认为同情是人们最基本的道德情感，也是人们产生利他美德与仁爱情感的根源，并认为人倾向快乐时就会有一种对于他人的同情，并关心整个社会的利益，使价值变成整个社会的。亚当·斯密道德论的核心绝非"道德情操"本身，而是各种道德情感得以形成的同情共感机制。② 斯密认为同情是普遍人性的基础，人总是关怀别人的处境，通过同情，一个人可以进入他人的世界。

将同情视为道德动因会遇到一些疑问，归纳起来主要有以下几个方面：

一是认为同情是强者对困难群体的关爱，肯定同情作为道德动因，强化了人情中强者与困难群体的关系，这与高扬社会公平正义、人与人之间的平等不相符合。我们认为，市场经济条件下无数次竞争的叠加，有一部分人一直难以获取资源，社会上必然有一些人处于困难的境地，这是不以人的意志为转移的，需要帮扶者的存在并不意味着对人与人之间平等的要求背离。而且，社会客观存在决定了每一个人在不同条件和场景之中都有处于困难境地的可能，帮扶他人和需要帮扶者的划分不是固化的，有些时候你有条件和可能伸出援助之手，有些时候你急需他人的帮扶。

二是充分肯定同情是道德动因会让一些人产生懈怠心理和作为，不是通过自己的努力，而是期盼他人和社会给予更多的帮扶，从而导致惰性的产生。我们认为过多的帮扶确实会让一部分人产生平均主义思想，产生对

---

① 杜振吉、孟凡平：《中国传统弱势群体伦理关怀思想论析》，《理论学刊》2015 年第 12 期。

② 罗卫东、张亚萍：《亚当·斯密道德理论的核心是什么？——The Theory of Moral Sentiment 题解》，《浙江大学学报（人文社科版）》2016 年第 2 期。

他人和社会的依赖，这提醒我们在同情心转化为帮扶行为时方法和力度是非常重要的，在一些突发事件面前，帮扶他人成为必需和急需，对一些日常自身已十分努力，然而因条件所限仍处于困境的人，必须给予温暖和帮扶，对于长期处于经济困难的人群，最好的帮扶是帮助他们提高能力，鼓励他们通过自己的艰辛劳动改善生活。

我们可以从人具有共同价值、人类是命运共同体等概念出发，感知同情在当代社会的迫切与重要。强调人具有共同价值、人类是命运共同体，重要的原因是人在生存、发展、进步等方面，有着共同的价值取向，也许发展路径有所差异，或许生活方式有所不同，还有可能在文化倾向上不一致，然而，人类在根本问题上有着一致性。生存是讨论人一切问题的基础，生命永远是最宝贵的；世界和平与人的安全是多么重要，必须全力加以呵护；发展是解决一切问题的前提和基础，各个国家共同发展、人与人共同进步是必需的，也是可能的；社会民主与自由、人与人之间的关系平等、人的自由与尊严，这些都是现代社会的重要标识，必须努力维护与促进；社会的发展一定要可持续，自身的发展也必须顾及他人，一定要重视资源和环境问题，一定要高扬和坚守诚信；社会治理需要法律和道德力量的融合，它们都是不可或缺的。如此等等，是千百年来人类不断摸索、历经坎坷后得出的体会，当然可以也应该随着人类的实践，不断调适和丰富，然而，这些已经基本得到公认的观念，必须理直气壮地加以坚持。

人类是命运共同体，人具有共同价值，然而，这方面的共性和现实中人与人之间的差异形成了巨大张力，现代社会节奏的加快，突发事件不断增多，尤其是在市场经济条件下，竞争是配置资源的主旋律，无数次竞争的叠加，必然形成贫富差距的扩大，市场经济规则随意宽泛使用，使功利性过强日益凸显，"劣币驱逐良币"的现象时有发生，任何社会形态人与人之间都有差异存在，在市场经济条件下，差距有扩大的趋势，帮助他人更体现了紧迫和重要。社会期盼更多的正义和善的力量。激发人的同情心，使人人都献出一点爱逐步成为现实，具有紧迫性。

通过激发人的同情心，促使产生更多的道德行为，让更多人帮助他人，是必须提倡的。同情心是爱心的重要内涵，因为对他人的弱势状态和困难境地产生深深的同情，正义和善的情感会得到迸发，正义行为是同情心之中刚性的体现，主要表现在：有的人会在他人遇到突发危难时果断伸出援手，有的人会在他人遭受不公正待遇时伸张正义。善的行为是同情心之中柔情的体现，它有这样的表达：有的人会长期坚持尽力援助困难者，有的人默默无闻甚至隐姓埋名帮助他人。无论是何种类别行为的实施，都是帮助困难者的体现。

总之，同情以共情为前提，移情为基础，行为为关键，同情促进了道德动因的生存，使正义和仁爱的力量转化为行动。

第四节　自我完善

道德可以满足人的自我完善的精神需要。只要人类存在，人就有不断完善自我的需要。道德的权威性，主要是指人们在其内心世界中，把遵从道德规范、履行道德义务视为完善自我人格的道德信念和道德自律性要求。① 自我完善的基础是有羞耻之心，羞感伦理之所以可以是自律的，恰恰是因为这一具体而真实的、生成着的、交互人格性的"能羞之在"作为道德主体。② 道德是个体自我完善的一个重要组成部分，同时也是实现自我完善的重要手段。自我完善离不开对道德关系的深刻把握，在道德发展

---

① 阎孟伟：《道德权威性：历史界说与现代困惑》，《湖北大学学报（哲学社会科学版）》2018 年第 3 期。

② 张任之：《羞感伦理何以可能是自律的？》，《哲学研究》2017 年第 11 期。

过程中形成的道德规范，揭示了人与人、人与社会之间和谐美好关系形成的必然，把握道德就是把握世界和人生，追求道德完善就是逐步走向自我完善的一种重要方式。一个人有着崇高的精神境界，必然具备自我完善这一重要特征，伴随着个体道德的自觉遵守，会在对于他人和社会的奉献中体验到快乐和幸福，从而不断提升自己的精神境界。成就自我是道德行为的重要动因，这一点儒家认识得较为清楚，儒家以圣贤为最高人生目标，儒家提倡"立德、立功、立言"，把道德建设作为自我完善的重要内涵，是非常有见地的。

自我完善是建立在现实自我状况评价基础上的理想自我的确立。每个人的现实自我是不一样的，每个人对现实自我的满意度又是各不相同的，从而形成非常不同的现实自我评价结论，在此基础上理想自我目标的确立更是丰富多彩。需要强调的是，许多人的自我完善都包含了道德动因的内容，就本质而言，道德动因属于人的精神领域，人们在追求物质利益的基础之上不断探索精神方面的追求。一些经济相对困难的人群也可能有着高雅的精神追求，通过不断地实施道德行为来丰富自己，一些人经济条件较为优越，追求物质利益方面取得了较大的成功，他们在精神追求方面也有着自己的价值取向，从而丰富自己的人生。我们认为自我完善与道德动因之间是连通的，牺牲自我利益的利他会让所有人的精神境界向着自我完善方向迈进，对此必须加以高扬，从而促进人们形成一个方面的道德动因自觉。

一些人形成自我完善方面的道德动因追求源于传统文化的影响，古人云"止于至善"，即是对道德方面追求完善的有力阐释，传统文化认为一个人没有善行必然是一个不完善的人，生活也一定是不完美的，唯有不停地努力，不断实施道德行为，人的生命才有意义。

将自我完善作为人生的重要价值取向，有着各种具体原因。有一些人事业上风生水起，在社会道德教育感召和道德榜样的激励之下，深深感受到事业有成不等于人的价值完善，有了一定的能力应该积极实施关爱他人和社会的行为，使自己的修养不断提高、境界持续提升。有些人源于自身在道德实践方面有过偏差，由此产生的内疚久久不能消退，这方面的缺憾促使他们不断在道德方面努力，向着追求完善的方向不断努力，从而获得心境的宁静与愉悦。在道德行为方面有不足，自己又能够将其作为自我完善的重要内容，那么，这种心理活动是应该纳入道德动因范畴的。

对于已经取得成功并有自我完善心理的人，应该肯定他们在生命历程之中没有懈怠，在取得进步、获得成功以后，并没有停下奋斗的脚步，而是确定新的目标继续努力。应该肯定他们能在成功面前不陶醉，知道自己在某些方面有欠缺，离完善人生目标和境界有距离。更应肯定他们认为道德行为是人生的必需，不实施道德行为的人生一定是不完整的理念。

自我完善是每个人的价值追求，我们期盼通过肯定自我完善是重要的道德动因类别，从而导引人们在自我完善的选项中包含道德动因，使道德动因多元逐步成为现实。

将自我完善确认为道德动因，有助于在全社会消减功利性过强的态势，功利性过强的突出表现是金钱和利益至上，是"一俊遮百丑"观念的流行，一些人认为，只要有了钱就有了一切，就可以在社会上指点江山，就能受到社会方方面面的关注、尊重甚至是追捧，他们常常把自己的成功看成是自己能力的充分体现，全然忘记社会的氛围和他人支持的作用。鼓励更多的人反思自己的不足，将积累的财富用于对他人的帮助方面，并以此作为完善自己的价值追求，就能起到很好的导向作用。所谓社会风气的好转、社会正能量的提升，一定是"润物细无声"的，是依赖方方面面的力量逐步积累而慢慢形成的。弘扬道德行为肯定是克服功利性过强的重要内涵，正确、恰当地确认这方面的道德动因，就能动员更多的人自觉投身道德实践。

自我完善的内涵是十分丰富的，归属感是其中的重要内容，归属感是指个体归属于一定的社会群体并对其产生依存心理的情感体验。每个人作为社会的成员，在感情上都有归属于一定社会群体的需要，希望自己成为群体中的一员，和他人保持有意义的联系，并得到群体的认同和帮助。归属的实质在于个体对于某一群体的价值认同，而归属感则表现为价值认同后的情感体验。合群既是个体获取物质利益之必需，更是个体的一种精神需求。在合群需要中包含了安全、归属、尊重等精神需要。道德可以满足人的合群精神需要，个体由此形成了一种道德动力。一个有道德的人，自觉遵守社会道德原则和道德规范，凭借自己良好的道德修养调节自己的行为，协调人际关系，在个人利益与集体与他人利益发生矛盾时，他能够更多地从集体利益和他人利益方面考虑，使得人与人、人与群体关系更加趋于和谐美好，由此获得合群需要的满足。

还有许多人在确立自我完善价值理念时，侧重于利他行为是自我完善中不可或缺的重要内容去理解。他们认为成功是一个相对的概念，它的相对性在于，一是人对于成功的解读是不一样的，由于各人的价值取向不相同，从而导致他们追求的目标亦有着差异，从而在行为的起始阶段成功的概念就分道扬镳、百花齐放；二是这个世界成功的人永远是小众的，许多人非常努力，由于或先天条件欠缺，或努力失当，或缺少机遇，因而总是没有取得成功。然而在成功方面理性解读和实践探索的差异性，丝毫不影响人们在自我完善方面形成共识。只要认为人的最根本本质，就在于能理性地将利他作为自我完善的重要内核，并能根据自身条件帮助确有困难和确实需要的人，这是任何人都要确立的人生目标，将利他行为确认为人生必须，它并非一定需要成功作为基础，这样的认识更具有广泛意义，可以促使所有人将利他确认为重要的、必不可少的行为目标。

一个不断反思的人，常常会认识到自己在道德方面有着这样或那样的瑕疵，特别是和道德榜样相比较，差距较大，人的自我完善离不开道德方面的进步，因此不断践行道德行为使自己在道德方面永远处于进步的状态，这方面的动因理应得到肯定。

有些人有着因果报应的思想，为了避免惩罚，在道德方面努力去做，期待未来有一个好的回报，这样的理念有合理的成分，也有着一定的负面效应，对此应加以分析、研判。

人具有践行道德的内驱力，同时也有着违背道德的可能性。外在惩罚力就是个体预期不道德行为会遭到社会的谴责、惩罚，即恶行会得到恶报，源于这种压力所获得的外在道德驱动力。外在惩罚作为一种强大的外部压力，迫使行为主体在道德生活中，不得不慎重考虑自己的行为选择及由此产生的物质和精神利益得失，并基于这一后果的考虑而选择善行。外在惩罚力尤其对那些内在道德动因层次较低的个体具有必要性。"善恶报应的实现将有助于道德信仰的确立和道德的履行。"①

在这个世界上，有谁能永远站在道德高地呢？恐怕很难有答案。每个人都会犯错，而且会不断犯错，有些错是有意而为之，有些错是能力所不能及，有些错是客观原因占主体，无论何种情况，行为人对行为后果有清晰的、正确的认识，并试图通过自己的行为加以矫正，对此必须总体上加以肯定。

有些人有着避免惩罚的动因，但起点并不是建立在已经有了错误的前提之上，而是有着强烈的因果报应理念，认为多做好事就一定会得到好的报应，就会有好的结果。我们看重的是因果报应积极的一面，它可以促进人们不断地向上和向善。古典伦理学家坚信幸福与道德的一致性。② 问题的关键在于，因果报应的"果"应该是何内容？关于道德的讨论，有两条红线不能触碰，更不能逾越，即人的尊严和社会的公平。"吃小亏占大便

---

① 孙长虹：《善恶报应与道德信仰的确立》，《华中科技大学学报（社会科学版）》2014 年第 6 期。

② 包利民：《"幸福论伦理学"的张力与调适——以斯多亚伦理学为典例》，《道德与文明》2019 年第 4 期。

宜"式的因果报应，它有违社会的公正，必须坚决反对。然而，不能由此即把因果报应的正面效应全部丢弃，因为可能存在因果报应，从而自觉警惕恶的行为，从而积极开展善的行动，这是应该允许的。

对因果报应负面效应的克服，着力点应该放在对所有人行为的回报方面，必须厘清市场行为和道德行为的根本区别，等价交换是市场行为的重要法则，离开它，市场经济就会变形走样，道德行为的核心要义是利他，如果在道德行为中嵌入等价交换，甚至直接或间接鼓励投入小而产出大的行为，则利他就无从谈起，行为的道德属性将不复存在。如果深入讨论下去，还可发现对道德行为回馈是很困难的，也是颇具挑战性的。极端的状况是英雄流血又流泪，它从一个侧面反映了社会道德态势存在诸多问题，人们对此类现象非常不满，从而强调德者必须有所得，而且再多的得也是应该的。殊不知，事物走到极致往往会走到反面，给予德者太多的得，尤其是物质利益方面的得，一方面会使社会公平受到挑战，另一方面，它会诱使一些人用投机心态实施所谓的道德行为，期盼通过小的付出获取大的利益，这是必须引起足够重视的问题。

由此看来，避免惩罚的动因有值得肯定的地方，无论是自知犯了错以后的自我纠正，还是相信因果报应的存在，从而主动实施道德行为，都从客观上有利于产生更多的道德行为，至于影响社会公正的问题，这不是否定避免惩罚动因的理由，因为对道德行为的回馈，是社会方方面面的合力所成，对道德行为人而言，它是客观的，不是行为人的行为，而且，所有的道德行为都有回馈问题，对道德行为的回馈，不应该依据动因的差异有所差别，不应该回馈物质利益，这是社会公正的必需。如果有了这方面的保证，确认避免惩罚就具有自我完善的合理性。

总之，无论已经成功还是历经挫折，都可以把自我完善确认为精神追求，只要根据自身条件和可能，将利他行为作为行为的价值目标，自我完善这一道德动因就已经得到确立。

第五节　感恩回馈

人与动物的根本区别之一在于人的社会性。人类社会的成员之间只有守望相助、团结协作才能生存和发展，个体在生命历程中离不开他人的关心和帮助。这种来自他人的善意和行为会激发个体对于他人乃至整个社会的感恩之心。人们对于国家、民族、家乡的爱很大程度上来自对于生我养我的大地以及栖息于其上的同胞的感恩之心。人类社会是一个大的有机整体，在一个人和人之间充满和谐、友爱的社会里，感恩作为道德动因促使人们关心他人和回报社会。

感恩的前提是人与人之间互相帮助确实存在，随着市场经济体制的确立和信息社会的到来，现代社会人与人的互相影响愈来愈多，人与社会的联系愈发广泛，人与人之间的社会分工愈加鲜明。因为每个人都不是独立的存在，每个人都会在某一时间、某一场景之中处于弱势的状态，人在困难情况下受到的援助往往是刻骨铭心的，因为它是及时雨，相对于成功之后的祝贺，它更显重要和不易。它是非常容易触发人的善良情感的：他人对于我的无私帮助，让我终生难忘，同样是太阳底下生活的人，我在有了一定能力以后，理应向他人学习，努力帮助别人，这是许多人实施道德行为的重要动因。

对社会的认知，态度和价值取向是十分重要的，每个人都会遇到挫折，世界上任何人都不会永远处于顺境之中，时不时会有这样或那样的事情纷扰你的心情，让你泄气、让你烦恼，这个世界也不会永远乌云密布，快乐的事情也会不断来到，总有一些意外之喜降临。一个人是生活在烦恼的氛围之中，还是被幸福所包围，常常不仅仅是他做了什么，或者是遇到了什么境况，更为重要的是哪些遭遇影响深刻，长久地在心中徘徊，哪些感觉容易随着时间的推移慢慢隐去。常常说德性是需要孕育的，它包括提醒和告诫自己，应该忘掉什么，应该记住什么，当然社会也应该有鲜明的导向，应该不断提醒公众，快乐的源泉是自己的心灵和作为，每个人的正能量愈来愈多，全社会的正能量才会水涨船高。

回馈的基础是感恩，感恩的首要条件是记住他人对自己的帮助，把感恩回馈作为道德动因的重要内涵加以肯定，就从一个侧面助推人们记住他人的道德行为。这类记忆是很美丽的，它会让人感受人间的温暖，领悟到世界是互助的，自己无论处于何处，都有人在关注和支持，自己从来都不是孤立的。记住他人的好，就会对生活和世界充满着美好的回忆，就会对未来抱有憧憬和希望，就会生活在乐观的氛围之中。人生是短暂的，困难是客观存在的，人非常容易被坏情绪所裹挟，养成记住他人给予帮助的习惯，一定是不断消减负面情绪的重要因素。

回馈并不要求一一对应式的，是指常怀有一颗感恩的心，用自己的能力去回馈他人与社会。我们提倡的回馈是广义的，不是仅仅主张对曾经帮助过自己的人给予帮助，必须让所有人感受到帮助他人的必需，从而逐步形成帮助他人的习惯。如果仅仅是一一对应的互相帮助，固然是一种好现象，然而它有一定的局限性，利他的崇高与广泛没有得到真正体现。只有在感恩的启发下，力所能及地帮助真正需要帮助的人，这样爱心就得到升华，感恩的价值就得到提升。

一个感恩的人一定是心中充满正能量的人，肯定是一个善良的人，还是一个心态良好的人，因为感恩他人与社会就会懂得自己在社会上并不孤立无援，自己通过回馈他人与社会情感上不断得到升华，真正体察到爱心的温暖，这是每个人精神生活的必需。

总之，感恩的境界和历程不仅能给人以精神力量，而且全社会通过所有人的感恩回馈会形成浓烈的道德氛围，因此将感恩回馈列入道德动因的内容是非常有助于社会和谐与进步的。

第六节　幸福追求

"幸福"概念在康德哲学体系中起着重要的枢纽作用。康德把"幸福"理解为习惯性的感性欲望，即偏好在广度、深度和绵延上的满足，同时幸福又取决于人在同类中所拥有的优势，因而谋求幸福靠的是能够认识自然且改造自然，并在同类中竞争以谋取优势的理论理性。① 每个人对幸福的理解是各不相同的，这也是社会丰富多彩的根本由来，我们期盼每个人的幸福追求内涵之中有着道德动因的内容，即希望通过实施道德行为得到幸福的愉悦感。

我们在关于道德动因类别的讨论中，幸福追求是唯一将动因寄托在行为效果方面的类别，对于其合理性应该从动因、行为、行为效果等三者关系展开讨论。

在动因、行为、行为效果三者关系中，动因是逻辑起点，行为是根本内容，效果是行为产生的反应，三者环环相扣，形成一个有机的整体。任何行为必有其动因，也会产生效果，期盼道德行为的效果可以作为道德动因加以研究。我们把期盼一定的道德行为效果作为动因必须将效果限定在一定范围内，以期不让道德行为变形走样，第一，不能将所有追求物质效应的行为归入道德动因；第二，不能期盼以损害他人的利益为目的。只要注意到这两个问题，将道德行为效应和道德动因联系起来考量就有了可能。

幸福追求是实施道德行为以后的精神期盼，是精神层面的快乐与自豪，它不会产生物质方面资源配置不公平的问题，也不会因为自己的幸福程度增加就剥夺了他人感受幸福的机会，精神力量和物质资源是有本

---

① 李秋零：《康德论幸福》，《宗教与哲学》2018 年第 7 期。

质区别的，精神力量可以在碰撞、交融中放大，可以在互相影响中"增值"，因此，通过实施道德行为追求幸福不会影响社会公正，不会损害他人利益。将幸福追求视为道德动因，前提和基础是实施道德行为，幸福追求是实施道德行为的结果，这方面的逻辑关系不能颠倒，如果将幸福追求的行为确认为道德行为，这近乎是功利主义的理论主张，由于个人在幸福追求解读方面的差异性，会让道德行为步入道德相对主义轨道，一万个人就有着一万个道德定位和主张，关于道德的讨论将陷入纷争的态势。我们提出将幸福追求列入道德动因类别，首先确认的是道德行为的本质。

将幸福追求列入道德动因就会给道德行为以强大的动力，从而逐渐形成道德自觉，这符合中国传统文化中将"德"与"得"关联的思想，好人有好报是传统文化的朴素表达，古代社会强调个人美德，现代社会更重视公民道德。公民道德很大程度上是底线伦理，其维系离不开制度安排，必然包括对不道德行为的惩罚，对践行道德行为的愉悦充分肯定。

马克思主义的道德观认为，道德生成的基础是人们实际的经济关系，作为一种思想上层建筑是为一定的经济基础服务的。[1] 利他和利己既有着同步的状况，更多的情况是两者有着张力，这种张力需要每个人作出判断和选择，不能要求每个人在每个时刻都实施完全利他抛弃利己的行为，因为，利他行为一定是建立在自愿基础之上的，肯定幸福追求，有利于人们处理好利他与利己的关系。

总之，将幸福追求作为一方面的道德动因加以研究和肯定，不会影响社会公正，不会损害他人利益，只会促进更多的人形成道德动因自觉，不断践行道德行为。

---

[1]　林剑：《西方德性与幸福关系之辩及其当代启示》，《安徽师范大学学报（人文社会科学版）》2018 年第 4 期。

第七节　启示：信念坚定与其他动因是
"纲"与"目"的关系

　　道德行为的可贵之处在于，它是人自觉牺牲自身利益基础上的利他行为，这是完全不同于利己行为的内容，因此所有的道德动因都离不开信念坚定这个"总纲"，充分肯定所有道德行为的源起是信念坚定，就会将利他行为和利己行为区分开来，促进人们形成道德自觉。

　　然而将信念坚定作为唯一的道德动因加以肯定，不深入探究道德动因的细化与分类，这是与丰富复杂的道德动因实际不相符的，实施道德行为的人们除了具有信念坚定的共性动因外，他们会依据自身条件与可能，根据客观现实逐渐形成具体的道德动因。不对多类别的具体的道德动因加以剖析，激励道德动因多元的形成就会成为一句空话。正是出于这样的考量，我们从多个维度对道德动因加以分析和推敲，力图使所有人都能在道德动因方面引发共鸣、激励生成。只要把握住弘扬社会公平正义与人的自由尊严这个总原则，在此基础上强调道德行为的回馈只能以精神激励为主，就能防止因为道德动因泛化而生成"形是实非"的所谓道德动因。对于各个类别的道德动因最大程度地加以肯定才能促进道德繁荣局面的形成。

第 八 章

展现道德动因多元力量的探索

　　对道德动因多元的确认，是为了让所有人都能在道德动因体系中，寻求到自己的"同频共振"，从而催生丰富多彩的道德行为。在全社会逐步形成道德动因多元共识、展现道德动因多元力量的路径是多样的，其中三个方面是至关重要的：

　　一是在动因求真方面认真研究。因为道德动因深藏于人们的心中，仅凭他自己的阐述，或他人的揣摩，往往难以捕捉到真实的道德动因。必须通过强调动因的真实性和正确性，促使在道德动因多元方面形成广泛共识。

　　二是在德育求效方面加强探讨。道德教育既是中国道德传统的重要内核，又是思想政治教育的重要内容，道德教育的过程必然是确认道德动因的过程，由于历史积淀和现实影响，我们的道德教育往往流于形式，注重效果有时成了一句口号，并未落实到道德教育的方方面面，而没有效果的道德教育一定不是好的道德教育，只能起到事倍功半的效果。

　　三是在规范求准方面着力剖析。因为规范是刚性的，它通过导引道德行为，通过制约不道德行为，间接给出了道德动因多元的可能与内容。

第一节　以动因求真促进道德动因多元的形成

　　在现实社会条件下，如何让深藏于人内心多元的道德动因充分发挥作用，动因求真是其中重要的内容。对道德动因的所有讨论，都应该建立在真实反映道德动因的基础之上，这是对动因求真的首要理解，动因求真的内涵不仅仅是这个问题，它还包括关于动因正确的讨论，这两者都是动因求真的内容，它们是交织在一起的问题。一些本应该得到肯定的道德动因，由于各种原因没有得到广泛认同；一些带有功利性的动因常常用道德动因加以"包装"。从而形成在确认道德动因的各个环节之中，真实性与准确性同时受到挑战。因此，非常有必要将这两个问题逐步厘清。

动因真实的辨认较之行为真实的确认要困难许多，动因隐蔽在人的头脑之中，即便在脑科学有了长足进步的今天，人在思考什么，仍然是任何仪器都无法测量的，而行动完全不同，它实实在在地表现在人们的面前，人们容易了解其性质、效果等各个方面。这样的判断，是否就意味着道德问题的讨论，只能倚重行为而无法剖析动因？答案是否定的。只有了解真实的动因才能对行为的道德属性作出判断，动因方面的正确性是行为正确的至关重要的保证。动因研究是困难的，但不是不可捉摸的，可以通过动因、行为与效应综合考虑，明晰动因的"真"，由于其对于道德建设具有重要意义，因而必须克服困难加强研究。

对道德动因多元肯定还是否定的研究，必须建立在动因真实的基础之上，否则，南辕北辙的结论是必然的，在现实生活中，诸多因素决定了与道德关联的行为动因有着不真实的一面。

道德行为的"得"是一个很复杂的问题，失之过宽和要求过严都存在缺憾，关于道德动因真实的问题，常常表现在要求过严方面，不让道德行为者有所得，即便是快乐等内心感受都不能与道德行为联系起来，这样纯而又纯的决定会使道德崇高充分体现，社会公正也不会因为道德的相关问题受到伤害，只是道德行为由此而变得非常狭窄，它让动因真实问题时常受到干扰。

通过对道德榜样动因的求真，我们可以感受道德动因求真的重要。在人类文明发展的长河中，总有一些人必须站在前面引路，人类社会需要引路者和开拓者。对于道德来说，应该需要英雄、需要道德精英和模范来示范引领。① 道德榜样的真实性是至关重要的，真实性是典型产生力量的基石。然而，当下典型行为失真的现象却时有发生，究其原因，主要是社会功利性过强所致，它有着各个方面的表现。就行为人而言，如果从满足虚荣的愿望出发，那么，往往会从源头让所谓的典型事迹失真。就发现和宣传典型的环节而言，如果片面追求轰动效应，典型的事迹就容易变形走样。典型失真的负面效应是巨大的，它使人们对典型的意义产生怀疑，进而怀疑自觉牺牲自身利益的利他行为大量存在的可能性，使道德教育蒙上阴影。另一种不真实的状况和带有善意的拔高性质的道德动因走样不同，他们在实施利他行为之前，就已经有了完整的构想，在市场经济条件下，他们企图通过小的利他付出获得大的利己收获，这是一种隐藏的商业行为，"道德行为"有时成为个别人获取自身利益的工具，他们的动因一定会用非诚信的方式加以表达，以掩盖他们真实的价值追求。当事者对此是心知肚明的，是明知错而仍精心谋划的，所以他们必然会隐藏动因、编造动因，在动因方面的弄虚作假危害巨大，它彻底颠覆了道德行为的原意、内核以及效应，它让道德行为变形走样，使社会不公正状况有所蔓延和加剧，必须加以警惕和揭露。

由于道德动因方面存在不真实的现象，人们对是否需要研究、考虑动因产生了怀疑，甚至认为只有行为才是鉴别是否具有道德属性的唯一倚重，所有道德动因的追问，只会给别有用心的人以可乘之机，或者是给道德行为考量添乱。问题在于，道德动因是道德行为的源泉，两者是无法割断的。对所有的道德行为和动因的关系而言，社会均存在发现道德行为之

---

① 万俊人：《传统美德伦理的当代境遇与意义》，《南京大学学报（哲学·人文科学·社会科学）》2017 年第 3 期。

后追问动因的浓郁氛围。个中缘由，一方面来自宣传的需要，挖掘行为动因是报道具有深度的重要方式；另一方面是理论研究的需要，动因、行为效果均是研究道德问题中必不可少的内容。探究道德动因是必需的，我们不能因噎废食，对道德动因的探索与研究，是道德行为丰富的基础性内容，必须得到强化。

试图回避道德动因的研究，并以此作为消减不真实道德动因负面效应的方法，是难以收到较好效果的。道德动因应该是多元的，还是纯粹或是泛化的，所有的讨论均应建立在道德动因真实的基础之上。

道德动因是否为正确的，由此引发的行为是否为道德行为是最为重要的鉴别，这样的认识和实践非常有助于排除"伪装"的道德动因，亦有利于从源头保证道德动因不是纯粹或泛化的。只要充分肯定自觉牺牲自我利益的利他行为一定有着多种形式的表现，只要对道德行为回报有着科学的认识与实践，就能描绘出道德行为的基本框架，由此亦能得出道德动因多元的正确结论。

必须逐步克服在道德动因方面的至高无上要求和没有要求的状况，让实施道德行为的人们敢于说出自己的真实动因，让试图利用实施利他行为后获取更多自身利益的人无空子可钻，道德动因才能逐步走向真实。具体来讲，讨论自觉牺牲自身利益的利他行为效应非常重要，所有的效应只要不触碰社会公正和人的自由、尊严的红线，都是应该大力提倡的，这类行为的背后动因必然是多维的，它们总体上都应该受到呵护，应该得到尊重，最起码可以作为话题进行讨论。这样的氛围是十分重要的，它会促进人们在道德动因方面讲真话，会要求有关方面宣传道德典型时在动因方面不拔高，会提醒所有的社会公众，对道德动因的苛求和放任，均是不妥的，它无助于道德的崇高，也不利于道德氛围的浓郁，只能让更多的人把动因隐藏起来。我们必须守住社会公正和人的自由、尊严的底线，让借利他行为谋求更多利益的企图落空，在此基础上充分挖掘、鼓励更多的道德动因，通过更多人的道德动因真实表达，影响和激励广大公众产生丰富的道德动因，从而使社会的道德行为愈发多起来。

第二节　以德育求效孕育道德动因多元的氛围

人们形成道德动因需要人性中正义与善的情感和品质，还需要在长期社会活动中受到教育、得到启发，道德教育涉及社会方方面面，我们主要围绕榜样教育展开讨论。将道德教育的讨论聚焦在榜样教育方面，主要出于以下几方面的考虑：一是道德教育的内容十分宽泛，它包括道德教育内容、场景、方法、效果等各个方面，党和国家十分注重道德教育，道德教育渗透到社会的每一个角落，全面涉猎必然是泛泛而谈的，容易挂一漏万，难以深刻把握。二是榜样教育是中华传统文化的重要内涵，是中国道德教育的重要内核，是思想政治教育的重要方法，道德教育的方方面面均有榜样教育出场，我们通过对榜样教育的剖析，能够举一反三，了解道德教育的基本状况，明晰德育求效与孕育道德动因多元方面的关系。

当下的榜样教育成绩是主要的，榜样教育的影响是巨大的，让榜样教育进一步发挥作用需要克服道德苛求与道德放任两方面的问题，道德放任的矫正主要依赖于社会规范的刚性约束，道德苛求方面存在的问题更多一些，我们对此展开重点讨论。

如果把道德榜样视为圣人理论的当代实践，对道德榜样的道德苛求要求就有了理论基础。按照圣人理论，道德榜样就应该是完美无缺的。事实上，"榜样是现实的榜样，是活生生的榜样，是富有立体感的榜样，而不是完美无缺的'圣人''君子'。"① 如果说圣人理念是间接为道德苛求奠定

---

① 王慧、李啸、姜淑颖：《学校道德教育中的榜样教育》，《政工研究动态》2009 年第 5 期。

了基础，那么"左"的观念，是直接推动道德苛求理念实施的原动力。"左"的观念促使把道德榜样塑造成完美无缺的高大典型。

道德榜样的孕育、产生、传播受到道德苛求理念的影响，人们渐渐地从怀疑道德苛求，到对此类宣传产生麻木，进而自觉或不自觉地部分认同道德苛求的理念。

随着时间的推移，中国和世界都发生了深刻的变化。现代社会的人格追求，应趋向于具有现代形态的君子与广义公民的统一，其具体的内涵则体现为合格的现代社会成员与理想的道德人格之间的交融。[①] 目前，社会存在着功利过度、诚信欠缺、质疑过度等现象，这些现象，从一个侧面强化了道德苛求的理念和实践。

改革开放以来，"左"的观念对道德榜样的影响逐步削弱。然而，市场经济的重要法则——通过竞争配置资源，正在不断地展现其力量，人们重视功利的意识逐步放大，突出表现是为达到功利目的，可以将诚信置之度外。社会缺乏诚信的现象已渗透到每个角落，人们对此产生警觉，从而对社会现象普遍有了怀疑甚至质疑。

对待道德榜样，人们同样有了自己的认识和判断，他们的行为如宣传的一般吗？他们能一贯做好事吗？他们能在各个方面都做好事吗？他们的个人修养又如何呢？这些追问源于对社会严重缺乏诚信的警惕和反思，逐渐地演变成道德苛求新的思想基础。一开始人们也清楚，对道德榜样的苛求是不恰当的，但是，因为社会缺乏诚信，必然形成怀疑优先，对待道德榜样也不例外。目前社会上确实存在这样的现象，由怀疑道德榜样的真实性而逐渐引发对其要求过高，进而使道德苛求逐渐演变为对道德榜样的必然要求。

网络媒体的风起云涌，使质疑之声瞬间以几何级数增长，质疑是一把双刃剑，它可以让社会充满思考，有利于社会运作透明、民主、公开，然

---

① 杨国荣：《君子人格：历史内涵与现代意义》，《江汉论坛》2020 年第 5 期。

而，过度质疑就会发展成怀疑一切、混淆是非。对道德榜样的过度质疑，突出表现即为对榜样的道德苛求。

总之，传统文化的负面影响仍有市场，"左"的观念影响依然存在，它们对道德榜样会有着脱离现实的求全要求，由社会的过度功利带来的缺乏诚信，会转而造成对道德榜样的苛求。这一些因素的综合，形成了对道德榜样的苛求。

初看起来，道德苛求的要求仅仅是对榜样的标准有些严苛，似乎对道德建设并无大碍，甚至还有助于把一些事迹并不十分突出的人物挡在榜样的群体之外，它只会让榜样更具神圣感，这种观点是偏颇的。

道德苛求的理念认为榜样应该在时间跨度上自始至终实施道德行为，应该在各个类别的道德行为方面均有所建树，应该在自身的人格、品格、素养等诸方面是完美的。在社会转型的今天，这种严苛与当今社会的道德现实不符，它既不利于去除种种不道德的行为，更不利于发现、扶持、引导社会的道德行为。

也许会有这样的议论，社会固然需要全体成员实施道德行为，但是榜样必然是其中的典范，对榜样要求严苛会使榜样更具说服力，从而提升榜样的影响力。对榜样求真、适度从严并没有错，确实有助于展现榜样的力量。然而，适度从严与道德苛求，是全然不同的概念。现在的情况是，几乎所有的榜样出现在人们的面前时，总有这样那样的声音，提出各种疑问，追问其动因，打探其品行，了解其工作、学习、生活和各个方面，质疑其道德行为的持久性，这些刨根究底式的疑惑，常常使道德榜样无所适从。

常言道"金无足赤，人无完人"，这既生动，又富有哲理。"由于人的发展受各种主客观条件的制约，榜样也不可能拥有全部优秀品质，完人榜样只能出现在超现实的文学作品中或影视屏幕上。"① 任何人实施道德行为

---

① 申来津:《有关榜样的理论思考》,《学校党建与思想教育》2009 年第 7 期。

都有其动因和主客观条件。在市场经济条件下，遵循市场规则，获取劳动报酬，改善自己的生活状况，是天经地义的。如果要求一个人一辈子只想着别人，只做好事，不断地付出，要求人们把可能做的好事全部做遍，只能是把榜样局限和缩小在最小范围内，难免曲高和寡，把榜样和广大社会成员割裂开来。其结果，必然使榜样人格及其行为远离大多数社会成员的日常生活实践。这样做，并不有利于社会道德氛围的形成。

对榜样的过分苛求，会从一个侧面促成在榜样的选树、传播等诸方面，刻意夸大榜样行为的动因，人为拔高榜样的事迹，用一大堆形容词描绘榜样的行为。当今社会，以网络为代表的新兴媒体的作用日趋强大，人们独立思考和分析批判能力日渐增强，对任何现象求真、求实的要求已成为分析问题的首要，因此，任何拔高榜样迎合道德苛求的做法，都不会有好的效果。正确的做法是，认清道德苛求的弊端和不可能性，逐步消减道德苛求的负面影响，用求实的精神、朴实的风格、平实的语言展现榜样形象。对榜样有道德苛求意识的人们常常忘记了这样的常识，每个鲜活的人，都有其生动、具体、独特的性格和气质，无论是外向型还是内敛型的人，都有可能成为道德榜样，硬要把榜样的性格和气质局限在某一范围之内，在日常生活中不能越雷池半步，是不妥当的。

学习榜样的真正意义在于，通过全社会成员对榜样事迹的认同、敬佩和模仿，让社会的道德行为蔚然成风。"道德伦理的本性首先是示范而不是规范。因此，在日常生活和道德实践中，不是森严普效的道德律令、规条，而是一个个具体的、活灵活现的道德感动，在引导、激发着去做好人、做好事。"① 然而，道德苛求会消减社会成员学习榜样、实施道德行为的动力。因为有道德苛求，榜样必须是至高无上、完美无缺的，也是社会绝大多数成员所不能做到的，既然做不到，何必还不断去追求呢？这方面

---

① 王庆节：《道德感动与伦理意识的起点》，《哲学研究》2010 年第 10 期。

的连锁反应、影响是巨大的，有时会感到榜样和社会成员之间存在隔膜，有时会感觉榜样缺少基础和呼应，原因固然有多个方面，对榜样的道德苛求是其中的重要原因。

道德的伟大和力量在于实施道德行为的自愿性、利他性、非功利性。榜样应该是实施道德行为的代表和典范，即他们自愿而非被强求地去做，本质上有利于他人和社会而不是有利于自己，不求功利只为善意的表达和精神的充实，对社会和他自身而言是多么有意义。榜样也是有血有肉、有性格、有特点的人群，如果对其要求过于严苛，让他们在做好事前就有充分的思想准备和完全想透，必须磨掉自身性格棱角，时时刻刻做好事，并把各个类别的好事做个遍。这样的要求，只能让已经是榜样的人群感到惶恐和不安，唯恐言行出格而玷污了榜样形象。对于一些榜样的雏形，常常会因为社会各方面对榜样的严苛要求望而却步。"人的尊严实现是社会基本成员千百年来的最基本精神需求。"① 榜样及其雏形同普通人一样，需要别人关心和理解，如果缺少尊重，必然会带来榜样队伍的减少，如果缺失方方面面的典型，必然会直接削弱榜样教育的力量，也会影响全社会道德氛围的形成。

道德苛求，是对榜样的全方位挑剔。它的表现有显现的一面，但是更多的是以隐性的方式出现的。所谓隐性，是指社会成员在选树榜样、传播榜样、学习榜样等诸方面，用各种方式表达对榜样的严苛要求，有些并不是直接提出道德苛求的问题，而是通过对榜样评头品足，从各个角度挑出毛病，表现出不放心、不信任、不尊重的态势，他们一般不会全面地对榜样进行度量和要求，往往会就其一点做文章。例如，对榜样的事迹外行为进行评价，认为道德行为不够一致和连贯。对榜样能否在其他方面实施道

---

① 龚群：《论人的尊严与社会主义核心价值体系的内在关系》，《教学与研究》2010 年第9 期。

德行为存有疑虑，如果他因为以见义勇为的出色表现成为榜样，那么，他在敬业奉献等方面做得如何呢？如此等等，挑剔的问题有许许多多。

对道德苛求的纠正，应该围绕理性研究和实践探索两个维度展开。对榜样的选树、传播和评价，只有从理论上把问题讲清楚，哪些是应该坚持的，哪些是不妥当的，才能让大家对道德苛求的理念有所警惕。只有从实践方面不断地探索，明白地告诉大家，哪些是正确的做法，哪些做法有着道德苛求的印记，必须防止和加以纠正，才能使大家逐步对道德榜样形成恰当的认识和评价，进而消解道德苛求的影响。

如何克服榜样教育存在的一些不足，使人们真正感知道德榜样的力量，是值得深思和探究的问题。显然，影响榜样力量展现的原因是多方面的，泛泛而谈榜样的选树存在拔高的现象，榜样的传播存在失真的现象，榜样的学习存在重造势、轻效果的现象，它只是触及了榜样教育存在问题的表象，若想真正推动榜样教育的改进，唯有分类别厘清榜样教育存在问题的深层原因，寻求合理的解决途径。

对提高榜样教育作用的追问应该是多维度的，剖析人们对榜样的行为期盼和要求是重要的内涵，道德苛求是对榜样行为期盼过高的理论预设。

人无完人是古已有之的共识，大家对此并不陌生。那么，为什么道德苛求还有着一定的市场，社会还时常产生消减道德榜样的力量呢，分析道德苛求的由来，就可以发现，道德苛求的概念有时是模糊的，甚至是大概的；它的作用的产生，常常是间接的；它的形成原因是多样的，既有历史的积淀，也体现着时代的印记。正是问题的复杂性，造成了道德苛求对道德榜样作用的消减。分析其产生的缘由，可以从源头看清道德苛求的负面影响。

从传统文化中探寻道德苛求的印记。毋庸讳言，博大的传统文化除了精华的一面外，还有一些负面的积淀。有些认识和观点，既有其正确的内涵和理解，也有其偏颇的内容。传统文化的精华和糟粕往往错综复杂地纠结在一起，需要理性辨别和对待。

道德榜样之所以成为道德榜样，是他在道德行为方面有着一份坚持和勇敢，这种行为是社会秩序良性建构所必需的，是大多数社会公众还未真正做到的。因此，考量道德榜样，只能从三个维度出发。第一，行为的真实性；第二，行为的利他性；第三，行为的不易性。"道德榜样之所以叫人感动，使人感佩，令人感怀，主要原因不在于他们人格中的其他成分，如智慧、能力、知识、思维、形象、身份等，而在于他们的道德人格。"[①]关于道德榜样的其他表现，他只要遵纪守法即可，至于道德榜样的性格、气质等，更不应该过多地加以评头品足。

在选树榜样、传播榜样、学习榜样等诸方面，应切实防止和纠正道德苛求理念的影响。有一个好制度的涵养，道德风险就会大大降低，整个社会都受益。[②]在选树道德榜样方面，人们的目光聚焦在寻找道德完人，还是寻求在道德的某一方面有着突出事迹的榜样，这是对道德苛求理念肯定还是否定的根本性回答。我们欣喜地看到，自从按五个层面选树道德模范以后，即选树在助人为乐、见义勇为、诚实守信、敬业奉献和孝老爱亲等方面作出突出贡献的人们作为道德榜样以来，它强有力地推动了人们从一个方面关注和肯定道德榜样，使人们对道德榜样的关注点集中到其在某一方面的突出表现上，收到了非常好的效果。

在选树道德榜样方面，应该坚持这样做。事实上，无论是评选全国道德模范，还是学习身边好人，都应该把关注点集中在榜样的某一方面的突出表现上，如果坚持多年不懈努力，就会逐步消减道德苛求理念的影响。

在传播道德榜样方面，有几个问题必须引起高度关注。

一是道德榜样事迹的传播，真实性是第一要务。任何对道德榜样行为

① 曾建平：《道德榜样与道德人格》，《武陵学刊》2011 年第 2 期。
② 田海平：《罗国杰与当代中国伦理学的正题法则——伦理道德与好制度的相互涵养与推行》，《吉首大学学报（社会科学版）》2016 年第 3 期。

失真的表达，都会引起许多关于道德榜样的猜疑和质疑，它会让道德苛求理念更有市场，从而削弱道德榜样的作用。

二是道德榜样事迹的传播，其关注重点应是道德行为本身。不能热衷于事迹外的花絮、插曲，不能为了吸引眼球，刻意探寻榜样的性格、气质方面的点点滴滴，从而使人们自觉或不自觉地用道德苛求的理念去衡量道德榜样。道德榜样事迹的传播，遣词造句务求平实。如果是一系列花哨的形容词的堆积，如果是对道德榜样形象的任意拔高，它只会让人们产生逆反心理，从而加深道德苛求理念的印记。

三是在学习道德榜样方面，应该有这样的认识：认同、感佩、模仿道德榜样，均是学习榜样宽泛内涵的题中之义。如果片面强调按道德榜样的行为去做，那么由于各方面的差异，社会公众的行为不可能完全和道德榜样的事迹合拍，进而使道德榜样远离社会公众，甚至让道德榜样和社会公众之间产生隔膜，会从一个方面强化和促成公众对道德榜样的过度质疑，它只会消减道德榜样的作用。事实上，广泛认同道德榜样的行为，是社会秩序良性建构的重要基础；普遍感佩道德榜样的行为，是社会风气向上的重要基础；以不同方式模仿道德榜样的行为，是社会道德氛围浓郁的重要基础。

四是社会和公众对道德行为者必须给予切实的关爱。一定要形成尊崇道德行为的浓烈氛围，对道德行为者给予各类别、各方面的精神激励，形成道德榜样无上荣光的良好氛围，让他们受到全社会的爱戴和尊崇，让践行道德行为者感受到无上荣光。

中国道德建设，有着丰富的、深厚的榜样教育传统。在新时代，榜样教育向着科学、规范、感人、真实等方向不断迈进，已收到很好的效果。道德建设永远在路上，当下，道德苛求理念仍以直接或间接的方式产生影响，它的由来有着传统的、"左"的、当代的等多方面的印记，它会消减道德榜样的作用，对此应有足够的认识，必须在选树、传播、学习道德榜样等各个环节，有针对性地减少道德苛求理念的影响，真正使道德榜样的作用不断提升。

必须将榜样教育与道德动因问题联系起来研究。榜样教育对道德动因多元的孕育和激励，可以从两个方面入手，一是确认道德榜样行为有着多个类别，每个类别的行为动因有着差异；二是同一类别的道德行为，道德榜样的具体情况不同，从而有着各异的动因。可以展开这方面的讨论，从中感受道德动因多元的合理性。

从道德榜样的类别考量，最具代表性的是道德模范的类别，从全国到各级的道德模范，经过多年的探索，已经形成了比较规范的类别，共有五个层面，分别是助人为乐、见义勇为、诚实守信、敬业奉献、孝老爱亲等，这是较为科学的分类，它经历了时间的考验，得到社会各方面的广泛认同，是社会各界智慧的结晶。在道德模范评选初期，敬业奉献原来的类别名称为爱岗敬业，对其作出微调，现在的表达更加反映了道德行为的特征，热爱自己的工作岗位，认真从事自己的工作，确实应该提倡，但是，爱岗敬业体现的利他是宏观、间接的，没有体现自觉牺牲自身利益这一道德行为的重要内核，道德模范是践行道德行为的杰出代表，其行为应该反映道德行为的高度，用爱岗敬业概括他们的事迹，其先进性是不够的，况且，在市场经济条件下，自主选择职业、一生从事多个职业是正常的择业观念，它不应该成为道德的对立面，所以，敬业奉献的类别名称更具有科学性。这五个类别，涵盖了社会道德行为的主要内容，它们之间的权重大致相当，内容方面也基本没有重复，体现了科学性，学习道德榜样，就能使社会道德力量逐步得到提升。

可以从道德模范五个类别与道德动因的关系中窥探道德动因的多元问题，从而逐步认同道德动因多元的必然，并形成强化道德动因多元实践的自觉。以助人为乐为例，它可以由责任意识触发，从全体公众的角度去理解，对困难群体的帮助，是每个人的使命与责任，从党员领导干部这个特殊群体去思考，党的宗旨、公务员的职责，都赋予了他们责任，必须尽最大努力，满腔热情地帮助他人。它可以由同情心理所致，所谓恻隐之心，讲的就是这个道理，看到他人有困难，自己心里很难受，通过自己的努力，别人得到了帮助，困难的境况有所改善，自己心里充满了快乐，这是应该大力提倡的。它可以由自我完善赋予，每个人都应该有所追求，应该有着丰富多样的价值取向，然而，任何人的价值取向之中，都应该包含帮助他人意愿和实践，唯有这样，人才能成为大写的人。它可以由感恩回馈触动，行为人自己在困难时受到他人的帮助，自己感受到人间和社会的温暖，对此自己铭记在心，当有了可能，自己必须向他人学习，努力帮助别人。它可以由避免惩罚带来，无论是自己以前犯过错现在试图通过帮助别人纠错，还是具有宗教色彩，期盼未来不受惩罚而帮助别人，都是有其合理成分的。就助人为乐行为的不同动因而言，它们均没有给社会不公正增添砝码，也没有有损他人尊严的必然，所以应该加以肯定。对其他类别的道德行为加以分析，同样可以得出同一类别道德行为可以由不同的道德动因生成的结论。

通过努力探索当下榜样教育的优点与不足，使我们对道德教育求效的重要性有了深切感受，榜样教育的效应提升，必须克服道德苛求的现象。通过分析榜样的类别，探寻各类别行为的动因，从而在一个方面明晰了确认道德动因多元是科学合理的，这样的分析，会使道德动因多元确认与实践具有说服力。

第三节　以规范求准提升道德动因多元的力量

道德建设一步也离不开社会规范，我们对道德问题的鉴别总是围绕社会规范展开，因为我们国家的社会规范经过数十年的发展，始终以人民幸福、国家昌盛为根本目标，越来越走向成熟。对社会问题和个人行为的导向与制约必须依赖社会规范的刚性力量。

社会规范的重要功能是促进全社会成员实施更广泛、更丰富的道德行为。全社会所有公民均实施道德行为是可能的。就人性本质而言，每个人均具有利己和利他的双重要素。因为人有着利己的一面，在市场中通过竞争配置资源才有了最宽泛的现实基础和可能。同时，还应看到，每个人身上均具有同情、善良、助人的基因，对困难群体、对他人的关爱是人类的灿烂光辉所在，这是关于巨大灾害面前，几乎所有人均伸出援助和扶持之手的最好注解。任何人只有通过道德修养而不是什么别的方式或别的修养，才能形成正义感和同情心。道德修养的基本内容和环节，就是先掌握尽可能多的约定俗成的道德规范，再设法理解成立和遵守这些道德规范的道理所在，最后将这些已经理解了的东西逐渐巩固成自己的道德信念并坚定不移地运用于自己的一切实践活动，既包括在实践中遵守这些规范，以使自己只做益事而不做害事，也包括根据这些规范在社会中扬善抑恶，以维护社会公正。①

我们提倡法治社会，法治社会的重要标识是社会规范体系完整、坚强有力。道德建设一刻也离不开社会规范的强有力支撑。社会上存在许许多多怀疑甚至否定道德动因多元的认识和行为，它使道德动因多元受到很多挫折，一定要正视这些问题，将其影响力逐步消减，理直气壮地确认道德动因多元。正确的道德动因多元认识，一定不赞成道德动因纯粹，也不同意道德动因泛化主张，一定是鼓励道德动因多元的。如何通过科学、说理的方法，使道德动因多元的挫折逐步减少呢？重要的途径就是推行道德动因多元的规范建设。

由于道德行为具有非刚性的特点，因而关于道德问题的规范建设，是

---

① 韩东屏：《求索善自由》，《武汉大学学报（哲学社会科学版）》2020 年第 2 期。

需要认真考虑刚性规范与柔性导引之间的张力的，这里讨论的规范，是宏观意义的，它不但包含了法律、制度的强制性内容，也包括社会方方面面的导向和约束，这是具有道德鲜明特色的规范，注重强制和导向的有机融合，就能使道德动因多元的理念化为实践。"作为观念的可普遍化的道德法则要成为具有现实化的伦理，必须把普遍化的法则转换成经济领域中的效率与公平原则、政治领域中的平等和正义原则、公共交往中的尊重与让予原则，在行动主体上具体化个体的道德义务和组织的道德责任。"① 总之，法治需要道德的滋养，否则就将成为僵化的外部强制。德治为法治提供道德正当性，并指引着法治的发展。同时，法治又为德治提供有力的保障，强化德治的效力。②

对道德建设而言，社会规范的重点不是规定哪些道德动因被准许，哪些道德动因不应该列入，这是因为道德动因深藏于人的内心深处，在动因未化作行为之前，动因的指向与力量是很难体现的，道德视域下社会规范行为的是与非，相对容易厘清，因为已将不道德行为、合道德行为、道德行为的主要标识做了明确阐述，因为道德行为的本质是模范践行社会规范，自觉牺牲自身利益基础上的利他，这些行为的规范与确认相对容易。问题在于，如何在行为效应中彰显社会公平正义和人的自由尊严，把貌似道德行为从道德行为中剔除，这是非常考验社会规范准确程度的。

传统的道德教育忽视了道德主体自身发展的阶段性，过高地人为抬高了道德理想的标杆。在市场经济条件下，由于竞争配置资源的存在，由于社会经济条件及人们所处环境的差异，人们的道德觉悟呈现出层次分化。在实践中不顾道德接受主体的层次性而过高地提出统一化的理想道德标准，是很难达到理想效果的。

---

① 晏辉：《建构与践行可普遍化的道德法则：可能性及其限度》，《湖北大学学报（哲学社会科学版）》2016 年第 1 期。

② 李建华：《论德治与法治的协同》，《湘湖论坛》2017 年第 5 期。

在道德发展的任何一个阶段，制度体制永远是促使道德发展的一个最基本的规范体系，也是道德发展的重要动力，因为制度性缺陷容易导致道德风险。"在社会利益关系多样、价值相对主义和虚无主义弥散的当代社会，道德冲突虽不可避免，但社会管理、法律与道德的共同规制与互济，能够缓解道德冲突的尖锐性或遏制衍生型道德冲突的泛滥。"①

通过制度安排改善道德力量供给方面，主要应做好两个方面的内容，首先要搞好外在激励力的供给，实现善有善报。社会要通过刚性规范等力量，倡导和弘扬利他与奉献精神，为社会公众提供广泛的自由选择空间，并且通过对道德高尚者给予适当奖励，从而强化人们的道德动力，教育并提高全民道德素质。应当建立良性的、循环的道德回报机制，使践行道德者都能得到公正的评价和回报，当然，回报的形式应该多种多样，也应该形成相应的制度，关键是守住公平、正义、自由、平等、尊严等方面的底线。其次是建立健全刚性道德惩罚制度，要搞好外在惩罚力的供给，使恶有恶报。社会要通过刚性规范的力量，对不道德的行为实施惩处，使败德者成为实实在在的吃亏者。外在惩罚力供给的特点是，一定的道德规范是每一个人必须做到、别无选择的选择，因此它对个体而言具有外在的客观性和强制性。对于恶行的惩罚，社会要诉诸制度安排和制度建设。奖惩分明的制度使社会对于德行的回报明晰化，对于败德行为的惩罚具体化。

就道德行为的确认方面，有许多问题有待商榷，有些问题和德与得密切关联，在这方面不到位和过了头都是欠妥的。前者容易走向道德动因纯粹，后者常常和道德动因泛化有联系，这方面的规范必不可少。

如果德者少得，例如，不主张甚至阻止道德行为实施者因此而快乐、幸福、有成就感，那么，这样的要求必然是不妥当的。在这方面，社会上有种种表现。社会上极个别人利用互联网等工具，以为自己的所作所为是

---

① 王淑芹：《现代性道德冲突与社会规制》，《哲学研究》2016 年第 4 期。

不为人知的，从而用诋毁的方式对待道德榜样，让英雄流血又流泪，这是绝不能允许的。社会上有的道德榜样因为见义勇为，导致身体致伤、致残，有的道德榜样为社会和他人付出了很多很多，自己的基本生活却难以得到保障，显然，这些实施杰出道德行为的人，他们的动因是和自身经济利益绝缘的，他们的事迹是惊天动地的，对他们给予各方面的帮助，避免他们流血又流泪，是必须做的事情。确认道德动因是多元的，是期盼社会不断产生更多的道德行为，它首先鼓励人们自觉做出重大牺牲的利他行为，确保他们生活无忧是最起码的底线，这样做，丝毫也不会影响社会公正和他人尊严问题，应该理直气壮地去做。我们欣喜地看到，社会上这方面的规范多起来了。许多地方出台了有关的规定，对道德榜样给予生活上帮助、政治上关心，收到很好的效果。

高扬榜样的力量，将其视为矫正市场经济负面效应的重要力量，这样的认识并不意味着全盘否定市场经济的有益内涵。就方法论的层面而言，市场经济的运行程序有诸多值得榜样教育参考的内容，市场经济强调规范性、注重公开性、激励自觉性，在选树、传播、学习榜样时应该借鉴。

选树榜样必须强调规范性，选树榜样前对程序的科学设计尤为重要，这是榜样教育的基础性工作。国家荣誉制度建设体现了程序的高度科学性，给人以启迪。2012年11月，党的十八大报告提出建立国家荣誉制度，由此开启了国家荣誉制度建设的实质性工作。党的十八届四中全会决定"制定国家勋章和国家荣誉称号法，表彰有突出贡献的杰出人士"[1]。2015年12月27日，十二届全国人大常委会第十八次会议通过了《中华人民共和国国家勋章和国家荣誉称号法》，这部关于国家勋章和国家荣誉称号的专门法律，将国家勋章的授予对象明确为"在中国特色社会主义建设和保

---

[1] 《中国共产党第十八届中央委员会第四次全体会议公报》，新华网，2014年10月。

卫国家中作出巨大贡献、建立卓越功勋的杰出人士"①。"2017 年 7 月 28 日，中央军委颁授'八一勋章'和授予荣誉称号仪式在北京八一大楼隆重举行，中央军委主席习近平给获得'八一勋章'的 10 位英模颁授勋章和证书。"②从提出设立国家荣誉制度的构想，到首次荣誉勋章的颁授，历时近 5 年。其间，关于颁授组织架构、对象条件、推荐方法等各方面，经过了反复的讨论，充分听取和吸收各方面意见，充分体现了科学性与规范性，"八一勋章"的颁授，在军队和全社会取得了非常好的反响。

只有在选树榜样前通盘考虑、反复论证，才能保证选树的榜样具有权威性和先进性，当绝大多数公众对选树的榜样真正心服口服时，榜样的感染力已经在逐步产生，榜样教育的效应也已开始体现。榜样教育是道德教育的重要内涵，道德行为具有自主性特质，对人内心产生影响，让人对他人的行为产生感动，一定是建立在说理、求真基础上的，强调选树榜样各个环节的科学性，强调榜样事迹的真实和不易，才会使榜样教育取得切实的效果。

目前无论何种类别选树榜样的活动，均有着共同的程序，在全社会将拟表彰人物公示，接受公众的监督，这是非常有必要的。市场经济使社会充满活力，诸多产业、行业兴起，一些产业、行业弱化，"互联网 +"属于蓬勃发展的领域，它对社会的方方面面实行全覆盖，它能让大众知晓所有人的言行，网络确实有放大、渲染甚至扭曲的状况，然而，只要加强组织甄别，是能给公众以事实真相的。榜样应该是自觉牺牲自身利益、切实做出利他行为的典范，其行为的感染力源于他人向往而自身难以达到其高度，源于他们言行一致和利他行为的坚持实施，源于对他人的高度尊重，源于不图物质回报的高尚品格。通过公示，尤其是在网络上公示以后，榜

---

① 《中华人民共和国国家勋章和国家荣誉法》，中国法制出版社 2016 年版。
② 《中央军委举行颁授"八一勋章"和授予荣誉称号仪式》，党建网，2017 年 7 月。

样候选人会受到严峻的考验，得到明确的回答。鼓励公众从榜样候选人公示开始即关注他们，既能保证榜样事迹经得起检验和推敲，又能潜移默化地促进公众对先进典型由认同走向学习。

市场经济条件下，榜样教育会受到各种各样的影响甚至干扰，必须认真思考、不断分析，该坚持的就应该旗帜鲜明地坚持，该调适的就应该坦然面对积极调适，唯有这样，才能使榜样教育经得起时间和历史的考验。

市场经济会让个别人把逐利当作行为的唯一动因，他们难以在竞争中取得成功，又时时期盼体现"存在感"，借助网络平台，不负责任乱发议论，是其共同的表现。网上曾出现大肆诬蔑、抹黑英雄烈士的现象，究其动因，一是不计方式地宣泄自身对社会的不满，将脏水泼向英雄烈士，以满足自己畸形的心态；二是不分对象、不计后果，以制造轰动效应为唯一目的，抱着只要能引发热议，手段是可以不考虑的，受到谴责也无所谓的心态实施行为；三是期盼通过不正当甚至恶劣的手段换取点击量，从而达到快速赚大钱的目的。无论是何种动因，都是极其自私和卑劣的，为何又能公然实施呢？主要是网络的虚拟性，给了这些人以侥幸的心理，误认为给英雄烈士泼脏水，不会知道我是谁，不会受到严厉的惩治，这些问题的综合，促成了个别人随意对英雄烈士恶意攻击。在这方面，软弱、后退是没有出路的，无动于衷会让相关话题以假乱真，会让榜样形象受到损害，从而严重影响榜样教育的效果。

我们是在市场经济条件下考量道德问题，只要规范稍有疏漏即会有人乘机获取私利，道德不是借口获取私利的"法外之地"，如果社会规范允许自觉牺牲自身利益的利他行为可以获取物质回报，这必然会有人产生"吃小亏占大便宜"的动因，"道德行为"会成为投入与产出考量的一种行为，我们不能把"德得呼应"无限放大，而使社会公平正义受到损害。

制订刚性的法规并切实执行，是制止此类事情蔓延的最根本、最基础的途径。党和政府对此已有着高度的警惕和警醒，并旗帜鲜明地开展了相应工作。2018 年 4 月 27 日，第十三届全国人大常务委员会第二次会议通过了《中华人民共和国英雄烈士保护法》，该法第二十二条明确规定："禁止歪曲、丑化、亵渎、否定英雄烈士事迹和精神。"[1] 应该看到，《中华人民共和国英雄烈士保护法》实施以来，给英雄烈士泼脏水的现象大为减少，英雄烈士的尊严得到维护，他们的崇高得到体现，榜样教育的氛围进一步浓郁。

规范是一把双刃剑，好的规范，能够促进道德动因既是多元的，又是正确的。不妥的规范，试图通过肯定更多的道德动因，以达到产生更多的道德行为的目的，然而，却往往收到相反的效果。

如果试图通过一味给德者多得激励更多的道德动因，进而产生更多的道德行为，也许出发点是好的，然而，效果却值得认真推敲，它往往会影响社会公正与伤害人的尊严。

有些地方为了鼓励公众实施道德行为，采取了物质激励的办法，将每位公众的利他行为量化成积分，这些积分可以起到类似货币的作用，可以用积分兑换商品。这样做，粗看很新颖，似乎效果会非常明显，然而，仔细推敲，就会发现问题。一是这类利他行为是否有自觉牺牲自身利益为基础，如果没有，则不能归入道德行为加以讨论，如果只是合道德行为，其要求、激励、规约等内容和道德行为是有着本质上的差异的，它也不是这里讨论的问题。二是激励公众为了积分背后的商品去实施行为，这是道德动因，还是投入后期盼产出的商业动因呢？恐怕难以完全排除后者的因素。综上，肯定道德动因多元不是指谄德动因多多益善，肯定的道德动因，一定是促发道德行为的动因，动因泛化不是目标。

有些行为，也确实付出了真金白银。然而，行为人或相关活动组织者会对被资助者提出一些十分苛刻的要求，或要求他们公开隐私，或苛

---

[1] 《中华人民共和国英雄烈士保护法》，新华网，2018 年 4 月。

求他们的消费，或对他们的行为作出不合理的规约。总之，被资助者内心受到了伤害。这类行为的动因，也许出发点是好的，是期盼被资助者懂感恩、知努力、晓回报，资助者也许有着这样的想法，你接受了我的馈赠，我就有了对你指手画脚的权利，他们期盼在约束他人中找到快感。无论是怎样的动因，这样的要求都会给被捐助者带来深深的伤害，它已经将一些道德行为改变了属性。这些行为的动因负面效应明显，它会让被资助者感受到委屈，会认为由于经济方面处于弱势，从而要受人摆布，只能吞下屈辱的苦果，如果认识上有所偏激，会破坏他们心中原有的对道德行为的美好形象，对他们的道德动因产生打击。所幸的是，无数类似的状况不断告诉大家，经济问题和道德问题是两个不同的概念，其运行方式、规范要求均是不一样的，道德行为不适合等价交换的原则，利他、自主、公正、尊严等才是其关键词。这样的规范在人们心中、在社会舆论之中逐步得到建立。

可喜的是，人们对竞争配置资源极为需要公正性原则的认识逐步加深，对"吃小亏占大便宜"式的所谓捐助已经有所警惕，大家已经明白了这样的道理，对道德行为给予物质回报是有风险的，它直接损害了社会的公正性，必须理直气壮地加以否决。

道德行为重要内涵是对困难群体的关爱与扶助，不能认为困难群体得到了他人的援助就在精神层面处于"弱势"，因此只能忍气吞声接受帮助，人的自由和尊严因此受到损害，所以社会规范必须强调所有人的权利都应该得到保障，人的自由、尊严一丝一毫都不能受损，援助他人的行为不能附加任何条件，必须充分保障每个被资助者的自由与尊严。

道德是非刚性的，它是关乎每一个人的，需要每个人作出努力，每个人都会在道德问题方面有着自己的判断，这些问题的综合，决定着关于道德行为和道德动因的规范，一定是有形规范和无形规范的结合，应该看到，改革开放条件下的道德问题，正在逐步迈上健康的轨道。

第四节　启示：真实、效果、规范是发挥
道德动因多元作用的关键词

　　因为道德榜样是模范践行道德行为的代表，通过对道德榜样全方位探索，探究发挥道德动因多元作用的相关问题是很有意义的。

　　动因深藏于人的心中，对动因的探究充满挑战，应该从动因、行为、效果等诸方面综合考量，寻求真实的动因，这是讨论道德动因的首要问题，在市场经济条件下，缺乏诚信已成为非常严峻的现实问题，如果离开诚信，所有关于道德动因的讨论一定是苍白的，必须通过确认真实的道德动因，在此基础上讨论道德动因的正确问题。

　　当下的道德教育形式多样，丰富多彩。我们的道德教育如果不把效果放在第一位，只在形式上追求多样，是不能真正走进人们内心的，只能起到事倍功半的效果，有时还会起到负面作用，所谓效果，一定是说理的、逻辑的、科学的，是能引起广泛共鸣的，是人们真正心悦诚服的。

　　我们关于行为的道德属性的考量，离不开以社会规范作为准绳，社会规范的准确与科学是非常重要的内容，如果社会规范不够准确，社会的公平正义将很难体现，公民的自由尊严将很难得到保证，具体而言，会给少数人以牺牲较少自身利益换取更大利益以可乘之机，会让善良的人们产生挫折和焦虑。因此必须充分考量市场经济的背景与条件，不断调适社会规范，充分发挥社会规范的刚性作用，为道德动因多元提供保证。

参考文献

一、著作类

1.《马克思恩格斯文集》第1—10卷，人民出版社2009年版。

2.《列宁专题文集》第1—5卷，人民出版社2009年版。

3.《十六大以来重要文献选编》，中央文献出版社2011年版。

4.《毛泽东选集》第1—4卷，人民出版社1991年版。

5.《邓小平文选》第1—2卷，人民出版社1994年版。

6.《邓小平文选》第3卷，人民出版社1993年版。

7.《江泽民文选》第1—3卷，人民出版社2006年版。

8.《胡锦涛文选》第1—3卷，人民出版社2016年版。

9.《习近平总书记系列重要讲话读本》，学习出版社、人民出版社2014年版。

10.《习近平谈治国理政》，外文出版社2014年版。

11.《中华人民共和国国家勋章和国家荣誉称号法》，法律出版社2016年版。

12.《中华人民共和国英雄烈士保护法》，中国法制出版社2018年版。

13.《新时代公民道德建设实施纲要》，人民出版社2019年版。

14. 习近平:《摆脱贫困》，福建人民出版社1992年版。

15. 习近平:《之江新语》，浙江人民出版社2007年版。

16.《〈中共中央关于构建社会主义和谐社会若干重大问题的决定〉辅导读本》，人民出版社2006年版。

17.［德］黑格尔:《精神现象学》（上、下卷），贺麟等译，商务印书馆1979年版。

18.［德］黑格尔:《历史哲学》，王造时译，上海人民出版社2006年版。

19.［德］黑格尔:《逻辑学》（上、下卷），杨一之译，商务印书馆1966年版。

20.［德］黑格尔:《哲学史讲演录》，贺麟译，上海人民出版社2013年版。

21.［英］亚当·斯密:《道德情操论》,焦维娅译,中央编译出版社 2008 年版。

22.［英］亚当·斯密:《国富论》,谢宗林译,中央编译出版社 2011 年版。

23.［德］康德:《道德形而上学原理》,苗力田译,上海人民出版社 2005 年版。

24.［德］康德:《实践理性批判》,关文运译,广西师范大学出版社 2002 年版。

25.［法］爱弥尔·涂尔干:《道德教育》,陈光金等译,上海人民出版社 2006 年版。

26.［美］罗尔斯:《正义论》,何怀宏等译,中国社会科学出版社 2003 年版。

27.［美］迈克尔·J.桑德尔:《公正:该如何做是好》,朱慧玲译,中信出版社 2011 年版。

28.［美］迈克尔·J.桑德尔:《自由主义与正义的局限》,万俊人译,译林出版社 2011 年版。

29.［美］麦金太尔:《德性之后》,龚群等译,中国社会科学出版社 1995 年版。

30.［美］麦金太尔:《谁之正义? 何种合理性?》,万俊人等译,当代中国出版社 1996 年版。

31.［英］约翰·格雷:《人类幸福论》,张草纫译,商务印书馆 1997 年版。

32.［德］路德维希·费尔巴哈:《费尔巴哈哲学著作选集》(上、下卷),王太庆等译,商务印书馆 1984 年版。

33.［德］黑格尔:《法哲学原理》,范扬、张企泰译,商务印书馆 1961 年版。

34.［英］大卫·李嘉图:《李嘉图著作和通信集》第 2 卷,胡世凯译,商务印书馆 1979 年版。

35.［古希腊］亚里士多德:《亚里士多德全集》第 8 卷,苗力田译,中国人民大学出版社 1994 年版。

36.［美］罗·庞德:《通过法律的社会控制 & 法律的任务》,沈宗灵、董世忠译,商务印书馆 1984 年版。

37.［美］马斯洛:《动机与人格》,许金声等译,华夏出版社 1987 年版。

38.［英］班杜拉:《社会学习理论》,陈欣银、李伯黍译,辽宁人民出版社 1989 年版。

39.［英］约翰·洛克:《教育漫话》,傅任敢译,人民教育出版社 1999 年版。

40.［美］里德:《追随科尔伯格:自由和民主团体的实践》,姚莉等译,黑龙江人民出版社 2002 年版。

41.［美］文森特·帕里罗:《当代社会问题》,周兵译,华夏出版社 2002 年版。

42.［英］边沁:《论道德与立法的原则》,程立显等译,陕西人民出版社 2009 年版。

43.［美］班杜拉:《思想和行动的社会基础:社会认识论》,林颖等译,华东师范大学出版社 2001 年版。

44.［美］丹尼尔·贝尔:《后工业社会的来临》,高铦等译,商务印书馆 1984 年版。

45.［美］亨廷顿:《变化社会中的政治秩序》,王冠华等译,上海人民出版社 2008 年版。

46.［英］约翰·邓恩:《民主的历程》,林猛等译,吉林人民出版社 2011 年版。

47.［英］Karen Sanders:《道德与新闻》,洪伟等译,复旦大学出版社 2007 年版。

48.［美］菲利普·帕特森、李·威尔金斯:《媒介伦理学:问题与案例》,李青藜译,中国人民大学出版社 2006 年版。

49.［美］乔·萨托利:《民主新论》,冯克利等译,东方出版社 1998 年版。

50.［美］托克维尔:《论美国的民主》(下),董国梁译,商务印书馆 1988 年版。

51.［美］弗兰克纳:《善的求索》,黄伟合等译,辽宁出版社 2007 年版。

52.［美］L. A. 珀文:《人格科学》,周榕等译,华东师范大学出版社 2001 年版。

53.［英］欧若拉·奥尼尔等:《美德伦理与道德要求》,江苏人民出版社 2008 年版。

54.［日］青木昌彦:《比较制度分析》,周黎安译,上海远东出版社 2001 年版。

55.［美］J. B. 施尼温德:《自律的发明:近代道德哲学史》,张志平译,上海三联书店 2012 年版。

56.［德］康德:《实践理性批判》,邓晓芒译,人民出版社 2003 年版。

57.［美］汉娜·阿伦特:《责任与判断》,陈联营译,上海人民出版社 2011 年版。

58.［美］亨利·E. 阿利森:《康德的自由理论》,陈虎平译,辽宁教育出版社 2001 年版。

59. 罗国杰:《伦理学》,人民出版社 1989 年版。

60. 罗国杰:《以德治国与公民道德建设》,河南人民出版社 2003 年版。

61. 罗国杰:《中国伦理思想史》,中国人民大学出版社 2008 年版。

62. 唐凯麟:《中国伦理思想发展简史》,湖南人民出版社 1985 年版。

63. 唐凯麟:《多元文化与世界和谐》,人民出版社 2008 年版。

64. 唐凯麟:《中华民族道德生活史研究》,金城出版社 2008 年版。

65. 陈先达:《处在夹缝中的哲学》,北京师范大学出版社 2004 年版。

66. 陈先达:《马克思和马克思主义》(文集 3),中国人民大学出版社 2006 年版。

67. 陈先达:《走向历史的深处》,中国人民大学出版社 2010 年版。

68. 王健等：《伦理学原理》，辽宁人民出版社 2006 年版。

69. 王永贵：《经济全球化与我国社会主流意识形态建设研究》，人民出版社 2010 年版。

70. 余英时：《从价值系统看中国文化的现代意义》，台北时报文化出版公司 1984 年版。

71. 陈学明：《走进马克思》，东方出版社 2002 年版。

72. 张耀灿等：《现代思想政治教育学》，人民出版社 2011 年版。

73. 万俊人：《现代西方伦理学史》（上、下卷），中国人民大学出版社 2011 年版。

74. 童世骏：《意识形态新论》，上海人民出版社 2006 年版。

75. 杨国荣：《伦理与存在》，华东师范大学出版社 2009 年版。

76. 张锡生：《中国德育思想史》，江苏教育出版社 1993 年版。

77. 郑杭生：《中国社会转型中的社会问题》，中国人民大学出版社 1996 年版。

78. 贾英健：《公共性视域——马克思哲学的当代阐释》，人民出版社 2009 年版。

79. 邓正来、亚历山大：《国家与市民社会》，上海人民出版社 2006 年版。

80. 李德顺：《价值论》，中国人民大学出版社 1987 年版。

81. 桑玉成：《利益分化的政治时代》，学林出版社 2002 年版。

82. 张江河：《论利益与政治》，北京大学出版社 2002 年版。

83. 李培林：《社会冲突与阶级意识——当代中国社会矛盾问题研究》，社会科学文献出版社 2005 年版。

84. 彭怀祖、姜朝晖、成云雷：《榜样论》，人民出版社 2002 年版。

85. 何小忠：《偶像文化与青少年榜样教育》，江西人民出版社 2007 年版。

86. 余理等：《崇拜心理学》，华龄出版社 1997 年版。

87. 黄向阳：《德育原理》，华东师范大学出版社 2000 年版。

88. 李佑新：《走出现代性道德困境》，人民出版社 2006 年版。

89. 张书琛：《探索价值产生奥秘的理论》，广东人民出版社 2006 年版。

90. 郭庆光：《传播学教程》，中国人民大学出版社 1999 年版。

91. 李良荣：《新闻学概论》，复旦大学出版社 2001 年版。

92. 李维：《社会心理学新发展》，上海教育出版社 2006 年版。

93. 陈映芳：《在角色与非角色之间——中国青年文化》，江苏人民出版社 2002 年版。

94. 陶东风：《社会转型期审美文化研究》，北京出版社 2002 年版。

95. 程炼：《伦理学导论》，北京大学出版社 2008 年版。

96. 程洁、张健:《网络传播学》,苏州大学出版社 2007 年版。

97. 陈力丹:《舆论学——舆论导向研究》,中国广播电视出版社 1999 年版。

98. 刘建明:《社会舆论原理》,华夏出版社 2002 年版。

99. 刘毅:《网络舆情研究概论》,天津人民出版社 2007 年版。

100. 姜建成:《断裂·整合·超越——有中国特色可持续发展问题研究》,安徽大学出版社 2002 年版。

101. 张怀承:《中国的家庭与伦理》,中国人民大学出版社 1993 年版。

102. 王莹、景枫:《经济学家的道德追问——亚当·斯密伦理思想研究》,人民出版社 2001 年版。

103. 倪素香:《伦理学导论》,武汉大学出版社 2002 年版。

104. 唐文明:《与命与仁:原始儒家伦理精神与现代性问题》,河北大学出版社 2002 年版。

105. 余涌:《中国应用伦理学 2001》,中央编译出版社 2002 年版。

106. 周中之:《经济伦理学》,华东师范大学出版社 2002 年版。

107. 吴潜涛:《伦理学与思想政治教育》,河南人民出版社 2003 年版。

108. 汪荣有:《当代中国经济伦理论》,人民出版社 2004 年版。

109. 龚天平:《追寻管理伦理——管理与伦理的双向价值解读》,中国社会科学出版社 2004 年版。

110. 孙春晨等:《伦理新视点》,中国社会科学出版社 1997 年版。

111. 孙春晨:《市场经济伦理研究》,江苏人民出版社 2005 年版。

112. 戴艳军:《科技管理伦理导论》,人民出版社 2005 年版。

113. 李猛:《现代政治与道德》,上海三联书店 2006 年版。

114. 肖群忠:《伦理与传统》,人民出版社 2006 年版。

115. 杨通进:《环境伦理:全球话语,中国视野》,重庆出版社 2007 年版。

116. 廖申白:《历史上最具影响的伦理学名著 27 种》,陕西人民出版社 2007 年版。

117. 曾建平:《环境正义——发展中国家环境伦理思想探究》,山东人民出版社 2007 年版。

118. 龚颖:《"似而非"的日本朱子学——林罗山思想研究》,学苑出版社 2008 年版。

119. 樊和平:《文化与安身立命》,福建教育出版社 2008 年版。

120. 王泽应:《义利观与经济伦理》,湖南人民出版社 2005 年版。

121. 王泽应:《20 世纪中国马克思主义伦理思想研究》,人民出版社 2008 年版。

122. 田海舰：《社会主义核心价值观研究》，河北大学出版社 2008 年版。

123. 甘绍平：《人权伦理学》，中国发展出版社 2009 年版。

124. 陈泽环：《道德结构与伦理学：当代实践哲学的思考》，上海人民出版社 2009 年版。

125. 晏辉：《现代性语境下的价值与价值观》，北京师范大学出版社 2009 年版。

126. 卞绍斌：《马克思的"社会"概念》，山东人民出版社 2010 年版。

127. 江畅：《德性论》，人民出版社 2011 年版。

128. 靳凤林：《制度伦理与官员道德——当代中国政治伦理结构性转型研究》，人民出版社 2011 年版。

129. 王文东：《中国人的美德——礼》，天津人民出版社 2013 年版。

130. 邓安庆：《正义伦理与价值秩序——古典实践哲学的思路》，复旦大学出版社 2013 年版。

131. 曲红梅：《马克思主义、道德和历史》，中国社会科学出版社 2016 年版。

132. 冯天策：《信仰导论》，广西人民出版社 1992 年版。

133. 傅才武：《中国人的信仰与崇拜》，湖北教育出版社 1999 年版。

134. 岳晓东：《我是你的粉丝：透视青少年偶像崇拜》，上海人民出版社 2007 年版。

135. 杨国荣：《伦理与存在》，华东师范大学出版社 2009 年版。

136. 乔耀章：《政府理论》，苏州大学出版社 2000 年版。

137. 苏舆：《春秋繁露义证》，中华书局 1992 年版。

138. 康殷：《文字源流浅说》，荣宝斋 1979 年版。

139. 胡平生：《孝经译注》，中华书局 1999 年版。

140. 孔子等：《四书五经》，陈晓芬译，中华书局 2019 年版。

141. 庄周：《庄子》，方勇译，中华书局 2015 年版。

142.（汉）司马迁：《史记》，北京联合出版公司 2016 年版。

143.（南朝宋）刘义庆：《世说新语》，宁稼雨译，安徽文艺出版社 2021 年版。

144. 钟基等：《古文观止》，中华书局 2014 年版。

145. 王国维：《人间词话》，北京联合出版公司 2015 年版。

146. 傅雷：《傅雷家书》，生活·读书·新知三联书店 2019 年版。

147. 冯友兰：《冯友兰全集》，中华书局 2014 年版。

148. 张岂之：《中国思想史》，西北大学出版社 2016 年版。

149. 张岂之：《中国儒学思想史》，中华书局 2023 年版。

150. 张岂之：《中国传统文化》，高等教育出版社 2023 年版。

151. 张岂之：《中国思想文化史》，高等教育出版社 2006 年版。

152. 张岂之、陈国庆：《近代伦理思想的变迁》，中华书局 2000 年版。

153. 张岂之：《中华人文精神》，人民出版社 2011 年版。

154. 邓晓芒：《灵之舞——中西人格的表演性》，东方出版社 1995 年版。

155. 程文超：《意义的诱惑》，时代文艺出版社 1993 年版。

156. 梁漱溟：《梁漱溟全集》第 3 卷，山东人民出版社 2005 年版。

157. 冯俊科：《西方幸福论——从梭伦到费尔巴哈》，中华书局 2003 年版。

158. 陈瑛、孙春晨：《人生幸福论》，中国青年出版社 1996 年版。

159.《马克思恩格斯选集》第 1 卷，人民出版社 1972 年版。

160. 向玉乔：《道德记忆》，中国人民大学出版社 2020 年版。

161. 陈来：《中华文明的核心价值：国学流变与传统价值观》，生活·读书·新知三联书店 2015 年版。

162. 宋希仁：《西方伦理学思想史》，湖南教育出版社 2006 年版。

二、学术论文类

1. 陈瑛：《道德榜样的力量》，《东岳论丛》1982 年第 2 期。

2. 甘葆露：《道德榜样和共产主义道德教育》，《东岳论丛》1982 年第 1 期。

3. 孙立亚：《论榜样教育的时代性》，《中国青年政治学院学报》1991 年第 6 期。

4. 陈文江：《关于道德榜样的几个问题》，《甘肃社会科学》1995 年第 3 期。

5. 丁水木：《示范群体古今谈》，《中国青年研究》1998 年第 S1 期。

6. 曾长秋：《论社会主义时期的榜样教育》，《探索》1999 年第 5 期。

7. 汤勤福：《中华传统礼制的现代价值》，《中国德育》2015 年第 14 期。

8. 李谟润：《论孔子的君子观》，《广西民族学院学报（哲学社会科学版）》2001 年第 5 期。

9. 尹长云：《孔子的德育理论及其现代意义》，《求索》2001 年第 3 期。

10. 刘安平：《榜样教育重"三性"》，《学校党建与思想教育》2001 年第 Z2 期。

11. 戴瑞：《榜样教育的有效性与科学化》，《教育研究》2002 年第 8 期。

12. 刘启林：《重视道德榜样的作用》，《高校理论战线》2003 年第 10 期。

13. 池忠军：《社会生活共同体建构的德性之维》，《道德与文明》2008 年第 6 期。

14. 谢惠媛：《多元社会中正确价值观的塑造——榜样教育的理性解读及当代构建》，《四川师范学院学报（哲学社会科学版）》2003 年第 2 期。

15. 王丽荣：《从雷锋精神的宣传看榜样教育的重要性》，《思想理论教育导刊》

2003 年第 6 期。

16. 王建文:《论榜样教育价值的特征》,《思想教育研究》2004 年第 7 期。

17. 白明亮、姚敏:《幽暗意识与榜样教育——一种道德教育的反思》,《南京师大学报（社会科学版）》2004 年第 2 期。

18. 岳晓东:《论偶像—榜样教育》,《中国教育学刊》2004 年第 9 期。

19. 卢愿清、杨晓燕:《优化榜样教育的激励力量——对传统榜样教育逻辑的否定性反思》,《思想·理论·教育》2004 年第 9 期。

20. 马永庆:《人与自然和谐的道德基础》,《伦理学研究》2006 年第 2 期。

21. 喻学林:《反思"榜样教育"》,《湖南教育》2005 年第 2 期。

22. 刘铁芳:《道德教育:从尊重日常生活的德性品质开始》,《福建论坛（社科教育版）》2005 年第 4 期。

23. 崔金贵:《优秀传统文化与现代青少年德育教育》,《江苏大学学报（高等研究版）》2005 年第 4 期。

24. 何芳:《当代青少年道德榜样的缺失及重塑支点》,《教育教学研究》2006 年第 1 期。

25. 徐少锦、夏彩云:《陶行知的科技道德教育思想初探》,《苏州科技学院学报（社会科学版）》2006 年第 1 期。

26. 万美容:《优选与创设:榜样教育创新的方法论视角》,《中国青年研究》2006 年第 9 期。

27. 王河山、吴鹏程:《在践行社会主义荣辱观中重视彰显道德榜样》,《理论导报》2006 年第 10 期。

28. 卫荣凡:《道德自律在和谐社会构建中的价值》,《广西大学学报（哲学社会科学版）》2007 年第 2 期。

29. 廖小平:《论道德榜样——对现代社会道德榜样的检视》,《道德与文明》2007 年第 2 期。

30. 王海明:《论道德榜样》,《贵州社会科学》2007 年第 3 期。

31. 王云萍:《儒家伦理学与情感》,《哲学研究》2007 年第 3 期。

32. 王珏:《和谐伦理的现代需求与组织伦理》,《道德与文明》2007 年第 6 期。

33. 左高山:《论道德惩罚及其目的》,《伦理学研究》2007 年第 3 期。

34. 乔法容:《论公有资本人格化的伦理理念的建构》,《道德与文明》1999 年第 2 期。

35. 朱金瑞:《公民道德建设中的成就与不足——郑州市公民道德状况调查（2008—2012）》,《道德与文明》2014 年第 5 期。

36. 朱巧香:《论制度道德环境》,《齐鲁学刊》2015 年第 11 期。

37. 任丑:《人权视域的尊严理念》,《哲学动态》2009 年第 1 期。

38. 任建东:《论道德的主体性本质》,《哲学动态》1993 年第 9 期。

39. 刘华政:《思想政治教育与优秀传统文化传承论析》,《广西社会科学》2015 年第 4 期。

40. 刘余莉:《中国特色社会主义的传统文化基因》,《中国党政干部论坛》2018 年第 8 期。

41. 刘琼豪:《马克思双重正义理论的互补性分析》,《道德与文明》2017 年第 7 期。

42. 关健英:《儒家道德形上学的论述元点、价值依据及对其的追问》,《哲学研究》2010 年第 3 期。

43. 江雪莲:《伦理学与当代社会》,《光明日报》2002 年 5 月 21 日。

44. 苏宝梅:《信念伦理与社会主义核心价值观的认同和坚守》,《理论学刊》2017 年第 9 期。

45. 杜振吉:《道德绑架现象论析》,《学术研究》2016 年第 3 期。

46. 李金和:《习近平以人民为中心的法治化治理思想论析》,《理论导刊》2017 年第 10 期。

47. 李建森:《毛泽东"革命功利主义"的科学性及其当代意义》,《西北工业大学学报（社会科学版）》2016 年第 12 期。

48. 李培超:《论马克思伦理思想的基本范式》,《湖南师范大学社会科学学报》2017 年第 12 期。

49. 杨义芹:《社会主义核心价值观的认同路径论析》,《伦理学研究》2015 年第 11 期。

50. 杨秀香:《论孙中山的伦理思想》,《社会科学辑刊》1984 年第 5 期。

51. 杨怀中:《现代科学技术的伦理反思》,《理论月刊》2018 年第 1 期。

52. 杨国才:《传承优良家风促进社会和谐——第二届中国宗亲文化论坛综述》,《道德与文明》2016 年第 11 期。

53. 吴玉敏:《以全新的传播思维推进马克思主义的大众化》,《青海师范大学学报（哲学社会科学版）》2016 年第 9 期。

54. 吴瑾菁:《"道德"概念界定的学理争鸣》,《江西师范大学学报（哲学社会科学版）》2015 年第 1 期。

55. 余玉花:《论诚信价值观》,《思想理论教育导刊》2016 年第 3 期。

56. 石书臣:《中国传统思维方式对培育和践行社会主义核心价值观的启示》,《道德与文明》2016 年第 5 期。

57. 石书臣：《思想政治教育主客体关系的目的性阐释》，《思想教育研究》2017 年第 2 期。

58. 余达淮：《马克思对古典经济学等经济伦理思想的批判与继承》，《道德与文明》2005 年第 2 期。

59. 余达淮：《批判与建构：马克思资本概念的逻辑生成》，《江海学刊》2018 年第 3 期。

60. 闵永新：《马克思主义整体性方法与思想政治教育学科范式转换》，《高校辅导员学刊》2016 年第 6 期。

61. 宋文新：《巩固马克思主义在意识形态领域指导地位》，《新长征》2013 年第 11 期。

62. 宋志臣：《教育文化论》，《教育研究》2012 年第 11 期。

63. 陈万球：《另一种视角：西方工程伦理的形态类别及成因》，《伦理学研究》2017 年第 11 期。

64. 陈延斌：《中国家训学：宗旨、价值与建构》，《江海学刊》2018 年第 1 期。

65. 陈庆超：《环境美德伦理的中国式话语体系建构》，《学术研究》2018 年第 2 期。

66. 陈江进：《认知主义背景下的道德判断与道德动机》，《湖北大学学报（哲学社会科学版）》2016 年第 9 期。

67. 陈寿灿、傅文：《儒家德治的思想内涵，历史价值与现代意义》，《人文杂志》2005 年第 2 期。

68. 陈进华：《以"中国梦"引领大学生理想信念教育》，《道德与文明》2016 年第 11 期。

69. 陈科华：《中和思想与传统文化的核心价值观》，《船山学刊》2016 年第 1 期。

70. 樊浩：《走向伦理精神》，《道德与文明》2016 年第 3 期。

71. 陈桂蓉：《谷文昌家风的伦理特质及其价值启示》，《温州大学学报（社会科学版）》2017 年第 3 期。

72. 陈娱：《论思想政治教育中的客体、环体和介体的情感因素》，《学校党建与思想教育》2011 年第 2 期。

73. 邵龙宝：《儒学在人类命运共同体构建中的资源价值》，《上海师范大学学报（哲学社会科学版）》2018 年第 1 期。

74. 易小明：《"求是主义"是一切理论体系的实践灵魂》，《政策》2018 年第 1 期。

75. 罗成翼：《周敦颐原始反终的安身立命观》，《城市学刊》2017 年第 11 期。

76. 岳跃:《论社会转型时期大学生的道德教育》,《邢台职业技术学院学报》2002年第3期。

77. 周谨平:《论人道主义作为道德基本原则的合理性》,《道德与文明》2017年第3期。

78. 庞永红:《论J.范伯格的社会正义理论及其意义》,《伦理学研究》2012年第2期。

79. 单和盛:《切实加强职业道德建设》,《思想政治工作研究》2004年第1期。

80. 赵忠祥:《马克思主义与中国文化精神——马克思主义中国化的文化解释》,《西北师大学报(社会科学版)》2004年第3期。

81. 赵美艳:《谈对德性教育的认识》,《辽宁教育研究》2005年第7期。

82. 赵群:《建立健全高校学生党校长效机制的思考》,《理论界》2009年第9期。

83. 钟汉川:《马克斯·舍勒的质料先天主义》,《世界哲学》2011年第6期。

84. 祖国华:《诗·礼·乐:论儒家理想人格的辩证生成》,《复旦学报(社会科学版)》2017年第11期。

85. 费尚军:《从法律正义到道德信仰——道德报偿的斯密图式及其当下省思》,《南昌大学学报(人文社会科学版)》2015年第4期。

86. 秦在东:《马克思主义时代观视域下的思想政治教育创新》,《思想教育研究》2017年第4期。

87. 秦碧霞:《在思辨与实践之间:道德价值的生命回归——基于唐君毅道德哲学的分析》,《南阳师范学院学报》2016年第4期。

88. 袁祖社:《社会生活的契约化与中国特色公民社会整合机制创新》,《天津社会科学》2002年第5期。

89. 耿亚军:《马克思主义人的全面发展理论与民族院校思想政治教育途径研究》,《北方民族大学学报(哲学社会科学版)》2011年第7期。

90. 贾英健:《马克思现代性批判的理论旨趣及变革实质》,《哲学研究》2005年第9期。

91. 徐大建:《利益平衡:管理思想中的伦理观念》,《上海财经大学学报》2014年第12期。

92. 徐雅芬:《科学认识思想政治教育的本质》,《湖北社会科学》2015年第4期。

93. 高春花:《论耻感的道德价值——以中国传统道德文化为例》,《"人文奥运与和谐社会"论坛文集》2006年第11期。

94. 郭卫华:《从"即生言性"到"生之所以然者谓之性"——先秦儒家性论思想的哲学演绎》,《石家庄学院学报》2016年第3期。

95. 郭金鸿:《伦理道德对法治的基础性支持维度》,《齐鲁学刊》2003 年第 5 期。

96. 唐永进:《"中国梦"的伦理治理实现途径》,《西南民族大学学报（人文社会科学版）》2013 年第 12 期。

97. 唐贤秋:《简论中国封建制国家的廉政建设》,《石油大学学报（社会科学版）》2002 年第 6 期。

98. 陶艳华:《亚里士多德的中道德性论及其对构建和谐社会的启示》,《学术交流》2006 年第 2 期。

99. 黄云明:《也论道德规范的法规化》,《河北大学学报（哲学社会科学版）》2000 年第 1 期。

100. 黄东桂:《关于网络社会的伦理思考》,《学术论坛》2000 年第 6 期。

101. 冯昊青:《以伦理视角探索加强执政党能力建设的新成果》,《道德与文明》2008 年第 2 期。

102. 冯昊青:《道德的起源及其相关问题：一种基于人类自演化机制的视角》,《中南大学学报（社会科学版）》2007 年第 3 期。

103. 黄富峰:《大众传媒伦理研究的方法及趋势》,《现代传播（中国传媒大学学报）》2006 年第 5 期。

104. 曹望华:《专题研讨式教学法在研究生马克思主义哲学课程教学中的应用探索》,《当代教育实践与教学研究》2017 年第 3 期。

105. 龚正伟:《人民体育与国家责任：当代中国体育伦理困境与治理之道——"全国第一届体育伦理研讨会"会议综述》,《伦理学研究》2017 年第 11 期。

106. 彭柏林:《共享伦理的基本要求及其在志愿服务领域的体现》,《伦理学研究》2017 年第 7 期。

107. 斯仁:《蒙古族传统家庭观念及其民族伦理发生学意义》,《伦理学研究》2010 年第 3 期。

108. 葛振国:《论儒家道德教育及其现实意义》,《教育研究》2003 年第 10 期。

109. 何怀宏:《道德重建的力量与信心》,《中国新闻周刊》2004 年第 38 期。

110. 董玉整:《涉性期刊的伦理责任》,《中国医学伦理学》2007 年第 8 期。

111. 蒋颖荣:《朱熹孝伦理思想及其当代启示》,《福建江夏学院学报》2015 年第 8 期。

112. 韩跃红:《生命伦理学语境中人的尊严》,《伦理学研究》2015 年第 1 期。

113. 童建军:《羞耻脆弱性的德性伦理反思》,《深圳大学学报（人文社会科学版）》2016 年第 11 期。

114. 曾盛聪:《伦理失灵、道德焦虑与慈善公信力重建》,《哲学动态》2013 年第 10 期。

115. 雷瑞鹏:《物种主义者对辛格动物解放论的批评》,《伦理学研究》2014 年第 3 期。

116. 詹世友:《康德政治哲学的道德形而上学属性》,《南昌大学学报（人文社会科学版）》2018 年第 2 期。

117. 褚凤英:《思想政治教育价值研究的理论演进与人本价值研究之展望》,《学校党建与思想教育》2017 年第 5 期。

118. 蔡志良:《儒家和谐思想与青少年幸福观教育》,《河北师范大学学报（教育科学版）》2008 年第 12 期。

119. 鄠爱红:《德行为本》,《求知》2017 年第 12 期。

120. 潘忠宇:《中国少数民族道德生活的研究视域》,《道德与文明》2015 年第 11 期。

121. 薛勇民:《麦金太尔的马克思主义革命观》,《马克思主义与现实》2017 年第 5 期。

122. 薛晓源:《法治时代的危险、风险与和谐——德国著名法学家、波恩大学法学院院长乌·金德霍伊泽尔教授访谈录》,《马克思主义与现实》2005 年第 6 期。

123. 戴木才:《论政治伦理的价值前提》,《伦理学研究》2016 年第 7 期。

124. 戴茂堂:《美学语境下的马克思价值思想》,《江汉论坛》2018 年第 4 期。

125. 魏长领:《论道德信仰及其功能》,《道德与文明》2003 年第 6 期。

126. 魏书胜:《从人的生命本性看道德和伦理的区分》,《道德与文明》2009 年第 2 期。

127. 魏则胜:《道德教育的文化机制》,《教育研究》2007 年第 6 期。

128. 付长珍:《启蒙伦理场域中的劳动观念变迁》,《文史哲》2018 年第 1 期。

129. 万俊人:《这是乡村伦理中的中国》,《博览群书》2017 年第 5 期。

130. 焦国成:《中国传统教育伦理理念及其主要话语》,《江西师范大学学报（哲学社会科学版）》2018 年第 1 期。

131. 于丹:《谈笑论生死》,《思维与智慧》2017 年第 12 期。

132. 卫建国:《论政府公共服务的伦理根据》,《伦理学研究》2017 年第 11 期。

133. 王淑芹:《诚信文化疏义》,《理论视野》2017 年第 11 期。

134. 卢德之:《伦理学视野中的所有制问题》,《伦理学研究》2004 年第 7 期。

135. 陆晓禾:《信誉楼:中国本土商业伦理的实践样本》,《伦理学研究》2017 年第

3 期。

136. 林滨：《大众传媒·意识形态·人的存在——马克思主义媒介批判理论的当代解读》，《马克思主义与现实》2011 年第 3 期。

137. 柴艳萍：《货币、异化与社会转型——马克思的货币伦理思想探析》，《马克思主义与现实》2015 年第 7 期。

138. 郭广银：《论坚持"以人民为中心"的发展思想》，《理论学刊》2017 年第 7 期。

139. 葛晨虹：《中国社会转型期面临道德问题的解读与思考》，《齐鲁学刊》2015 年第 1 期。

140. 柏正杰、陈亮：《对新时期大学生道德榜样教育的思考》，《社会纵横》2008 年第 12 期。

141. 王正平：《利益兼顾：构建和谐社会的道德原则》，《上海师范大学学报（哲学社会科学版）》2010 年第 5 期。

142. 万俊人：《美德伦理如何复兴？》，《求是学刊》2011 年第 1 期。

143. 王青原：《传统人际关系和谐之因缘与现代交往省思》，《道德与文明》2011 年第 6 期。

144. 彭怀祖：《关于道德动因多元的研究》，《理论学刊》2008 年第 11 期。

145. 张茹粉：《榜样教育的理性诉求》，《黑龙江高教研究》2008 年第 5 期。

146. 张茹粉：《榜样教育的实效性探讨》，《山西师大学报（社会科学版）》2008 年第 4 期。

147. 韩新路、张茹粉：《试析榜样教育的基本规律》，《理论导刊》2008 年第 9 期。

148.《崇尚道德模范促进社会和谐——访中国人民大学伦理学与道德建设研究中心主任吴潜涛教授》，《思想理论教育导刊》2008 年第 2 期。

149. 吕耀怀：《道德榜样三要素及其局限》，《道德与文明》2008 年第 2 期。

150. 崔华：《新时期榜样教育的反思》，《法治与社会》2008 年第 11 期。

151. 邹秀春：《论建立道德榜样的回报机制——以"受助不感恩"为个案的讨论》，《学校党建与思想教育（上半月）》2008 年第 5 期。

152. 郭明霞、张江波：《传统道德榜样与现代道德榜样特点之比较》，《社会纵横》2008 年第 6 期。

153. 黄文明：《试论我国道德榜样的时代变迁及其启示》，《中山大学研究生学刊（社会科学版）》2008 年第 3 期。

154. 王丽佳：《教育中的榜样：伦理的视角》，《湖南师范大学教育科学学报》2009 年第 3 期。

155. 刘立红：《关于道德榜样在新时期思想政治教育工作中作用的思考》，《学理论》2009 年第 10 期。

156. 李兰芬：《论中国社会转型中的道德修养》，《道德与文明》2009 年第 1 期。

157. 赵永刚：《道德榜样背后的两个伦理学理论问题——论美德的统一性与连贯性》，《北京交通大学学报（社会科学版）》2010 年第 3 期。

158. 王恒亮、孙秀芳：《社会转型期先进典型影响力弱化的原因及对策探讨》，《求实》2010 年第 11 期。

159. 袁文斌：《中华传统榜样教育理论及其当代启示》，《河北学刊》2010 年第 1 期。

160. 杨婷：《榜样教育的马克思主义人学透视》，《河南师范大学学报（哲学社会科学版）》2010 年第 1 期。

161. 罗国杰：《建设社会主义道德体系的几个问题》，《思想理论教育导刊》2010 年第 6 期。

162. 陈万柏、何英：《对青少年榜样教育效应弱化的思考》，《思想政治教育研究》2010 年第 2 期。

163. 唐国战：《价值多元化视域下的榜样教育反思》，《领导科学》2010 年第 26 期。

164. 罗雯瑶：《社会转型期青少年道德榜样的失落与重构》，《基础教育研究》2010 年第 21 期。

165. 邱杰：《改革开放以来中国共产党思想道德建设的基本经验》，《思想理论教育导刊》2011 年第 3 期。

166. 曾建平：《道德榜样与道德人格》，《武陵学刊》2011 年第 2 期。

167. 罗明星：《道德回报的伦理质疑》，《江汉论坛》2009 年第 10 期。

168. 陶照智：《当代中国道德价值取向的变迁与应然抉择》，《甘肃理论学刊》2006 年第 4 期。

169. 陈赵阳：《增进社会主义核心价值体系认同的榜样教育路径》，《思想教育研究》2011 年第 7 期。

170. 刘德剑：《先进典型形象弱化的思考》，《河北省社会主义学院学报》2006 年第 2 期。

171. 龙静云、熊富标：《现代道德嬗变略论》，《华中师范大学学报（人文社会科学版）》2010 年第 5 期。

172. 潘美金：《新时期榜样教育的个体价值诉求透视》，《思想政治教育研究》2011 年第 4 期。

173. 侯建、刘志忠、李朝军:《榜样教育效力及转型路径研究》,《中国成人教育》2011 年第 24 期。

174. 吴智育:《社会认知视角下道德榜样的作用及实现途径》,《学校党建与思想教育》2012 年第 15 期。

175. 张伟涛:《从功利到道义:当代中国权利观念道德基础的构建》,《法制与社会发展》2012 年第 1 期。

176. 李蕊:《试论"榜样疏离"困境的产生与解决》,《求实》2012 年第 8 期。

177. 尹金凤:《偶像塑造多元化的合理性分析》,《求索》2012 年第 8 期。

178. 叶兵:《价值·技术·制度:优化道德榜样宣传教育环境的三维分析》,《理论导刊》2013 年第 5 期。

179. 高国希:《雷锋精神:德性伦理与榜样教育》,《思想理论教育》2013 年第 13 期。

180. 王强:《社会道德榜样精神的历史形态:从雷锋精神到"最美"精神》,《科学社会主义》2013 年第 3 期。

181. 王明初、孙民:《生态文明建设的马克思主义视野》,《马克思主义研究》2013 年第 1 期。

182. 王露璐:《经济和伦理的内在统一:道德治理的范式转换》,《安徽师范大学学报（人文社会科学版）》2014 年第 1 期。

183. 王国聘:《生态整合:哲学视野下的生态学方法》,《南京工业大学学报（社会科学版）》2014 年第 2 期。

184. 冉光芬:《论黑格尔的道德行为归责理论》,《中山大学学报（社会科学版）》2014 年第 2 期。

185. 宋敏:《充分发挥道德榜样的精神示范和引领作用》,《中国高等教育》2014 年第 23 期。

186. 刘仁贵:《论道德二重性》,《河南师范大学学报（哲学社会科学版）》2009 年第 3 期。

187. 徐红波:《榜样教育与偶像崇拜构成要素异同辨思》,《南通大学学报（社会科学版）》2014 年第 3 期。

188. 祝小茗:《论先进典型宣传的时代困境及其消解》,《中共南京市委党校学报》2014 年第 2 期。

189. 李蕊:《当前榜样认同的"疏离"困境及提升策略》,《中州学刊》2014 年第 1 期。

190. 金益多:《论新时期道德榜样教育》,《管理观察》2014 年第 12 期。

191. 郭立场：《榜样认同视角下大学生社会主义核心价值观培育问题研究》，《思想教育研究》2014 年第 10 期。

192. 陈继红：《榜样之美与社会主流道德传播的主体转向》，《南京社会科学》2015 年第 9 期。

193. 向玉乔：《论道德宽容》，《道德与文明》2010 年第 6 期。

194. 杨瑞萍、为伟：《新媒体时代榜样教育探析》，《中国高等教育》2015 年第 19 期。

195. 张超：《发挥榜样教育的力量引领大学生成长成才》，《中国成人教育》2015 年第 4 期。

196. 鲁成波：《中华传统榜样教育体系的三维构建》，《理论视野》2015 年第 4 期。

197. 陈华仔：《榜样教育的哲学基础探究》，《上海教育科研》2015 年第 5 期。

198. 陈华洲、张明华：《榜样力量的构成及其转化条件和路径研究》，《思想理论教育导刊》2015 年第 6 期。

199. 习近平：《充分发挥榜样作用》，《杭州》2015 年第 3 期。

200. 张雅娟：《列宁论"榜样的力量"》，《新闻界》2015 年第 7 期。

201. 甘绍平：《论道德义务的人权基础》，《哲学动态》2010 年第 6 期。

202. 渠长根、贺艳秋：《对中国共产党榜样文化的基本认识》，《学习论坛》2015 年第 9 期。

203. 柳礼泉、庞申伟：《毛泽东榜样思想及其当代意义》，《湖南科技大学学报（社会科学版）》2015 年第 6 期。

204. 郑宏：《韩剧热的文化思考》，《东南传播》2006 年第 8 期。

205. 王向民：《群体性事件中的信息传播与管理》，《探索与争鸣》2009 年第 3 期。

206. 陈月生：《国外政府对新闻舆论的控制和影响研究综述》，《新闻与报刊》2006 年第 12 期。

207. 龚群：《论人的尊严与社会主义核心价值体系的内在关系》，《教学与研究》2010 年第 9 期。

208. 龚旭芳：《论意识形态建设的理性认知和情感认同》，《湖北社会科学》2009 年第 12 期。

209. 王书明：《多样性与未来文化的可持续发展》，《南通大学学报（社会科学版）》2008 年第 1 期。

210. 迟成勇：《张岱年论孔子人的价值思想》，《南通大学学报（社会科学版）》2008 年第 4 期。

211. 岳晓东、严飞:《青少年偶像崇拜之心理机制探究》,《中国德育》2006 年第 12 期。

212. 申来津:《有关榜样的理论思考》,《学校党建与思想教育》2009 年第 20 期。

213. 李春徐、仲伟:《增强德育亲和力提高教育实效性》,《学校党建与思想教育》2007 年第 7 期。

214. 朱小蔓:《走向心灵的德育》,《上海教育科研》2007 年第 4 期。

215. 张之沧:《论马克思的道德实践》,《道德与文明》2007 年第 3 期。

216. 张方玉:《德性:人的全面发展的个体指向》,《唐都学刊》2008 年第 1 期。

217. 牛耀堂:《试论道德模范与社会主义核心价值体系的关系》,《学校党建与思想教育》2008 年第 7 期。

218. 黄钊:《论评选表彰全国道德模范的深远意义》,《思想政治教育研究》2009 年第 3 期。

219. 姜朝晖:《论榜样人格在社会主义核心价值体系建构中的功能和作用——以首届全国道德模范评选表彰活动为例》,《毛泽东邓小平理论研究》2008 年第 2 期。

220. 赵素锦:《道德模范评选的德性之思》,《中国矿业大学学报（社会科学版）》2007 年第 4 期。

221. 杨国琴:《充分发挥道德模范在精神文明建设中的引领作用》,《思想政治工作研究》2009 年第 3 期。

222. 柏健:《探寻、回应底层真实的声音——论主流媒体的社会责任感和使命感》,《新闻前哨》2003 年第 6 期。

223. 李乔:《在创新中提升主流媒体舆论引导力》,《新闻传播》2009 年第 2 期。

224. 刘立民:《加强舆论引导有力抵制"三俗"》,《新闻前哨》2010 年第 10 期。

225. 许耀桐:《变革时期的公共政府:改革与发展》,《政治学研究》1998 年第 1 期。

226. 刘娟:《简论我国人格尊严实现的道德基础和法律保障》,《道德与文明》2009 年第 4 期。

227. 朱小蔓、刘次林:《转型时期的中国学校德育》,《上海师范大学学报（哲学社会科学版）》2009 年第 6 期。

228. 李建华、胡祎赟:《德性伦理的困境》,《哲学动态》2009 年第 5 期。

229. 郑雄飞:《慈善事业的伦理根基和理性建构研究》,《学术研究》2011 年第 12 期。

230. 竹立家:《建立一个高信任度社会》,《思想政治工作研究》2010 年第 5 期。

231. 郭凤志:《德育的现代困境、归因分析及其超越》,《吉林师范大学学报（人文

社科版)》2009 年第 4 期。

232. 王佳佳:《道德教育的前提性反思》,《中国德育》2010 年第 1 期。

233. 陈新平、李娉婷:《媒体道德诉求中的不道德》,《道德与文明》2012 年第 2 期。

234. 林滨:《从道德危机到存在危机》,《道德与文明》2011 年第 5 期。

235. 金大陆:《从"有我的利他观"看"80 后"》,《新华文摘》2009 年第 16 期。

236. 王素萍:《自我同一性视域中的青少年偶像崇拜》,《中国青年研究》2009 年第 5 期。

237. 陈万柏、何英:《对青少年榜样教育效应弱化的思考》,《思想政治教育研究》2010 年第 2 期。

238. 尹金凤:《青少年偶像崇拜与教育策略》,《湖南师范大学教育科学学报》2011 年第 4 期。

239. 李祖超、王夏露:《基于榜样激励的"90 后"励志教育模型的构建与分析》,《黑龙江高教研究》2011 年第 7 期。

240. 刘荃:《媒介时代青少年崇拜偶像的特征研究》,《传媒观察》2010 年第 9 期。

241. 陈学明、陈祥勤:《实现马克思主义时代化的关键在于使马克思主义面对现实》,《新华文摘》2011 年第 19 期。

242. 张爱凤:《媒介变迁与中国国家形象的嬗变》,《新华文摘》2012 年第 3 期。

243. 范玉刚:《新媒体与网络空间的文化表达》,《新华文摘》2012 年第 10 期。

244. 严从根、冯建军:《潜规则化的道德教育》,《南京社会科学》2011 年第 1 期。

245. 王慧、李啸、姜淑颖:《学校道德教育中的榜样教育》,《政工研究动态》2009 年第 5 期。

246. 李德顺:《道德转型的足迹》,《江海学刊》2010 年第 4 期。

247. 王庆节:《道德感动与伦理意识的起点》,《哲学研究》2010 年第 10 期。

248. 刘燕、万欣荣:《中国社会转型的表现、特点与缺陷》,《社会主义研究》2011 年第 4 期。

249. 王岩:《马克思的"市民社会"思想探析——兼论"市民社会"理论的现代意义》,《江海学刊》2000 年第 4 期。

250. 姜建成:《促进人的全面发展:经济社会发展的价值依归》,《社会科学战线》2009 年第 2 期。

251. 姜建成:《社会冲突的发生机理、深层原因及治理对策》,《毛泽东邓小平理论研究》2012 年第 3 期。

252. 姜建成：《双选·双认·双赢：马克思主义与中华民族文化的整合效应》，《马克思主义研究》2013 年第 1 期。

253. 陆树程、崔昆：《论构建社会主义和谐社会的历史必然性》，《马克思主义研究》2012 年第 7 期。

254. 陆树程：《市民社会与当代伦理共同体的重建》，《哲学研究》2003 年第 4 期。

255. 陆树程、杨倩：《论培育和践行社会主义核心价值观的内在机制》，《毛泽东邓小平理论研究》2014 年第 8 期。

256. 郭彩琴：《论教育国际化背景下的"去道德化教育"》，《江海学刊》2006 年第 5 期。

257. 郭彩琴：《论马克思恩格斯的教育公平观》，《马克思主义研究》2007 年第 1 期。

258. 朱炳元、史春燕：《中国道路的理论价值、基本内涵和实践特色》，《当代世界与社会主义》2011 年第 6 期。

259. 方世南：《从科学发展观的视野看和谐社会的生态基础》，《马克思主义研究》2005 年第 4 期。

260. 方世南：《构建社会主义和谐社会命题的认识论意蕴》，《哲学研究》2005 年第 7 期。

261. 方世南：《生态现代化与和谐社会的构建》，《学术研究》2005 年第 3 期。

262. 朱蓉蓉、邓国林：《高校意识形态安全建设问题刍议》，《江苏高教》2010 年第 3 期。

263. 许冠亭、袁则文：《构建和谐社会视域中非政府组织的作用》，《淮阴师范学院学报（哲学社会科学版）》2005 年第 6 期。

264. 王晓峰、李丹：《论道德同一性》，《上海师范大学学报（哲学社会科学版）》2017 年第 5 期。

265. 魏旭：《核心价值观大众化三策》，《人民论坛》2018 年第 32 期。

266. 高国希：《德性论视域中的榜样教育——以雷锋精神为范本》，《伦理学研究》2018 年第 4 期。

267. 沈永福：《增强新时代道德自信的路径探析》，《思想理论教育导刊》2017 年第 12 期。

268. 李萍：《论道德认同的实质及其意义》，《湖南师范大学社会科学学报》2019 年第 1 期。

269. 敦鹏：《中国传统政治哲学的特质及其现代价值》，《社会科学战线》2018 年第 8 期。

270. 高海波:《从中华传统美德的历史发展看传统道德的"创造性转化、创新性发展"》,《中国哲学史》2018 年第 4 期。

271. 彭援援、蒲清平、孟小军:《习近平关于传统文化的德育思想论述及时代价值》,《重庆大学学报（社会科学版）》2019 年第 2 期。

272. 朱光磊:《对话儒家伦理:新时代实施公民道德建设的传统资源与多层路径》,《东南大学学报（哲学社会科学版）》2018 年第 5 期。

273. 高远:《社会转型期现代家庭伦理建设中传统家训的道德传承》,《江苏社会科学》2018 年第 2 期。

274. 冯庆旭:《论道德榜样》,《齐鲁学刊》2016 年第 3 期。

275. 王习明:《中国特色社会主义生态文明建设道路探索——"生态文明与中国道路学术研讨会"综述》,《教学与研究》2017 年第 2 期。

276. 王小锡:《五大发展理念的伦理蕴涵》,《思想理论教育》2017 年第 2 期。

277. 王小锡:《伦理道德建设研究主持人的话》,《新视野》2018 年第 4 期。

278. 万俊人:《传统美德伦理的当代境遇与意义》,《南京大学学报（哲学·人文科学·社会科学）》2017 年第 3 期。

279. 陈先达:《中国传统文化的创造性转化和发展》,《前线》2017 年第 2 期。

280. 贺艳菊:《伦理认同:基于道德与伦理的差异》,《湖北大学学报（哲学社会科学版）》2019 年第 1 期。

281. 郭敏:《道德引领:社会主义核心价值观的实践指向》,《道德与文明》2019 年第 1 期。

282. 柴鹏、丁三青:《社会主义道德建构的哲学反思》,《人民论坛》2019 年第 1 期。

283. 孙泊:《先秦儒家义利观的思想实质与时代构建》,《南通大学学报（社会科学版）》2018 年第 2 期。

284. 蒙培元:《中国哲学中的情感理性》,《哲学动态》2008 年第 3 期。

285. 高清海:《"人"的双重生命观:种生命与类生命》,《江海学刊》2001 年第 1 期。

286. 李润洲:《作为具体人的教师》,《教育发展研究》2014 年第 8 期。

287. 刘清平:《怎样界定善恶概念——兼析元价值学与规范价值学的区别》,《人文杂志》2016 年第 3 期。

后　记

本书是国家社科基金重点项目"社会转型期道德动因多元及导引研究"（项目号：15AZX022）的结题成果。

关于道德问题的研究，我从 2000 年开始涉足，我主持了省哲社课题"榜样论"的研究，由人民出版社出版专著《榜样论》，从此围绕道德榜样展开了研究。随着研究的不断深入，愈发感到道德榜样属于道德教育的范畴，道德教育是伦理学研究实践性很强的方向，如果不在伦理学基础理论方面深入学习，对道德榜样的思考必然是缺乏学理性的，是很难"说透道理"的。鉴于此，在承担了国家后期资助项目"和谐社会视阈下的榜样与偶像研究"以后，努力开展了伦理学基础理论与道德榜样的学习和研究，相关的前期研究得到了各方面的鼓励，论文《关于道德动因多元的研究》获教育部第六届高等学校科学研究优秀成果奖（人文社会科学）。

在承担本项目以后，取得了系列阶段性成果，在"C 刊"发表了论文 9 篇，其中 5 篇论文刊发在国家社科基金资助期刊，2 篇论文被《新华文摘》全文转载，3 篇论文被人大复印资料全文转载，相关成果分获省政府哲社奖、省优秀理论成果奖，在 2015—2018 年 4 篇论文连续被中国伦理学会评为年度优秀论文。这些成果为项目结题奠定了基础。

通过较为系统的思考，我对道德动因多元问题有了"全景式"的了解，尤其是对以下的关键问题有了较为深刻的认识。一是必须首先界定道德行为，因为确认怎样的道德行为，才会肯定相应的道德动因，这里研究的道德行为是狭义的，它仅指向人的应当问题，特指自觉牺牲自身利益基础之上的利他行为；二是社会转型是当下社会的重要特征，社会转型有三个重要的标识，分别是市场经济、开放社会、信息时代，这是道德动因多元研究的重要背景条件，它导引和制约着道德动因多元问题；三是通过确认正确的、尽可能多的道德动因，就能够激发更多人的道德热情，从而使道德氛围逐步浓郁起来；四是社会现实必然要求道德动因多元，人具有道德动因多元的可能，这两方面决定了道德动因不是纯粹或泛化的，而是多元的；五是关于认同和促进道德动因多元的讨论，必须坚持马克思主义的指导，必须辨析诸伦理学理论体系，必须分析中国道德传统，必须梳理道德动因的类别，必须提出理论和实践有机结合、符合中国国情的道德动因多元形成路径。

研究是初步的，研究永远在路上，人与社会的复杂性决定了所有指向它们的研究，既富有挑战性，又时时面临不确定性，道德动因多元研究也不例外。因而在研究的过程之中，常常伴随着惶恐，在书稿交付时，有着许多忐忑与不安，恳请大家批评、指正。

本书的酝酿与写作历经 9 年，自身的懒怠使写作进程缓慢，疫情的肆虐使写作有所松缓，道德动因的探究涉猎面广、问题复杂，从而难以交出一份满意的答卷。著名伦理学家唐凯麟教授在 2019 年 12 月 7 日就已为本书写了序，2023 年 1 月 13 日，唐老师驾鹤仙去，他对我学术方面的支持与鼓励我永远铭记在心，未能将本书呈现给他指正是我永远的遗憾。南通大学教育科学学院吴东照老师为本书收集、整理了大量资料，多年来我和他围绕道德动因问题不断探讨，他给予我诸多启发，让我受益良多。许多人、许多单位都给我的研究非常多的帮助，恕不一一列举，谢谢大家！

责任编辑：杨瑞勇

封面设计：石笑梦

图书在版编目（CIP）数据

社会转型期道德动因多元及导引研究 / 彭怀祖著，

北京 ： 人民出版社，2024. 11. -- ISBN 978 - 7 - 01 - 026897 - 2

Ⅰ. B82

中国国家版本馆 CIP 数据核字第 2024ZC5737 号

社会转型期道德动因多元及导引研究

SHEHUI ZHUANXINGQI DAODE DONGYIN DUOYUAN JI DAOYIN YANJIU

彭怀祖　著

人 民 出 版 社 出版发行

（100706　北京市东城区隆福寺街 99 号）

北京汇林印务有限公司印刷　新华书店经销

2024 年 11 月第 1 版　2024 年 11 月北京第 1 次印刷

开本：710 毫米 ×1000 毫米 1/16　印张：14.75

字数：197 千字

ISBN 978 - 7 - 01 - 026897 - 2　定价：90.00 元

邮购地址 100706　北京市东城区隆福寺街 99 号

人民东方图书销售中心　电话（010）65250042　65289539